JN117289

清風荘と近代の学知

Seifuso

松田文彦・今西純一・中嶋節子・奈良岡聰智　編著

清風荘の未来

京都大学第二六代総長　山極　壽一

清風荘の存在と西園寺公望公の高邁な思想が、これまでの京都大学を支えてきたと私は思う。京都大学の創立は一八九七年で、東京帝国大学が作られてから二〇年後にできた二番目の帝国大学である。その創立に奔走した公望公には、官僚を養成する東京帝国大学とは違った学風の大学を作ろうという夢があった。それが今に至るまで京都大学の学問の根幹に座る「自由の学風」である。

公望公は九年間フランスに留学経験があり、そこで自由の持つ重要な意味を悟られたと私は思う。初代の総長に、同じくフランス留学経験のある木下広次を任命したことからもそれはうかがえる。今も京都大学の総長応接室に飾られている木下総長の言葉「自重自敬」は、「自らを重んじ、品性を保つ」ことを意味し、自由の学風が自律した高貴な精神のもとに育まれることを表している。京都大学のスクールカラーは、フランス国旗に使われる三色の中の青を用いており、これが自由の象徴であることは周知のことである。私はこれをとても誇りに思っている。

京都大学は、「対話を根幹とした自学自習」を伝統としてきた。これは、自由闊達に教員や学友たちと対話し、創造の精神を育むことを意味している。一人で内向きに考え、独りよがりの理論を打ち立てるのではなく、常に対話の中から未踏の頂きを目指すことが求められている。それは、私が学んできた霊長類学の始祖、今西錦司先生の初登頂の精神にも表れている。人間を動物とはっきり区別する西洋の思想とは異なり、日本の霊長類学は人間を含むすべての生命を連続的にとらえる西田哲学の思想を受け継いで発展した。今西先生も京都の加茂川でヒラタカゲロウの「すみわけ」現象を発見したことから、動物社会学、霊長類学へと進まれ、ダーウィン進化論とは異なる生物の「主体性」に基づく進化論を構想された。その弟子で私の師匠に当たる伊谷純一郎先生は、霊長類の社会構造の系統的な分析から、ジャン＝ジャック・ルソーの「人間不平等起原論」に対して「人間平等起原論」を立てられた。これも自由の学風のもとに生まれた成果であり、その学風は今でもしっかりと継承されている。

清風荘はその学風の礎となった公望公の談論と思索の場として貢献したと聞き及んでいる。現在管理をされている奥田昭彦氏にお聞きすると、最後の元老だった公望公は、計二回ここで天皇に推挙する総理大臣を決めたそうである。公望公は春と秋に清風荘に滞在されることが多く、その間頻繁に政府の高官たちが訪れたそうだが、ご自身は学者や文化人を好まれ、とくに京大文学部の内藤湖南教授とよくお会いになっていたそうである。幼いころから漢籍に親しまれた公望公は東洋史とその中に位置づけられる日本の行く末に強い関心を持たれたのだろう。その応接の間は今でも残されていて、庭へ出れば、東山が一望できる。ここで公望公が世界と日本の情勢について思索をめぐらされたわけで、ここがとても大切な場所に思えてくる。

そこで、公望公の思いを未来に継承しようと考え、清風荘は観光の場ではなく、学問と

文化の交流の場とすることにした。一般の方々の訪問はお断りし、学内でゼミや会議、そして学術や文化的な催しの場として京都大学の教員、学生が優先的に利用できることと定めた。だから、入場料などの収入はなく、もっぱら細々とした学内予算とご寄付によって運営している。しかし、小川治兵衛の手がけた日本庭園と公望公が自ら建材を選んだ屋敷、そして茶室など、維持に手のかかるものが多い。今後も、とくにOBの方々のご支援を切にお願いしたいところである。

私が総長になって二年間は改装工事中で使用できなかったが、新しくなった清風荘は見違えるようにきれいになり、洋風に座れるテーブルや椅子もあって格段に使いやすくなった。私も様々な行事に使わせていただいた。いくつか強く記憶に残っていることを記しておこうと思う。

毎年春と秋には医学部茶道部のお茶会が開かれる。私も春には出るようにしていたし、清風荘の清新な雰囲気の下、茶道部の学生諸君の御点前で新生の息吹を楽しむことができた。いつも練りに練ったテーマに合わせて小道具、花、掛け軸、お菓子、料理が考案されているのに感心させられる。茶会は歴史や社会を知る学びの場にもなっている。茶道部から茶杓に銘を入れてほしいと頼まれ、とっさに私が研究してきたゴリラの顔が浮かんで「自若」、別の時は激動の時代を見据えてほしいという願いを込めて「花嵐」と書いたのを覚えている。作法からはずいぶん逸脱していたので、学生諸君はさぞかし面食らっただろうと思う。

二〇一七年の一〇月にはブータン王国のソナム・デチェン・ワンチュク王女が来日され、京都大学のｉＰＳ研究所や高等研究院を視察された際に、清風荘で昼食にご招待した。

清風荘上空からみた東山のパノラマ ©TT

昼食後、王女は庭に出られ、日本庭園を楽しまれた。ご自分で池の鯉に餌もあげられた。ブータンは仏教国で殺生に対する厳しい法律があり、魚を取ることが禁じられている。公望公は何種類もの鳥を飼われていて、二羽の丹頂鶴がいたことが記録に残っている。現在も清風荘の中庭には狸の一家が住み着いていて、子供も生まれて時折愛くるしい顔をのぞかせる。そんな自然と一体になった清風荘の空気を王女は楽しまれたのだと思う。

翌年、王女の招待で私はブータン王国を訪問することになった。王女はアメリカの大学で法学を学び、ブータンにロースクールを新設するというので、京都大学の法学研究科が協力することになったのである。これも公望公のゆかりの地である清風荘が結んだ縁かもしれない。ブータンでは王女のご紹介で御父上のジグメ・シンゲ・ワンチュク第四代国王にもお会いできた。すでに引退されているが、一九七二年にGNH（Gross National Happiness：国民総幸福量）を国の目標に掲げたことで有名であり、いまだに国民の人気は絶大である。宮殿では何と国王自身が私たちを迎え、とても気さくな態度で私たちと話をしていただいた。あるいは清風荘における公望公も、似たような態度で客と接していたのかもしれない、と今にして思う。話の中で、GNHを考案した際に最初はHappinessではなくContent（満足）を指標にしようと思ったという言葉が印象的だった。満足は個人的なものなので国の指標にはならない。でも、幸福の基準は国家ではなく、個人や家庭の基準である。衣食住が保証され、それが精神的な豊かさに昇華することが重要だと言われた。ちなみに、国王は六三歳になるがこれまで人生で一度もストレスを感じたことがないらしい。なぜかと聞いたら、Mindfulnessが重要だという答えが返ってきた。このGNHの概念、Mindfulnessの実践は今の日本でもとても重要になっているとつくづく思う。

その他にも様々な会を総長主催で催した。ノーベル生理学・医学賞を受賞された大隅良典先生に京都大学名誉博士号を授与させていただいたとき、清風荘に関係者が集まって大隅先生に一献を献じた。大隅先生は大学院時代に京都大学理学研究科で二年近く学び、当時結婚したばかりの新婚生活を京都で送った。京大の自由の学風を嬉しそうに振り返っておられたのが印象に残っている。アレン・グリーンバーグ米国総領事との昼食会、京都大学の顧問である京都の企業を代表する日本電産の永守重信会長や、公望公の曽孫にあたる五井平和財団の西園寺裕夫理事長との対談にも使わせていただいたし、京都大学の総長を支える産業界トップの同窓会組織である鼎会（かなえかい）をお招きして例会を開いたこともあった。また、千葉工業大学の学長が主催する文理融合で地球を考える研究会「地球学の世紀」をここで催したこともあるし、シャネルとの共催で毎年のようにシャネルが育てている若手音楽家による演奏と京都大学の誇る研究者の小話を組み合わせた会も開いている。

こういった催しは自由の学風の継承と、学術と文化を愛する精神を涵養し、新しい未来を創るために大いに貢献している。公望公が清風荘とともにそれを温かく見守っていてくれると私は信じている。

目　次

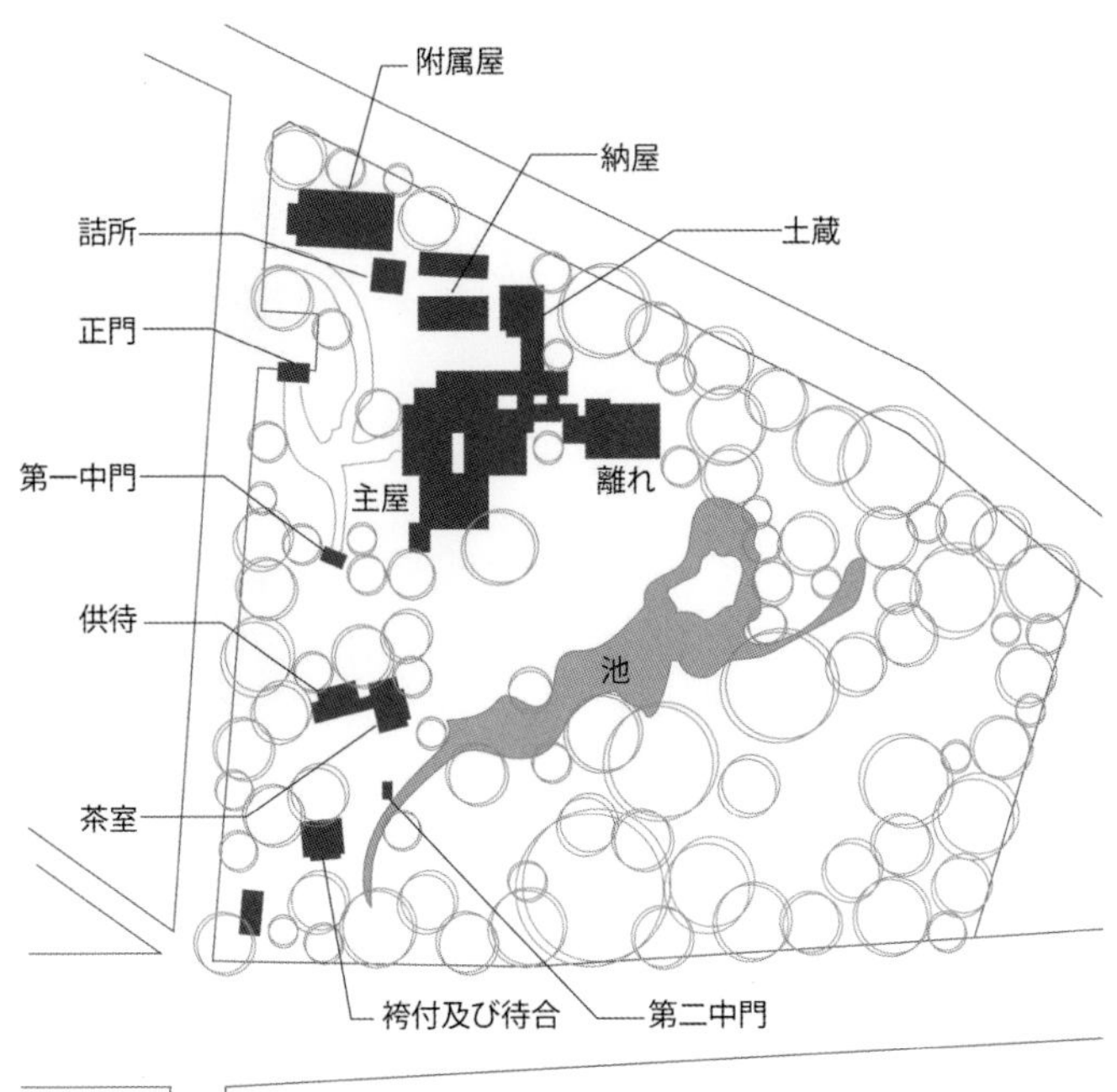

清風荘配置図
※園池や樹冠の形状は大まかに示した

凡　　例

1. 引用文の旧漢字については、固有名詞など一部の例外を除いて新字体に改め、旧仮名遣いはそのまま用いた。合字は用いず仮名に改めた。読みやすいように適宜句読点を施し、ルビを追加（あるいは削除）した。

2. 写真説明の © の後のアルファベットは撮影者名であり、FM は松田文彦、JI は今西純一、SN は中嶋節子、SoN は奈良岡聰智、TT は高野友実を示す。なお、章扉の写真は第 1 章を高野友実、第 2 章を今西純一が撮影、第 3 章は京都大学提供である。

写真でみる清風荘

撮影・高野友実

前頁）正門

3　西園寺公望が愛した黒竹。奥は第一中門

主屋玄関　*4*

5　玄関から表を振り返る

かつて執事のいた玄関脇の座敷　*6*

7　玄関から客間へ

9　客間

客間縁 *10*

11 客間 床。軸は西園寺公望作・揮毫の漢詩

東からみた客間

13 客間の前の赤松

15 大文字山（如意ヶ嶽）を借景にした庭

17 居間 床

19 居間 深い庇がのびる

居間 雪見障子

21　居間脇の蹲踞（つくばい）

23 次の間ごしに居間と庭をみる

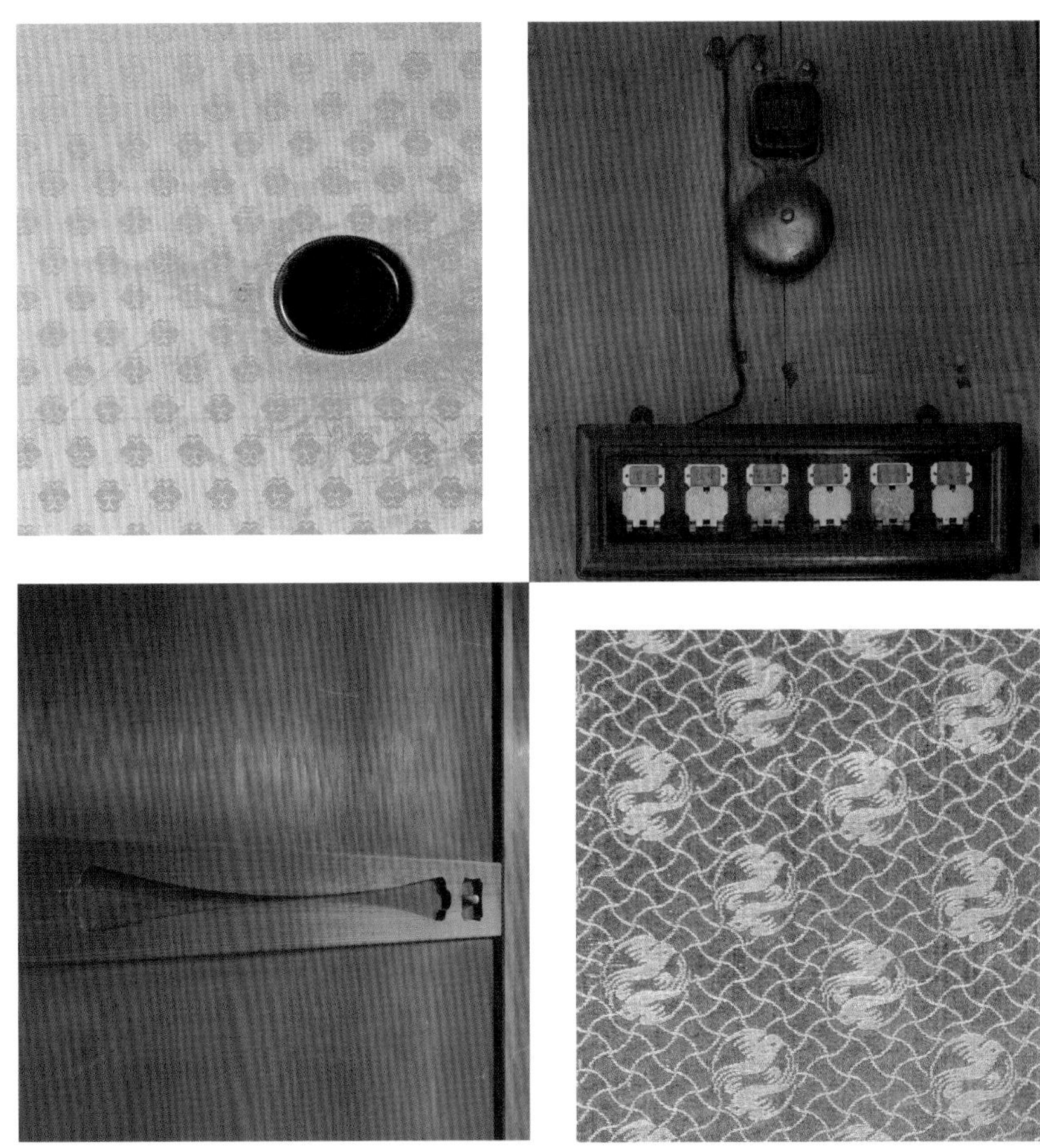

25　細部にも美意識が感じられる　　右頁）台所から東をみる。右手は電話室

主屋2階につづく階段　*26*

27　主屋2階座敷

29 主屋2階座敷 欄間

31 中庭のタヌキ　　右頁）主屋廊下障子

33　離れ1階座敷

35　離れ1階座敷からみる庭

対岸の雪見燈籠と築山。池にはアオサギも

37 離れの脇の蹲踞と芝生

39　園池南側から主屋（左）と離れを望む

離れ2階へ

41 離れ2階 縁

43 離れ2階座敷

離れ2階座敷 床

45　離れ2階 建具の構成

47　離れ2階から庭をみる

築山（東）から主屋をみる　

49 主屋客間 夜

51　夜景

離れと園池 夜

53 主屋2階からみた大文字の送り火（新型コロナウイルス感染拡大防止のため規模が縮小された2020年撮影）

55　上空からみた清風荘（上が北）

57　上）中島から群植の赤松　下）園池の鯉　　右頁）主屋客間東縁から大文字山を望む

59 主屋客間と群植の赤松 秋

61　主屋客間東側の眺め 秋

63 敷石伝いに茶室のほうへ

65　茶室「保真斎」（左）と供待「閑睡軒」を北からみる

67　袴付及び待合から露地を振り返る

茶室前の流れ

69 茶室「保真斎」。飛石の先には主庭が開ける

茶席 付書院の明かり障子

71 貴人口から茶席へ。点前座はまこも天井、客座はヘギ網代天井

73 園池の土橋を渡り築山へ　　右頁）モミジなどが群植された築山

男滝

75　主屋客間 沓脱石（鞍馬石）

雪景色　京都大学提供

77　居間より 雪景色　京都大学提供

池畔の赤松とモチツツジ（左）、キリシマツツジ　京都大学提供　*78*

79　上）離れの前の白梅　下）離れ2階 障子と青モミジ　ともに京都大学提供

第1章　清風荘の建築とその歴史

中嶋節子

京都大学本部キャンパスの北側を走る今出川通を、百万遍の交差点から西に進むと、右手に豊かな高木のある一郭が見えてくる。京都大学の清風荘である。樹々によって道路からは中をうかがうことはできず、ここが何かを知る人はそう多くはない。

清風荘は、近世に造営された徳大寺家の別業にはじまる。近代に徳大寺家の系譜にある西園寺公望（一八四九～一九四〇）［写真1］の京都における別荘として、公望の実弟、第一五代住友吉左衛門友純（ともいと）（一八六四～一九二六）によって整えられた。一九四四（昭和一九）年に縁あって京都帝国大学に寄贈され、現在に至る。主として、一九一一（明治四四）年から一四（大正三）年にかけて整備された近代和風建築群と庭園からなり、建物のほぼすべてにあたる一二棟が国の重要文化財に指定されている。京都大学が所有する唯一の重要文化財建造物である。

近代和風建築とは、明治以降に伝統的技法と意匠を用いて建てられた建物を指し、近世来の伝統建築を継承しつつも、近代に登場する新しい技術や材料、設備を受け入れ、近代に求められた機能、利用に応える建築であることが特徴である。都としての長い歴史から、伝統建築の成熟した技術と高い技能をもつ職人を擁した京都では、多くの優れた近代和風建築が建てられた。とりわけ政財界人たちによって文化として共有され、情熱を傾けて造られた近代の別荘は、京都では南禅寺界隈を中心とする東山一帯に数多く営まれ、近代和風建築の精華ともいうべき建築群を生み出した。清風荘はそうした流れのなかに位置づけられる。

一方、京都帝国大学は、清風荘にほど近い吉田村に、一八九七年、わが国で二番目の帝国大学として開学した。そして自由の学風のもとに、高い水準の研究がさまざまな分野に

写真1　西園寺公望。『陶庵公影譜』七五頁（京都府立京都学・歴彩館所蔵）より

おいて進められ、近代の学知を牽引する存在となってゆく。西園寺は清風荘に滞在中、内藤湖南、狩野直喜、新城新蔵をはじめとする京都帝国大学の学者らを招き、彼らとの交流を楽しんだとされる。大学に譲り受けた後は各種の研究会や会合、賓客の接待、茶会などに清風荘は用いられてきた。西園寺の時代から現在に至るまで清風荘は、京都大学の学知と外の世界との接点として機能し続けてきたといってよい。京都大学の学風は、こうした清風荘の存在によっても支えられてきたように思われる。

公家の別業から政治家の別荘となり、やがて京都大学の施設として受け継がれてきた清風荘。その建築と建築をめぐる歴史をここでは辿ってみたい。それは京都大学の源流へと遡る旅であるとともに、京都そしてわが国の歴史と文化へと接続する回路ともなろう。

清風館から清風荘へ

徳大寺家の清風館

徳大寺家は、摂関家に次ぐ清華家に列せられる公家の家柄で、江戸時代末期には京都御苑の北、烏丸今出川の北東あたりに本宅を構えていた。現在の清風荘の地に別業・清風館を構えたのは、徳大寺実堅（さねみ）（一七九〇〜一八五八）の時代であった。清風館時代を知る資料として、実堅の日記[1]、その後を継いだ公純（きんいと）（一八二一〜八三）の日記「糸屯記（しとんき）」、公純の第六子で住友家の養嗣子となった友純の伝記『住友春翠（しゅんすい）』[★2]ほかがあるが、ここでは「糸屯記」などをもとに徳大寺家の歴史を詳述した『住友春翠』を手掛かりに、清風館についてみ

★「春翠」は友純の雅号。

ていきたい。

清風館の造営年代について『住友春翠』には、「比叡山山麓白川村を過ぎて南下する白川の分流太田川が、西流して百萬遍知恩寺を過ぎた所に、愛宕郡田中村字大溝といふ地があつた。公純の先代徳大寺実堅は、四十歳の文政十二年の春、ここに別墅を経営した。五月本館が建ち、六月から屡々此処に遊び或は逗留した。」とある。[3] 清風館の名は儒家伊藤仁斎の後裔である伊藤壽賀蔵によって付けられたとされる。[4]

清風館の敷地は、鴨川から二、三町ほど東に位置し、白川街道とそれに沿って流れる太田川に面した南側の一郭を占めた。鴨川の東には、徳大寺家のほか鷹司家が田中村に、九条家が鴨川沿いに別邸を構えていたことが確認される。また、一八七八（明治一一）年には、山階宮晃親王の別業が、田中村に隣接する新田に営まれた。[5] 御所周辺にある本邸からそう遠くない鴨東の地に、公家が別邸を構えた理由として、田園の広がる牧歌的な環境と山々の眺めなど美しい風景を求めたことがあげられる。清風館については、幕末の混乱期には、難を避けるために、徳大寺家の一同が本邸から清風館に引き移るなど、避難場所としての役割を果したという。[6]

実堅は、一八四八（嘉永元）年三月に五九歳で内大臣を退くと、家督を公純に譲り、自身は清風館に移って晩年を過ごした。[7] もともと茶事に熱心であった実堅は、一八五五（安政二）年に裏千家の深津宗味と相談して清風館に茶室「保真斎（ほしんさい）」を建て、稽古に励むとともに茶会を開くなど、茶を楽しむ生活を送った。

公純も一八六七（慶応三）年九月に右大臣を辞したあとは清風館を生活の拠点とし、一八七二年に長子実則（さねつね）が家督を継ぐと隠居の身となり、一八八三年に亡くなるまで家族と静かにここで暮らした。公純の男子のうち、徳大寺家の家督を継いだ実則は、一八六九年の明治天皇の東京遷幸の後、東京に移り住んだのをはじめ、第二子で西園寺家の養子となっていた公望は、一八七一年から九年間フランスに留学、第三子の中院通規および第四子威麿（たけまろ）（のちに末弘威麿）もまた東京へと拠点を移していた。清風館には、末の男子である隆麿（たかまろ）（のちに第一五代住友吉左衛門友純）と幼年の女子、そして次男以降の子女の母である千世浦が公純とともに残った。

清風館での公純の暮らしは、庭に花樹を植え、花の鉢植えを楽しむほか、和歌を詠み、茶会や能楽を催し、花見の宴を開き、送り火を眺めるといった穏やかなものであった。とりわけ、庭や花には心を配ったとされる。建物について公純の時代には、一八七四年に天神、稲荷の両鎮守社の改造と庭に涼台の新設が、翌年には保真斎の壁の塗り替え、正門や中門、車寄せほかの補修、中心建物の襖の張り替えなどの工事が行われている。[8] また、一八七六年には北庭に「離亭吟松庵」が建てられた。[9] 大規模な増改築はないものの、公純の生活に合わせて手が入れられたといえる。

攘夷思想を貫き何事にも旧例を重んじた公純は、太陰暦を没するまで使うとともに、諸行事はすべてそれまでと変えることなく執り行うなど、公家としての誇りと振る舞いを最後まで捨てることはなかった。清風館は京都を離れることを望まなかった公純の意志によって居宅として使われてきたが、一八八三年一一月五日に公純が亡くなると、京都と東京に分かれて住む意味が失われ、徳大寺家は家族一同を東京へ移すことになる。そして公純と京都に暮らした隆麿、六女の照子、正心院（千世浦）は、一八八四年に清風館を離れた。[10]

その後の清風館は、留守居として家扶の物加波懐要（つねかね）と家丁の中野常次の二名を置き、京都における徳大寺家の別荘として管理された。なお、実則の生母である永寿院が一八九七年頃に清風館に居たとの記述が『住友春翠』にみられ、東京から京都に帰り川端丸太町に住んでいた正心院もまた清風館に出入りし、永寿院や旧徳大寺家家臣の妻などと作歌ほかを楽しんだという。(11)公純の子どもたちは、明治政府や財界の要人となり、多くが京都を離れたが、その母たちは京都、そして公家の旧習を重んじた公純の清風館に残って晩年を過ごした。

江戸から明治へと社会や文化が劇的に変化した時代にあって、清風館は失われゆく伝統世界が生き続けた場所であった。それは近代化が進む京都の都市空間に残されたタイムカプセルのような存在だったといえよう。

清風館の建築

清風館の敷地内の様子を知る直接的な資料は欠くが、後年に描かれたと考えられる住友史料館所蔵の「清風館見取図」〔図1〕と、『小川治兵衛』に掲載された「清風館見取図」の二枚の図が残されている。(12)これらは酷似するものの、文字の書き込みや細部は同一ではなく、一方が他方を写したものと思われる。作成の目的や時期は不明であり、資料的な位置づけは難しいが、清風館のおおよその構成を知る手掛かりとしたい。

「清風館見取図」によると、表門を敷地西側の道路に面して設ける。表門を入り、そのほぼ正面に大玄関を構え、大玄関から廊下を東に進むと、突き当りに「御居間」と記された二階建の主屋、その北に「御隠居様」の記載のある平屋が配される。「御居間」の階上を「省耕楼」と記している。「御隠居様」の北東の座敷には、清風荘に現存する供待の名

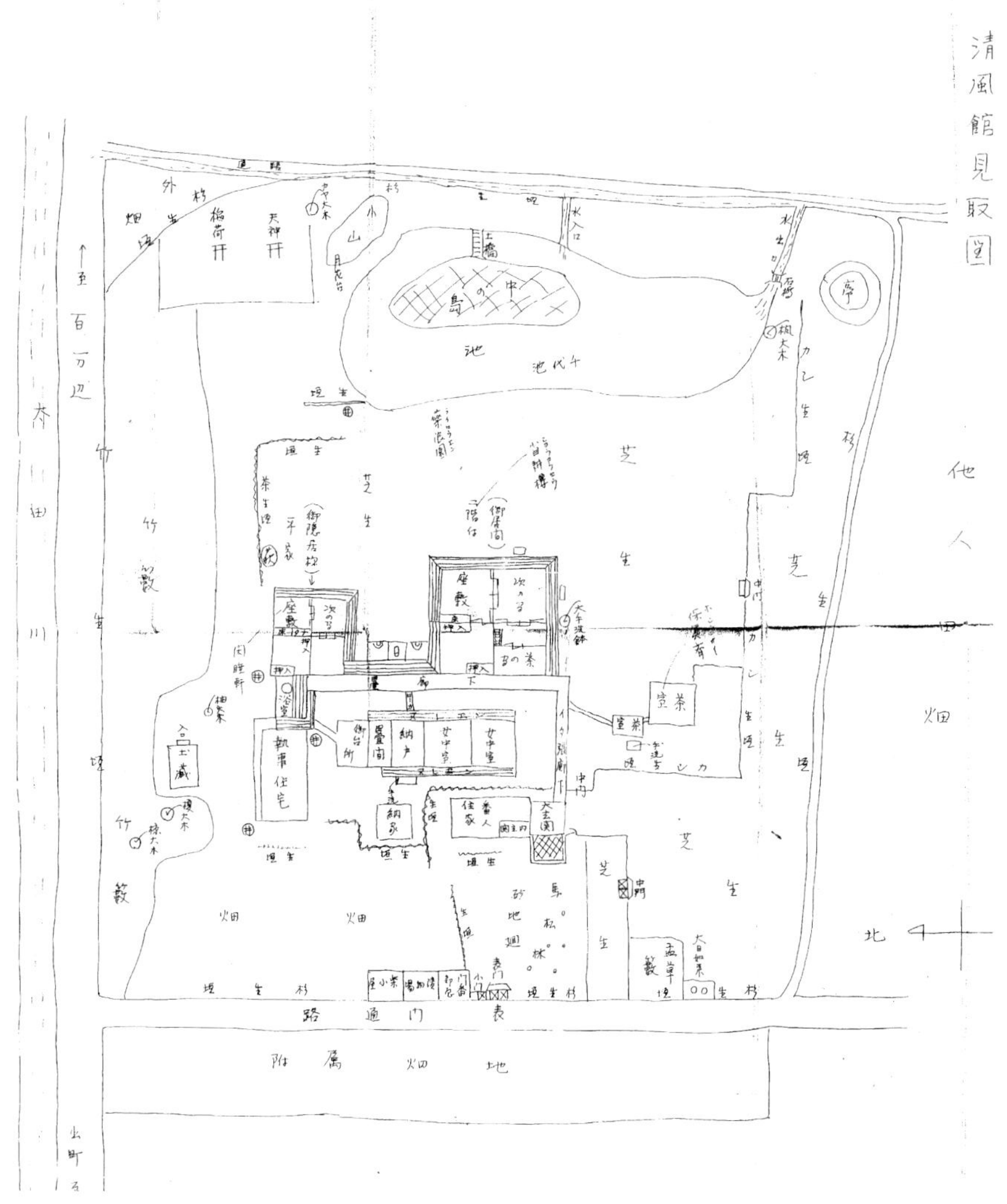

図1　「清風館見取図」住友史料館所蔵。
制作年代、目的は不明であるが、清風館の構成を後年に記録した図面と考えられる

称と同じ「閑睡軒」の書き込みがある。ただ、これが同一の建物かどうかは不明である。「御居間」と「御隠居様」の二棟が徳大寺家の家族と来客が使う中心建物で、ともに東向きに建てられている。

主要な座敷を東向きとする配置は、京都御所の小御所や御常御殿ほかの建物、東本願寺の渉成園（枳殻邸）、鴨東につくられた近代の別荘などとも共通する。これは東山の風景や大文字の送り火、東からのぼる月を愛でることを意図したものである。公純も「省耕楼」の上から、桜や送り火を眺め、月や初雪を歌に詠うなど、清風館の東にひろがる風景を楽しんだ。[13] 見取図にもどろう。大玄関から「御居間」へと至る廊下の右手、南側には茶室が二棟あり、規模の大きい茶室に「保真斉」と記される。執事や女中など使用人の建物は、「御居間」と「御隠居様」の西に置かれ、表側から目通せないよう生垣をつくって目隠しとする。これらの建物群は敷地の北西部分を占め、東南に庭園が広がる。

庭園には「薬浪園（ラクロウエン）」の書き込みがあるが、『住友春翠』では徳大寺家に仕えた歌人香川式部景恒（かげつね）が庭園に「楽浪園（ささぞの）」と名付けたとされ、見取図の記載の誤りかと思われる。[14] 庭園は建物に近い部分が芝生とされ、東寄りに中島のある池「千代池」をつくる。池の水は敷地東側を流れる水路から取り込み、再び水路へと流されていた。この水路は、敷地の北辺を東西に流れる太田川の分流で、北から南に流れていた。池の北東には「小山（月花台）」と、公純によって改造されたとされる天神、稲荷の二社が描かれる。[15] また、池の南には亭が、庭の南側にはカシの生垣があり中門が開かれる。なお、清風館の屋敷地の外、表門の通りを挟んで西は、「附属畑地」となっている。

こうした屋敷内の構成は、『住友春翠』にある次の文章とも一致する。

生垣の北を流れてゐる太田川の水を引いた林泉は本館の東南に広く展けてゐて、比叡の峯々も大文字山も樹立の上に近々と聳えてゐる。西方に正門があり、敷地の西寄にある二階造の本殿とその北方の平屋別殿とは廊下で繋がれてゐる[16]

そのほかの『住友春翠』の記述についても、見取図との間に大きな矛盾はみられない。ただ、「清風館見取図」には描かれないものの、『住友春翠』からその存在を知ることができる建物もある。公純が北庭に新造した「離亭吟松庵」、簾をつくって掛けた四阿の「花王台」、梅花を供えた礼台院★の廟、鏡板を畑肥前守に描かせた能舞台などである。

こうした清風館の建物のひとつひとつに、実堅、公純、そして徳大寺家の家族の日々の暮らしがあった。見取図を眺めていると、かつての情景が立ち現れるとともに、彼らの息遣いが伝わってくる。

★礼台院は公純の第五子・美麿（よしまろ）の諡号。

徳大寺家から住友家へ

清風館の時間が再び動き出すのは、公純の死後二四年を経た一九〇七（明治四〇）年のことである[17]。公純の兄弟のうち実則と公望、友純によって話し合いが行われ、清風館を徳大寺家から住友家に譲渡し、公望の在京時の控邸とすることが決定された。東京に本邸を構えつつ、御殿場や大磯といった東京の近郊、そして京都に別荘を構えることが、当時の政治家のライフ・スタイルであった。公望は一九〇七年までに東京駿河台本邸のほか大磯に別荘を構えていたが、生まれ育った京都には別荘を持たなかった。公望は第一二代、第一四代内閣総理大臣を務めたが、清風館を京都の別荘とすることが決められた一九〇七年は、第一次西園寺内閣期間中のことであり、公望にとって京都に別荘を構えることは、政治家としてのステイタスにおいて不可欠と考えられたと推測される。

それを実現させたのが徳大寺家の兄弟であり、とりわけ経済面で支えたのが住友家の当主となっていた友純であった。友純は、東京駿河台にあった住友家の別荘を一九〇〇年に公望の本邸として提供、一九二〇（大正九）年にも静岡県の興津に公望の別荘「坐漁荘（ざぎょそう）」を設けている。京都の別荘もまた住友家によって整備された。住友家と公望のこうした関係について、安藤徳器は『園公秘話』に次のように記している。[18]

手狭でも手軽でも、駿河台は本邸とすれば本邸らしく、田中〔清風荘〕は別荘とすれば別荘らしくも見へるが、この二ヶ所は、借りたでもなく、貰つたでもない、曖昧な関係に在る、その曖昧な所に、兄弟両家の情愛が籠るのであらう

権利関係をはっきりさせない邸宅の提供は、兄弟間の情愛によるものと安藤は見ている。一九〇七年八月に、徳大寺家の家扶島田直次郎が京都に出かけ、清風館の建物を含む土地約八反、畑約二反を住友家のものとして登記した。[19] 住友家はさらに徳大寺家の土地に加え、付近の宅地十数反を数軒から買い取り、敷地を拡大している。公望の別荘とするにあたっては、公望の好みによるとともに、清風館の面影を残すことに意が配られたという。そして公望によって「清風荘」と名付けられた。公望は幼少期に西園寺家の養子となったが、父公純に馬に乗せられて清風館の庭で遊ぶなど、清風館は家族との思い出が詰まった邸宅であり、いわば実家であった。清風館の記憶と名称を引き継ぐ思いに、徳大寺家の系譜にある者としての公望の出自があらわれている。

一九〇八年には住友家の物加波中次郎が清風荘の別邸詰となり、工事を含む管理にあたることになった。清風館時代の建物は、茶室保真斎とその附属屋を残して新築され、庭園も大きく手を加えられた。建築は二代八木甚兵衛、庭園は七代目小川治兵衛の手に成る。いずれも住友家、友純との繋がりの深い大工棟梁、庭師であった。その後については明らかではないが、旧主屋は清風館の北東に位置する田中里ノ前町に移築され、買い増した土地に建っていた十数軒の家はすぐ北の田中大堰町に移して借家にしたとされる[20]。これらは京都に戻っていた威麿に贈られている。

清風荘の建設経緯とその建築

整備の経過

清風荘の工事の過程は、住友史料館に所蔵される「清風荘史料」によって辿ることができる。同史料は、清風館が住友家に譲渡された一九〇七（明治四〇）年以降の業務報告、一九一一年からはじまる清風荘の工事に関する書類や図面から成る。詳細は『史料からみた清風荘の建築――建造物調査報告書』に譲るとして、同報告書に頼りつつ住友史料館所蔵史料からその概略をみていきたい[21]。

一九〇七年に住友家に所有が移ったのちは、別邸詰の物加波中次郎を中心に大工、庭師などが頻繁に遣り取りをし、工事に向けて職人の選定、材料の調達など、入念な準備が進められた。一九〇九年一〇月には、清風館にあった徳大寺家の書類や置物などを東京に送る手配をしており、荷物も整理されていった[22]。

一九一二年八月、いよいよ主屋から工事がはじまり、一一月には地鎮祭と棟上げが行われている。工事は設計変更などを経て、一九一二（大正元）年末におおむね竣工したようである。主屋には、電話、電鈴、扇風機用配線、避雷針などの設備も整えられたことが見積書等からうかがえる[23]。

一九一二年六月からは既存の土蔵が解体され、新しい土蔵の工事に着手、一九一三年五月頃に完成している

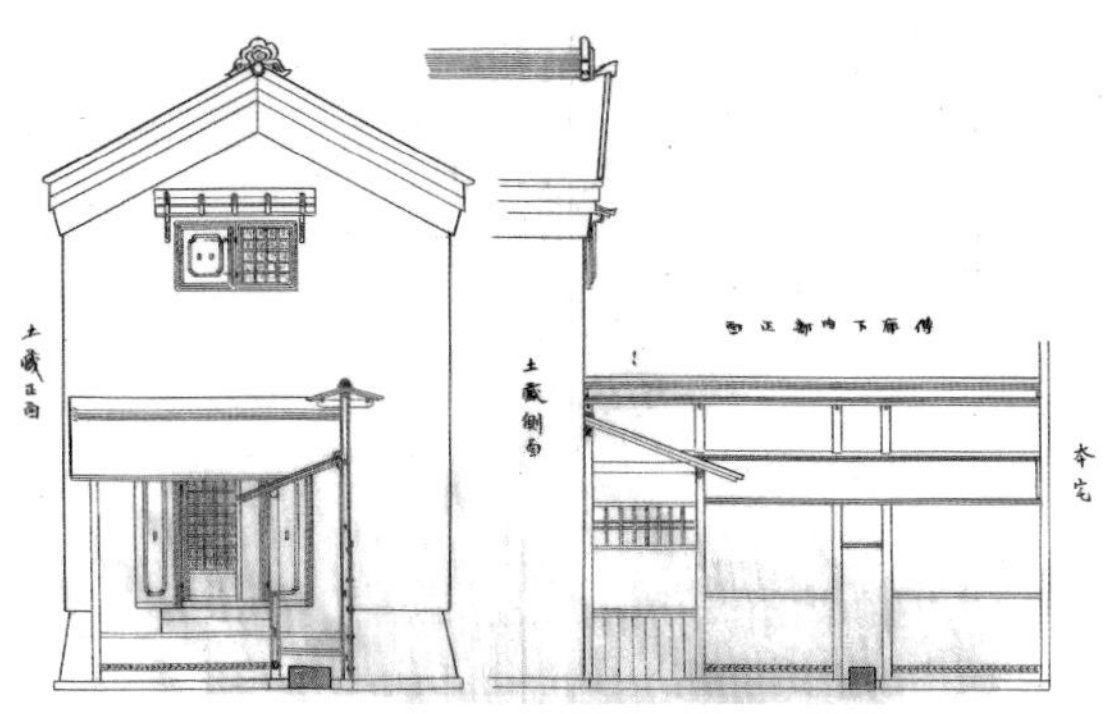

図２　土蔵南面と主屋と連絡する廊下西面の立面図。住友史料館所蔵

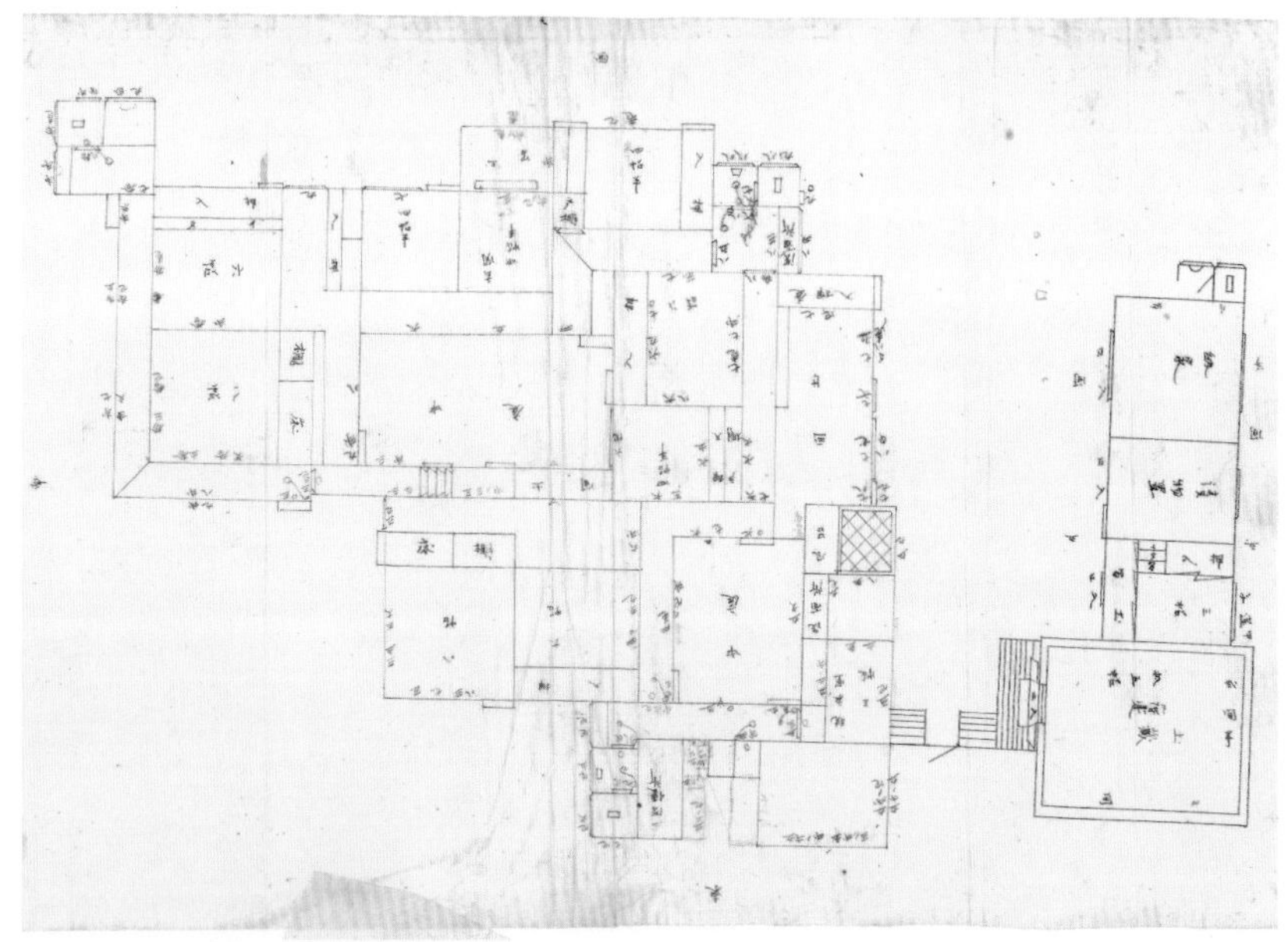
図３　一期工事で完成した建物の平面図。建具の納入に際して作成された図面と考えられる。住友史料館所蔵

［図2］。納屋も土蔵と同時期の一九一二年七月頃に着工され、年末に工事を終えている。公望が過ごすために必要な主屋まわりが整えられた一九一二年末までを、おおよそ一期工事としてくることができる。一九一二年七月頃の作成とされる平面図［図3］には、一期工事で完成した部分が描かれる。

なお、一九一一年に記されたとされる主屋の仕様を指示する一枚ものの書付が残されている[24]。その末尾に、「賢弟を煩し度宜布願上候」とあることから、公望が自身の希望を書き付けたものと考えられる［写真2］。そこには次のように記される。

柱は玄関並ニ候、玄関脇の辺も総て杉面皮ニいたし度候、
角柱の場所は杉又は桧の角ニ致度候、栂は用ゐざるかた安心なリ、老生乃経験ニよれば意外の処に曲リを生じ、とリかへしの付ぬ事あリ、右は巧者の人ニ尋候処、同様に申居候、猶大工へ御尋を乞ふ、
床柱は別ニ望なし、杉の丸太、全面皮、松、楓、こぶし其外なににてもよろしく候、只紫檀黒たんの如き重きものハ避るを好とす、
床は四ケ処有之候、此内一ケ処又ハ二ケ処畳にして、他の二ケ処又ハ三ケ処は板ニするコト、内一ケ処ハケコミ床ぶちなし、即畳と同水平、
板床乃内一ケ処は床ぶちなしの侭ニ獅子口といふものにするコト、
玄関の下駄傘入といたし置候処は、戸二枚、此巾バ四尺五寸残リ壱尺五寸ハ壁ノコト、
原図を能く見合すべし、
台処の六畳ニあかリ窓あり必要なリ、不可忘、

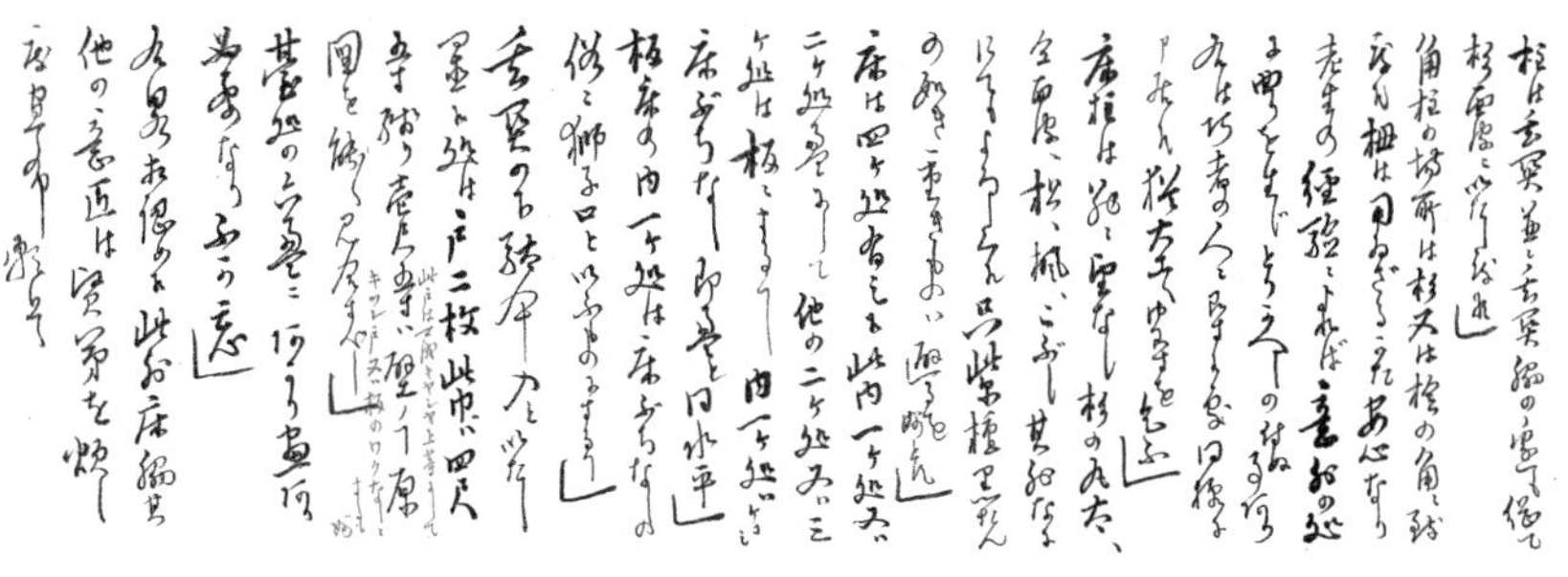

写真2　主屋についての西園寺公望の希望を記したと考えられる書付。住友史料館所蔵

右畧相認め候、此外床脇其他の意匠は、賢弟を煩し度宜布願上候

角柱は杉か桧のいずれかで栂は用いないこと、床柱は何でもよいが重い印象の紫檀や黒檀は避けること、といった指示に公望の好みを知ることができる。栂を用いない理由として、意外なところが曲がることがあるため取り返しがつかなくなると指摘する。座敷で最も重要な床柱については、重苦しい材料でなければ何でもよいとする一方で、玄関のそれほど大きくない下駄箱兼傘入れの引き戸については詳細な指示を出すとともに、台所に明かり窓を付けることを忘れてはならないとするなど、公望独自のこだわりがうかがえて興味深い［写真3・4］。文末は、床脇その他の意匠については弟に任せたいと締めくくられており、友純に対する公望の厚い信頼が示される。主屋はこれら公望の希望をおおむねかなえたものとなっている。

なお、住友家が整備した清風荘、駿河台、坐漁荘のうちどの邸宅のものかは不明であるが、友純から公望に宛てた書簡のなかに、建築の仕様について公望に伺いを立てた手紙が残されている[25]。この手紙からは、公望の希望を友純が聴き取り、その内容を友純が工事の担当者に伝えるかたちで建物を完成させていたことがうかがえる。

一九一二年一二月、敷地西側に道路が新設されると、年明け早々から、正門、通用門、附属屋、第一中門、詰所、車庫（現存せず）、茶室まわりほかの工事が一気に進められた。これらの工事は一九一三年五月末までにほぼ完成されている。別荘としての体裁が整えられたこの時期の工事は、二期工事として位置づけられる。

二期工事が急ピッチで進められた理由には、公望の帰京があった。一九一三年二月二〇

写真3　玄関脇の下駄箱兼傘入れ ©TT

写真4　台所の明かり窓 ©TT

日に第一次山本権兵衛内閣が成立すると、公望の政友会総裁の辞任をめぐって党内で駆け引きが起こり、これを避けるように公望は清風荘へと引きこもった。三月二二日から清風荘への滞在がはじまるが、この日に前後して車庫、詰所の見積が作成され、工事が進められている。正門はすでに着工されており、完成が目前であった。なお、一九一三年四月一三日の『京都日出新聞』には、公望はイタリアに注文した自動車を清風荘において、京都郊外へと出かけていたことが報じられており、車庫はこの車を納めるものだったと考えられる(26)。二期工事によって公望の生活に必要な施設が完成されたといってよい。

新設の道路側に設けられた正門については、立体的に表現した図面が残されている［図4］。図面によると、正門は道路に面する向き、すなわち西向きに据えられる計画だったことがわかる。理由は不明であるが、その後北向きに変更して建てられた。防犯への配慮であったとも考えられる。また、図面と現状を比較すると、垂木や熨斗瓦（のしがわら）、敷石などの意匠も変更されたことが判明する。正門の北に開けられた冠木門（かぶきもん）形式の通用門は、親柱が図では一六尺五寸となっているが、納入済みの材が一四尺であったため、高さを低くして完成されている(27)。

茶室、露地まわりについては、庭園と関連して整備された。清風館時代の庭園は敷地の東を中心に広がっていたが、清風荘とするにあたって、これを池とともに南側と西側にも大きく拡張し、築山も新たに設けている。それに伴い茶室の位置を動かすことになったと考えられる。清風館時代から引き継がれた茶室保真斎と閑睡軒（かんすいけん）と呼ばれる供待については、一九一二年八月にもとの位置から南西に曳家され、仮の据え付けが行われた。その後、内部の左官工事や襖の納入などを経て、一九一三年五月頃に竣工したとされる［図5］。袴付

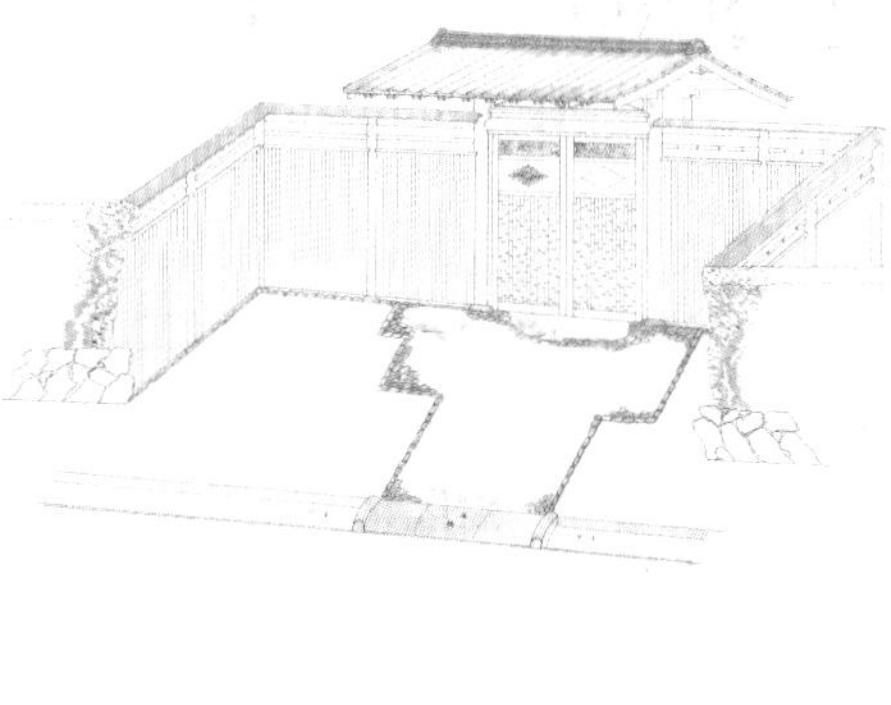

図4　正門の計画図。西向きに計画されていた。住友史料館所蔵

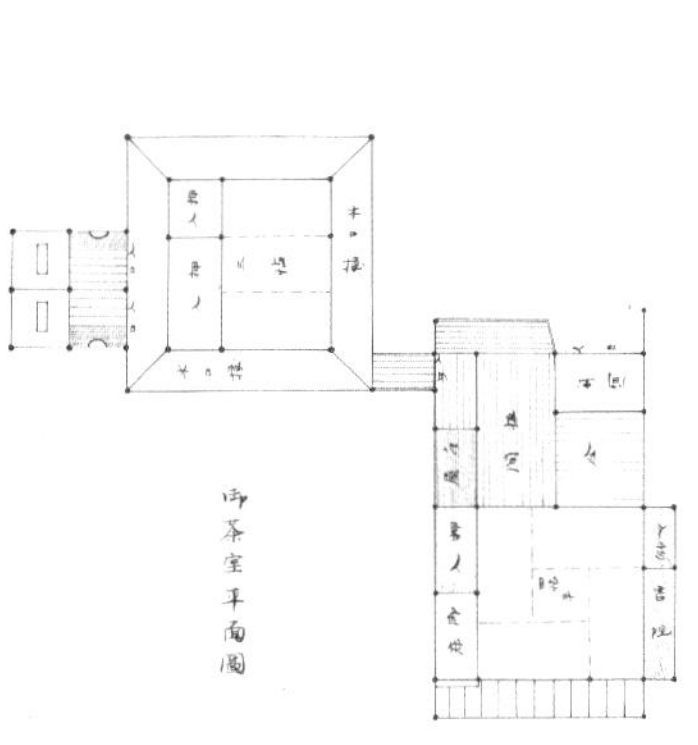

図5　「御茶室平面図」住友史料館所蔵

及び待合は、一九一三年一月に工事がはじまり、同年四月半ばに完成、第一中門は翌一九一四年四月末に着工、五月中旬に竣工している。なお、第二中門については、工事の記録等が残されておらず不明な点が多いが、保真斎などと併せて清風館時代の建物が移築された可能性が指摘される[28]。

大規模な内容としては最後となる三期工事は、一九一四年二月からはじまる離れの建設である。離れは主屋の東に南向きに建てられた二階建の建物で、一階には格式の高い続き間の座敷、二階には数寄を凝らした座敷が設けられ、主屋とは廊下で繋がれた[図6]。座敷の天井板は、住友家茶臼山本邸から融通したもので、良質な材を効率よく調達していたことがうかがえる[29]。一九一四年末には茶臼山本邸の工事がおおよそ終わり、余剰の材料を転用したものと考えられる。離れは一九一五年初頭に完成された。

なお、一九一三(大正二)年三月二六日の新聞記事には、「立派な西洋館も東手に建てらるゝとのことだ」とあり、離れは当初、洋館として検討されていた可能性が示唆される[30]。ただ、洋館が和館に変更

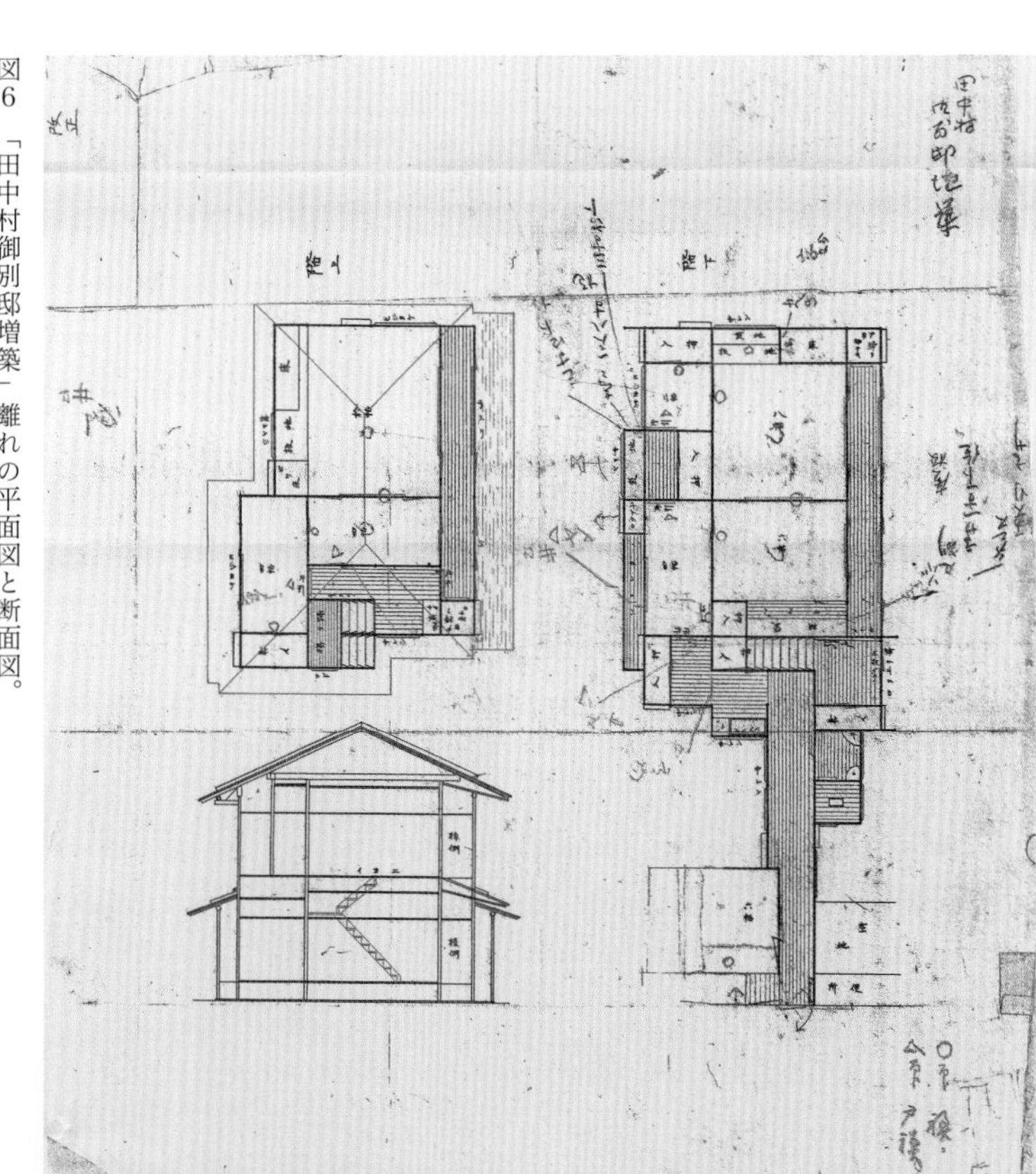

図6 「田中村御別邸増築」離れの平面図と断面図。一階については現状と異なる部分もあり、設計変更があったことがわかる。住友史料館所蔵

された経緯や理由は明らかではなく、謎のままである。

こうして一九一一年から三年半の歳月をかけて清風荘は完成された。

その後の大きな改変としては、一九二七(昭和二)年から二九年の間に行われた離れの曳家があげられる。後の記録によると、北側を通る白川街道の騒音を防ぐため土堤を築くことになり、土堤の場所を確保するため南に移動したとされる(31)。この曳家によって主屋と離れからの眺めに変化がもたらされた。現在の離れからは、一階座敷、二階座敷のいずれからも、南側の庭園を広く眺めることが出来る。こうした庭園の眺めは、建物を南に動かすことによって得られたものである。一方、主屋からの東への眺望は、離れによって北東方向が遮られ、もっぱら南と南東に向けられることになった。東の庭園と東山へと向けられた清風館時代のまなざしを、清風荘では南の庭園へと移したことになる。離れの曳家に伴い、主屋との接続部分も改築され、両者をつなぐ廊下が南に折れるとともに、廊下の途中に水屋、女中部屋の南に小さな庭が造られた。

一九三一年には敷地を分断する出来事が起こった。今出川通の開通である。都市計画道路として延伸された今出川通は幅員一二間(約二二メートル)の道路で、清風荘を含む住友家の所有する敷地全体の中央、少し南寄りに東西に通され、清風荘の南側を削り取った[第2章図2]。五〇〇〇坪の清風荘の敷地のうち、一〇〇〇坪が道路用地に提供されたことになる。工事は一九三〇年三月一日に着工、翌三一年六月三〇日に竣工し、同年九月一八日には市電も開通した。清風荘の南に今出川通が出来たことで、田畑に囲まれた閑静な清風荘は、やがて市街地に飲み込まれていくことになる[写真5]。

写真5　田中関田町付近の今出川通新設工事。道路工事の左手奥の樹木のあたりが清風荘。一九三〇年四月四日撮影、京都市土木局。京都市歴史資料館所蔵(京都市都市計画局旧蔵)

建設をめぐる人々

清風荘の建築と庭園にかかわったのは、住友家、とりわけ友純とつながりの深い大工と庭師であった。建築は、住友家のお抱え大工である二代八木甚兵衛（一八五四～一九一五）、庭園は近代の造園を牽引した七代目小川治兵衛（一八六〇～一九三三）が取り仕切っている。

八木家は、大阪四天王寺大工の系譜に連なる家柄で、住友家とのつながりは、住友初代総理事となった広瀬宰平が、一八七五（明治八）年に住友家鰻谷（うなぎだに）本邸に隣接する借家の改築を初代八木甚兵衛に依頼したことにはじまるとされる。[32]『住友春翠』は、八木甚兵衛を「古くからの住友家出入の木匠」と記す。[33] 初代は一八七九年には鰻谷本邸の洋館を任されており、住友家の信用を得ていたことがうかがえる。この洋館は、日本人のために建てられた洋風住宅としては最初期のものとして知られ、住友家の進取の気質と初代八木甚兵衛の技能の高さを示すものとされる。

一八八四年に初代が没し、二代八木甚兵衛が跡を継いだ後も住友家との関係は続き、新居浜の広瀬邸（一八八七～八九年）、住友家鰻谷本邸東座敷（一九〇一年・改築）、住友二代総理事である伊庭貞剛の大津石山の別邸（現住友活機園）和館（一九〇四年）、住友家鹿ケ谷別邸（現住友本邸「有芳園」）（一九一四年）、住友家茶臼山本邸（一九一五年）を手掛けた。これらのうち、広瀬邸、伊庭邸が国の重要文化財建造物に指定されており、二代八木甚兵衛の卓越した技量がうかがえる。一八九二年に住友家に入った友純は、本邸の移転をはじめ各地に別邸を構え、多くの建築を建てた。こうした友純の存在が、二代八木甚兵衛の活躍の場を広げたことは間違いない。

清風荘の工事で八木は、主屋、離れ、正門、土蔵といった中心建物を請け負っている。八木の仕事は、建築に関して施主の意を汲み取り、それを設計としてまとめるプロデュースと、工事全体を監督するマネジメントであった。八木の作風は、奇をてらう意匠や硬い格式の表現を控えた落ち着きのある数寄屋風の仕上がりを好む。また、良材を用いて、その持ち味を引き出す意匠と使い方に意を配った建築を良しとする。清風荘においても、北山杉の床柱や屋久杉の天井板など上質な材料を使いつつも華美ではなく上品まとめられる。また、座敷はすべてにおいて長押を用いず、格式から距離をおいた穏やかな空間としている。その一方で、離れ一階の矢竹を詰め打ちにした櫛型欄間や、同じく離れ二階の心落ちの桐をそのまま板に挽いた欄間など創意を凝らした意匠もみられる。意外性のある意匠が、抑制のきいた端正な数寄空間に品よく挿入されるところに、八木の好みと力量がうかがえる。施主の意向を汲んだ内容であることはもちろんであるが、床廻りの構成や欄間の意匠などに広瀬邸、伊庭邸と共通するところが認められ、清風荘は八木の手腕が存分に発揮された建物群といってよい。

八木の統括のもとに、実際の工事は大阪の大工・高木多吉が担当した。高木は伊庭邸の造営においても八木のもとで働いており、八木配下の大工であったと考えてよい[34]。高木は清風荘の工事に際して、現場に常駐できるよう住友家が所有する貸家を借りていた。また、別邸詰への工事報告もその多くを高木が提出している。こうしたことから、高木が清風荘建設において責任のある立場で関わっていたことがうかがえる。一九一一年から茶臼山本邸の建築工事がはじまり、一九一三（大正二）年からは鹿ケ谷別邸にも着手するなど、清風荘の建設時期に八木は多忙を極めたと推測される。そうしたなか、清風荘は高木に任されたと考えられる。なお、二代八木甚兵衛はこの時すでに老齢に達しており、一九一五年六月に没している。

主屋や離れ、正門といった中心建物のほかに、清風荘には茶室保真斎と供待閑睡軒、袴付及び待合、第一中門、第二中門といった茶室まわりの建物群、そして附属屋、詰所、通用門などの管理部門の建物群がある。中心建物は先に述べたように住友家お抱えの大工棟梁であった二代八木甚兵衛が手掛けたが、茶室まわりの建物は京都の数寄屋大工・上坂浅次郎、管理部門の建物はやはり京都の大工・磯村彌太郎が請け負っている。一九一五年に造られた鶴舎も磯村に発注された。建築の性格、用途によって大工を選択していたことがわかる。

茶室ほかの工事を行った上坂浅次郎（一八六九～一九二八）は、明治期から大正期にかけて活躍した数寄屋建築の名匠として知られる。上坂が手掛けた建築として、高台寺十牛庵（一九〇八年）、紫織庵（旧川崎家住宅　一九二六年）があげられる。[35] 上坂が清風荘にかかわることになったのは、七代目小川治兵衛の推挙による。小川は上坂を「数寄屋匠も京都は沢山御座候へ共、夫々癖相当ニ御座候へ共、左の人物適当と奉存候、されは相当なる数寄家匠ニ御座候」と紹介している。[36] また、「数十年別荘の御席御用命」ともしており、清風館時代から出入りしていたことも上坂を推す理由としてあげる。[37] 住友家は小川の提案を受け入れ、茶室ほかの工事については上坂を別途、雇い入れることになった。

清風荘の整備にあたって重要な役割を果たしたのは、職人の斡旋にも見るように、庭師の七代目小川治兵衛であった。清風館が住友家の所有となった直後の一九〇七年九月に、住友家は小川から敷地の東西に広がる畑を購入している。[38] 住友家の立場を考えると、住友家が直接、周辺の農地を購入するのではなく、小川に土地を取得させ、それを住友家が買い取るという手順が踏まれたとも推測されよう。また、住友家は新たに購入した土地に貸家と小作地を経営したが、その賃料の徴収と納入なども当初は小川が行っていた。友純が一九一三年に買い入れた鹿ケ谷別邸の用地についても、鹿ケ谷の地を勧めたのは小川であったとされ、敷地の一部には小川がすでに購入していた土地も含まれた。(39) 京都における住友家の土地取得においては、小川の働きがあったことがわかる。小川は近代庭園を牽引した庭師として知られるが、庭石など造園材料の流通、不動産の仲介、開発に関する諸手続きの代行などディベロッパー、プロデューサーとしての顔を持った。こうした小川の一面を清風荘にもみることができる。

記された清風荘

新聞記者のみた一九一三年の清風荘

時の政治家であった西園寺公望の清風荘は、新聞にもその様子が報道された。一九一三(大正二)年三月末からの公望の清風荘滞在時に訪れた新聞記者は、まだ工事途中の清風荘について次のように記している。

田中村と言つても市内同様で即ち出町橋東詰を東へ五六丁ばかり愛宕(おたぎ)郡役所の南側を通つて美くしい白川の支流に添ひ軈(やが)て百万遍知恩寺の方へ出やうとする南側の極広い邸宅、西側の大通りに面して高さ四尺ばかりの石垣造りの土堤がつゞいて其の上には植たばかりの桧苗で生垣が出来てゐる　道路に面して西向に大きな表門も出来る筈だが北向になつてる綺麗な中門だけは立派に出来上つてゐる、植木屋だの人夫だの大工などがまだ沢山居つて夫れ〴〵の用事に暇がない(40)

記事からは、この時期までに、新しく通された西側の通りに石垣が築かれ、その上には桧の生垣が造られていたことがわかる。表門が西向きに造られる計画があることを記者は知っていたようで、それが見当たらないため北向きの綺麗な中門が出来上がっているとする。第一中門は一九一三年四月に見積書が提出されていることから(41)、記者が中門とした門は同年三月に完成したばかりの正門であったと考えられる。公望の邸宅にしては控えめな正門を、中門と思い込んだのであろう。

　正門から清風荘に入った記者は主屋へと向かうが、表玄関はまだ開放されておらず、北側の勝手口から迎えられている。そして真新しい建物の内部について詳しく観察したようだ。

新築して間もない邸宅なんだから木の香美(うる)はしい部屋部屋の畳も青々として建具の金物など目を眩ずるやうに見へる　大玄関の前を通つて左りへ折れると此処が侯爵の居間で其の隣が書斎、次が清洒な奥座敷となつてゐる　総て南向きの日当りが良く庭の植込みには紅梅が咲乱れて何所からか鶯の声がする、応接間の直ぐ横手から二階へ登るやうになつて二階にも客座敷、書斎と云ふやうに三室に別れて居り四方硝子窓で之れを開放(あけはな)つと北は比叡山から如意ケ嶽は元より東山三十六峰一眸の中に眺め　加茂の森に吉田山など兎(と)も角(かく)うら〳〵霞む洛陽の風光は居ながらにして望むべき　風景絶佳の別邸で英雄回頭是神仙とでも言(いひ)たい風流閑雅の陶庵公★が閑日月を送る邸宅(やしき)として何

★「陶庵」は西園寺公望の雅号。

とも言えない好い場所だ(42)

部屋の配置や数については、正確さを欠くところがあるものの、庭に面した南向きの日当たりのよい部屋、開放的な二階座敷から望む東山と吉田山、下鴨の社叢など、環境と眺望の良さを褒め称えている。一九一三年三月の時点ではまだ離れはなく、主屋の二階からは東西南北すべての方向の眺めが得られた［写真6］。同年八月一六日の送り火の日に、友純は清風荘に住友の上級職員を招いて晩餐会を開き、東にみえる大文字の送り火を職員とともに楽しんでいる(43]周囲の山々や自然へのまなざしは清風館から清風荘へと継承されたことがわかる。清風荘からの眺めは、友純そして公望にとって家族の思い出とともにある風景であった。

おおよそ二週間後に再び清風荘を訪れた記者は、竣工した庭園の申し分のない出来栄えを詳しくレポートしている(44)。加えて建物についても、「自動車庫も別荘守の屋敷も立派に出来上つた」と報じている。記者の記すところの「別荘守の屋敷」、すなわち附属屋はまだ工事中であったが、記者の目には完成しているように見えたのであろう。

西川一草亭のみた一九一四年頃の清風荘

華道去風流七代家元であった西川一草亭（一八七八〜一九三八）は、西園寺と親交があり、清風荘と西園寺について、いくつかの文章を残している。なかでも一九三二（昭和七）年に出版された『風流生活』に収められた「田中村の西園寺公」には、西園寺の生活も含め、清風荘の様子が詳しく描写される。西川が清風荘を訪れた年月日は記されないが、清風荘

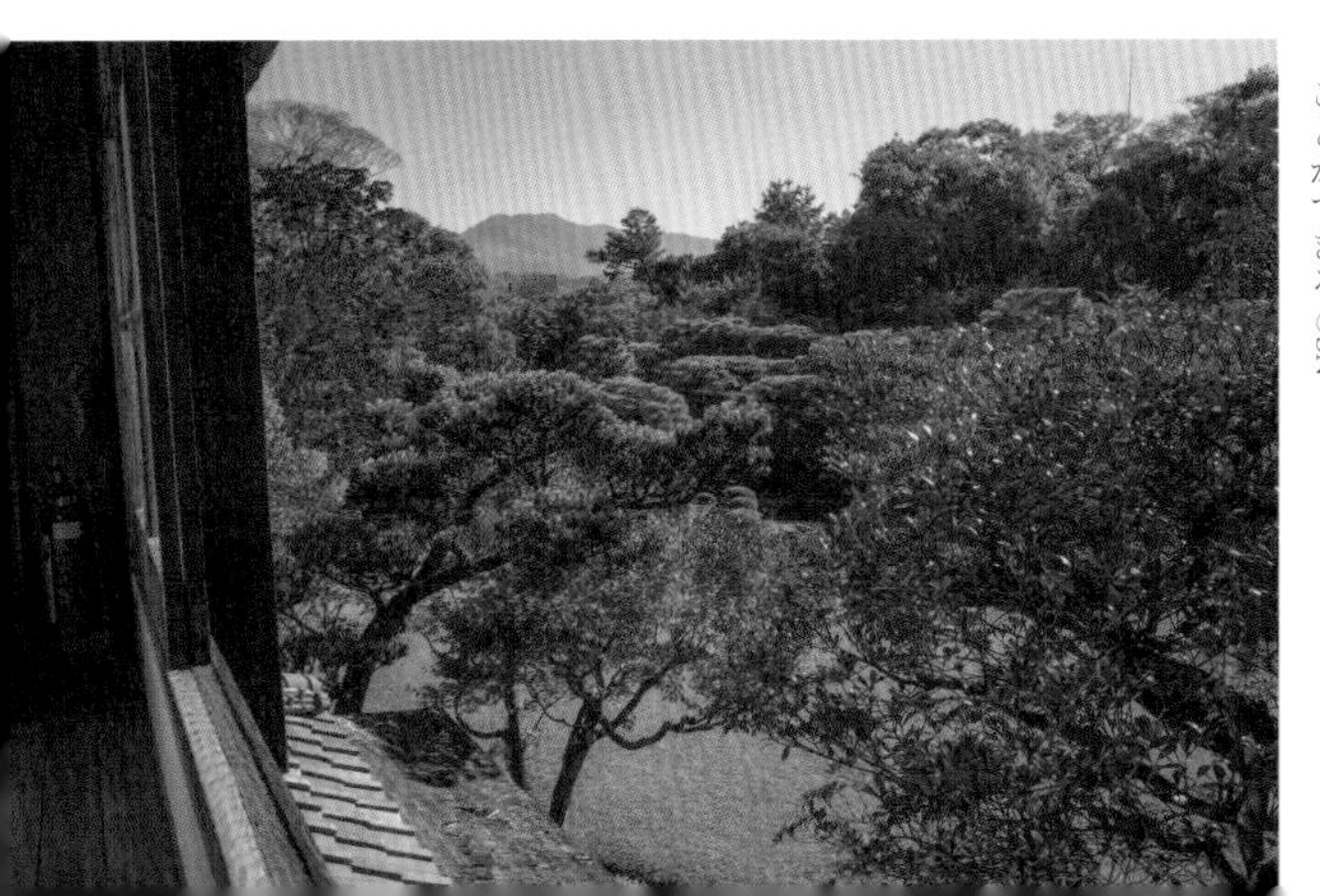

写真6　主屋二階座敷の南の縁からは庭の向こうに現在も大文字山を望むことができる ©SN

を「新しい別荘」とすること、また、近日の出来事としてシーメンス事件について触れていることから、一九一四（大正三）年の上半期であったと推定される。シーメンス事件をきっかけに同年三月、山本権兵衛内閣が総辞職し、それを受けて四月に元老会議が招集されるが、西園寺は京都に滞在して出席していない。また、六月に政友会総裁の座を原敬に譲る直前、西園寺は原および政友会幹部と清風荘で会合を開くなど、清風荘に長期滞在していた。西川の訪問はおそらくこの期間であったと考えられる。この文章を中心に見ていきたい。

清風荘へのアプローチでは、

一間程の石垣をくづれに積上げて、其上に桧木の刈込垣をした新しい別荘の塀が一町余り続いてゐるのが西園寺公の別荘である

と、清風荘の長大な石垣と生垣が存在感を示していたことが語られる[45]。そして、正門は「清風村荘の四字を白字に現はした板額のかかつた瀟洒な門」と表現される。「清風荘」の三字の間違いではあるが、表門にはかつて扁額が掲げられていた［写真7-1］[46]。これは甲骨文字研究などで知られる羅振玉（一八六六〜一九四〇）によって揮毫されたものであった[47]。

正門を抜けて目に入った建物は、西川には平凡に映ったようで、「画趣に乏しい有り触れた普通の建物」と評される。しかし、「ただ有り触れた平凡な家といふだけで決して俗悪な物ではない」と続く。室内については、華道家らしく床や掛け軸をはじめ細部に目を配り、詳しく記述している。

写真7-1　羅振玉の揮毫による扁額。正門に掲げられていた。『陶庵公影譜』九〇頁（京都府立京都学・歴彩館所蔵）より

瀟洒な小ぢんまりした四畳半の玄関を上ると、右に応接間めいた六畳の小間があつて、それに続いて南に突き出た十畳の座敷が客間なのである。いつも間温めの大きな支那焼の火鉢を置いて、銀瓶の湯がたぎつてゐる。床には山陽の

「窓納晨光簾影斜、洗硯抜毫試塗鴉、朝来嬉事君知否、新種冬蘭抽一花」

という七絶が懸つてゐて、床脇の琵琶床に支那の古銅瓶に老木の梅が生かつてゐた。冬の日を一面に浴びた明るい障子を開け放すと、広々とした庭にかなり大きな池があつて、低い築山の間から池に落る水の音が聞こえてゐる。築山を見越して東の方には東山の穏かな峰続きと、大学の建物が少し許り見えてゐる(48)

主屋一階の客間には火鉢が用意され、床には頼山陽の軸、琵琶床には銅製の花瓶が置かれていた。銅を本業とした住友家、そして中国古銅器の蒐集家であった友純の存在が、花瓶からそれとなくうかがえる。頼山陽の軸と銅製の花瓶は、他の記録にも「山陽の幅と銅瓶の外には、何一つ置かれて居ない」などとあり、客間の座敷飾りの定番であったことがわかる(49)。

庭とその外に広がる風景への言及もあり、七代目小川治兵衛によって拡張された池、新たに築かれた築山と滝、そして庭木の向こうに見える東山の峰々の広がりが指摘される。同様の記述を一九一六年一一月に清風荘を訪れた実業家で茶人の高橋箒庵も残している(50)。また西川は、京都帝国大学の建物が清風荘からの視野に入ったことも記す。清風荘の東にキャンパスを構えた京都帝国大学にはこの頃、一八八〇年代後半に建築された第三高等中学校の本校、物理学実験場、事務所ほか、大学創立の一八九七年以降に建てられた法科、

写真7-2　西園寺公望、清風荘正門前にて。扁額はこの門の上部にあった。『陶庵公影譜』九〇頁（京都府立京都学・歴彩館所蔵）より

文科、附属図書館など、木造あるいは煉瓦造の一～三階建の建物があった[51]。そう高い建物ではないものの、それらが樹々の間から垣間見えていたことがうかがえる。

主屋の客間からさらに奥には、西園寺が多くの時間を過ごした居間兼書斎がある。西園寺はこの居間には親しい人物しか通さなかったとされるが、西川はこの部屋に招き入れられている。

此座敷に隣つて、一二間引込んだ八畳の間が侯の書斎になつてゐる。侯はいつも此部屋で、俳諧の宗匠然とした風采をして、部屋の中でも寒い日には能く老人帽を被つた儘で、日当りのよい、南受けの障子際に五つ六つの鳥籠を据ゑて、侯自身に小鳥の餌をやつたり、細長い箱から籠を取出したりして、頻りと鳥の世話をしてゐられる。或時は書棚を背にして座敷の隅に置かれた、紫檀の机の前に端然と坐つて、硝子越しに庭の景色を飽かず眺めてゐられる事もある[52]

八畳の居間は南と東に大きく開口を開くものの、深く差しかけられた庇によって、落ち着いた部屋となっている[写真8]。ここで西園寺は趣味の小鳥の世話をし、庭を眺めた。時に桧木笠をかぶって庭に出ることもあったという[53]。政治の中枢にいた西園寺は、激動する政界から距離をおいて、この居間で静かに過ごすひとときの時間を楽しんだのであろう。西川が大字村舎主人のペンネームで書いた他の文章には、この居間についてさらに詳しい記述がある。

二間四枚の障子には春の日が一面に当つて、八畳の部屋の中はまばゆい位明るい。其

写真8　一階居間は深い庇によって落ち着いた空間となっている ©SN

明るい部屋の中に鏡の様に拭き込んだ紫檀の机を据へて、机の傍には支那火鉢の上に銀瓶の湯がたぎつて居る。
右に一間の床の間があつて、逸雲★の画が懸つて居る。（中略）床脇の袋戸を見ると、上に五色の玉を賽の様に切つて、夫を少し長くした様な奇麗な印材が十個許り並べて有る(54)

障子から差し込む春の日差しが部屋を明るく照らす様子が描写される。床脇の地袋の上には美しい印材が並べられていたようで、西園寺は自身で篆刻をすると語っている(55)。

「田中村の西園寺公」の記述はさらに二階にも及ぶ。

此部屋の上には二階があつた。二階は此処よりも温かで、眺望がよい。日が座敷の真中迄差し込んでまるで春の様な温かさである。此処で能く鳥の世話をして居られた。寒さが強くなるにつれて二階の方が多かつた(56)

眺望のよさと温かさが印象的に語られ、寒い時期、西園寺は二階座敷を使っていたことが記される。

茶室については、「老公は茶はされない。庭の隅には父君の遺された茶室が有るが、いつも戸が建て切つて有つた。あゝ云ふこせ〳〵した面倒な事は好かれなかつた様である」とする(57)。公望と友純の祖父実堅は晩年、茶の湯に没頭したが、それを最も引き継いだのは友純とされる(58)。徳大寺家の遺構として茶室保真斎は残されたものの、それを公望が使うことはほとんどなかったようである。茶室と露地を『随筆西園寺公』では次のように評価している。

★木下逸雲（一八〇〇～六六）、江戸時代後期の南画家。

数寄屋は位置を替へたさうであるが、しかし邸内然るべき形勝を占め、露地庭の景色もと丶のひ、にじり口の架燈口のと、こせ〳〵する尋常月並みの茶庵と異なり、極めて上品に、朗らかなしつらへである[59]

茶室まわりの整備は、公望よりも当代一流の茶人であった友純の意向が強く働いたものと考えられる。

野内芳蔵の記した清風荘の西園寺

政界の第一線を退いて元老となった西園寺は、一九一六（大正五）年頃から清風荘で過ごすことが多くなった。その時期の西園寺の清風荘での暮らしや、建物の使われ方については、住友の人間として清風荘に居た野内芳蔵の回想記「清風荘と陶庵公の想出」に詳しい[60]。野内は清風荘における西園寺の日常を間近で観察していた。

主屋の客間には、「至極簡素な藤細工の椅子卓子」が置かれ、西園寺は、「一切の来客は皆之にて応対」していたとされる。この客間で西園寺は、イギリスのヴィクトリア女王の三男コンノート公や天皇の勅使といった賓客、内藤湖南や狩野直喜ほかの京都帝国大学の学者などを迎えるとともに、元老としての用務をこなしていた。

居間については、「廂を深くして光線を避けた至極落付いて瀟洒な感じのする部屋」で、「庭の眺はこ丶を邸内第一」と評し、西園寺が日常の食事を摂る部屋として使われていたとする。離れが建つ以前は、前述の西川の記述にあるように、西園寺はこの座敷を居間兼書斎としていたが、離れの完成後は、もっぱら食事のために用いていたようである。西園寺は時に「愛用伏見の山田長左衛門が吟醸にかゝる名酒嶋臺」を飲み、ほろ酔いでここから庭に出て散歩を楽しんだ。居間は、そうした西園寺の姿が偲ばれる想い出深い部屋と野内は記す。また、居間の二階からは、「東山の第一峰如意岳が手に取る様に仰がれ」るとともに、八月一六日の大文字の送り火には「静寂暗裡に燃え盛る火は鮮かに見られ」たという。

離れは西園寺が多くの時間を過ごした建物で、一階の座敷を書斎として使い、読書や揮毫、篆刻などをここで行っていたとされる。建物について野内は、以下のように記している。

> 階下の八畳が老公の居室、同じ広さの次の間には衣類箪笥が行儀よく嵌込に据付られてゐる。取次の間や小道具の整理される附属部屋なども隣接してある。椽側に嵌められた障子の硝子は特に誂へた端西製のヴアイタグラスで紫外線を透射する様に造られたものだとのこと、先代家長公〔友純〕のお心添で成つたと承つたかに記憶する(61)

この文章から、次の間に衣類用の箪笥があったこと、座敷北側の小部屋が取次や小道具を整理するための空間として使われていたことがわかる〔写真9〕。また、外建具の硝子は紫外線を通すスイス製の特別なもので、友純の配慮によって設えられたと野内は聞いている。当時は紫外線を浴びることが健康に良いと考えられた時代で、西園寺を気遣ってのものと思われる。そのほか南の縁先には、西園寺が飼っていた小鳥の籠が吊られ、その下には盆栽が並べられていた。とりわけ蘭の鉢を西園寺は寵愛し、毎日自ら丹念に手入れをしていたという。

そのほかの建物はどうだったのか。土蔵には読書家であった西園寺の書籍が一階、二階

写真9　離れ一階次の間の衣類用箪笥
©SN

ともに納められ、古文書、和書、漢書、洋書まで揃っていたとされる。どこにどんな本があるかを西園寺はよく把握し、時に興津から清風荘の土蔵の本を送るよう指示を出していたという。茶室については、西園寺の警護にあたる憲兵や巡査の詰所となっていた時期もあったようである。電鈴や電灯の配線をしたり、床にサーベルを立てかけたり、炉縁に吸いかけのたばこを置くなど、茶室としては残念な使われ方であったと野内は回想する。今出川通の開通で取り壊されたが、茶室の近くには「百姓屋」と呼ばれた建物があった。西園寺はこれに「叡山亭」と名付け、散策の際にここで休憩を取り、比叡山や東山を眺めていたという。

離れで読書や趣味を楽しみ、居間で食事を取り、客間で接客や公的な執務を行う生活が、清風荘での西園寺の日常であった。また、庭を散歩し、東山を眺めることも西園寺の暮らしの一部となっていた。

清風荘を取り巻く環境の変化

清風館が設けられた時代の田中村は、別業を構えることを反対する者もいるような「荒草離々たる郊外の僻境」であったとされる[62]。その後も清風館のあたり一帯は、明治中期頃まで農村や街道沿いの集落が点在するほかは、田畑が広がる地であった。清風館にも畑地二反が付属し[63]、田園風景に溶け込むように清風館はあったと想像される。

この地域が変わり始めるのは、明治末から大正期にかけてのことである。清風荘の北側を通る白川街道沿いに、京都市中に近い西側から市街化が進行していった。清風荘の北側に貸家が田畑を侵食するように建っていく様子を西川一草亭は、加茂の出町橋を渡って一二町行くと、道の左側には大方町のやうに建詰つた新しい貸家の間に、まだ菜畑や、葱畑が処々に残つてゐて、天気の佳い日には百姓が能く夫婦で草をむしつたり、肥桶をかついだりしてゐる

と記している(64)。

西の京都市側から鴨川を越えて滲み出す市街化に加えて、東からは京都帝国大学をはじめとする各種の教育機関の設置による新市街が、清風荘に迫っていった［図7］。一八八九（明治二二）年、第三高等中学校吉田学舎が田中村の東にある吉田村に新築されると、それまでは吉田神社門前附近に社家と民家が建ち並ぶだけの田園地帯であった吉田村に、土地の発展に期待して貸家や飲食店などが次々と建てられていった。続く一八九七年の京都帝国大学の設置、同年の府立尋常中学校（のち府立第一中学校、現府立洛北高校）の吉田近衛町（現在の近衛中学校敷地）への移転、一九〇二年の京都高等工芸学校（現京都工芸繊維大学）の吉田泉殿町での開設

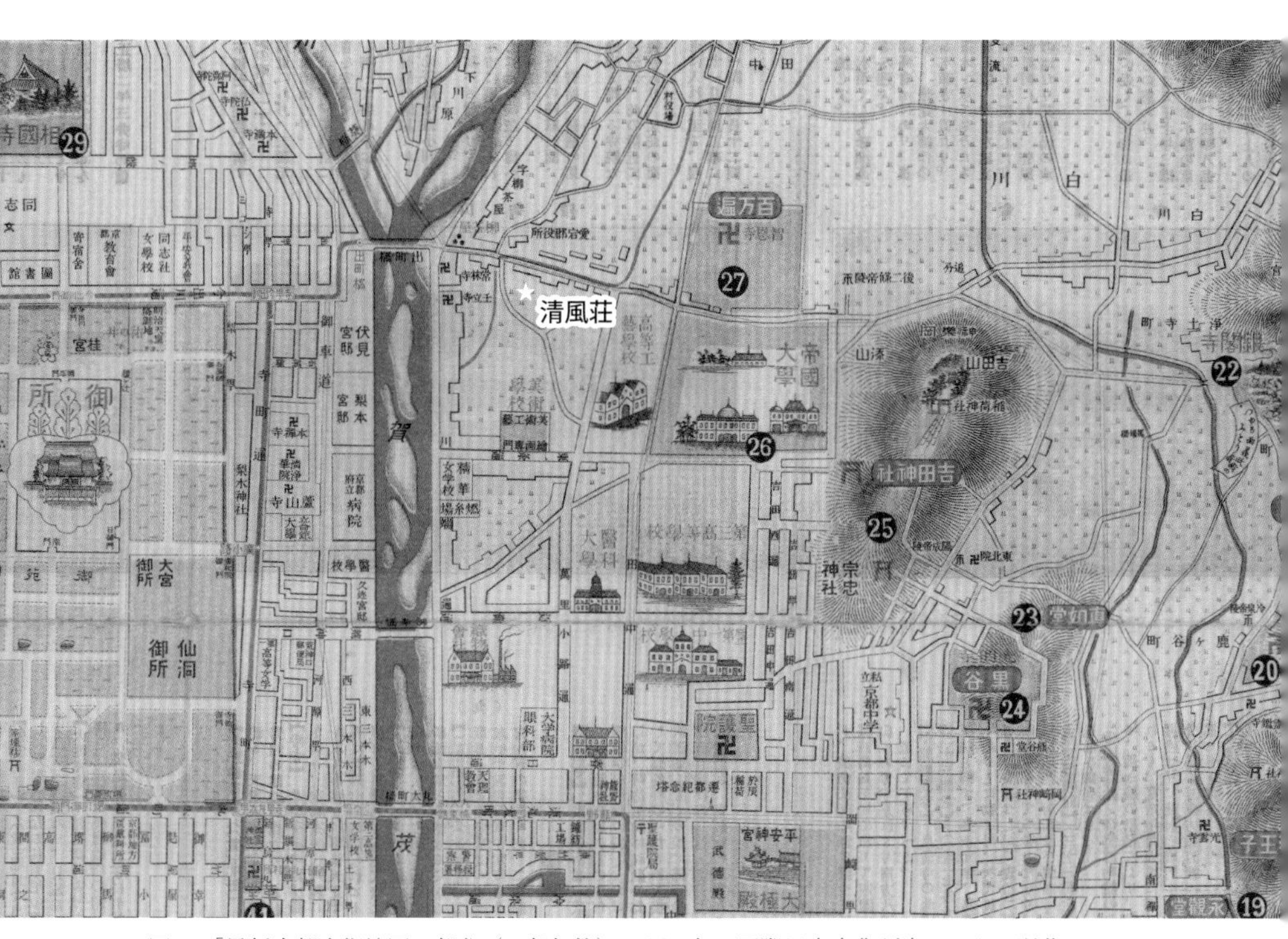

図7 「最新京都市街地図」部分（一部加筆）、1920年、国際日本文化研究センター所蔵。清風荘の西からは市街化が進み、東と南に教育施設が配置される。工場の立地も確認できる

などが相次いだ。さらに一九〇七年、市立美術工芸学校が吉田上阿達町（現在の第四錦林小学校敷地）に移転、二年後にはその校舎の一部を転用して市立絵画専門学校が新設された。このように清風荘の東と南に隣接する地域に、明治中期以降、大学を頂点とする教育機関が集中的に配置されたことで、あたりは急速に市街化が進んでいった。

また鴨東の地には、一八八七年に荒神橋東詰めに京都織物会社が設置されたのをはじめ、琵琶湖疏水夷川船溜まりの北に鐘紡上京工場が操業するなど工場も多く立地した。「群青を塗つた様な青空の遠くの先にどこかの工場の高い煙突の頭が見へる。(65)」と、清風荘からもそれらの煙突が見えていたことが指摘される。西園寺自身も一九一六（大正五）年に、「四方煙突に取囲まれて、老樹の次第に凋衰し去るは、文明の蠹毒（とどく）の斯かる境涯にも其勢力を逞うし来るにて、誠に避け難き迷惑なり」と語っている(66)［写真10］。

都市域の拡大に伴い田中村は、一九一八年に京都市に編入された。その後も近代化事業は進められ、大正末年からは東大路の拡幅工事がはじまった。東大路は北は百万遍までが拡幅され、一九二八（昭和三）年には市電も開通している。そして前述の一九三一年の今出川通の開通が、清風荘の環境を決定的に変える出来事となった。今出川通はすでに百万遍から東は白川街道を拡幅するかたちで整備され、市電も走っていた。百万遍と鴨川以西の今出川通とを結ぶ新しい道路が、清風荘の敷地を通ることになったのである。同時に市電もこの道路上に敷設され、清風荘の南には関田町の停留所が置かれた［図8］。

この時期以降の記述には、俗化した清風荘をとりまく環境を憂うものが多い。三

写真10　田中関田町付近。清風荘の西から東を見る。中央部には三本の煙突、その向こうには京都帝国大学の時計台ほかの建物が写る。1930年3月15日〜31年6月30日撮影、京都市土木局。京都市歴史資料館所蔵（京都市都市計画局旧蔵）

年後の一九三四年頃にはすでに、

元は附近に麦畑や豆畑が有つて、其麦畑や豆畑の中に鬱蒼とした庭木を囲つた刈込の生垣と竹の建仁寺垣の囲ひとが一二町手前から見へて居たが、今は其田中村が田中何とか町と云ふ町名に変り、囲の外を電車が走り、自動車が飛んで、新開地のゴミ〱した街になつて仕舞つた(67)

と、清風荘のすぐ外を電車や自動車が行きかい、あたりが新開地のような場所になったことを残念に記している。一九三〇年代終わり頃に清風荘を訪れた安藤徳器もまた、「それにしても四隣俗化し区画整理で折半された仙境には、電車が軋む音さへ時たま響いて来る。加之、正面アパートのライト式建築は静閑たる風致を害して水乳不合——大いに遺憾と思へた」とする(68)。

西園寺は一九一九年、気候の温暖な静岡県興津に新しい別荘坐漁荘を構えると、季節のよい春と秋は京都、それ以外の時期は興津で過ごすようになる。

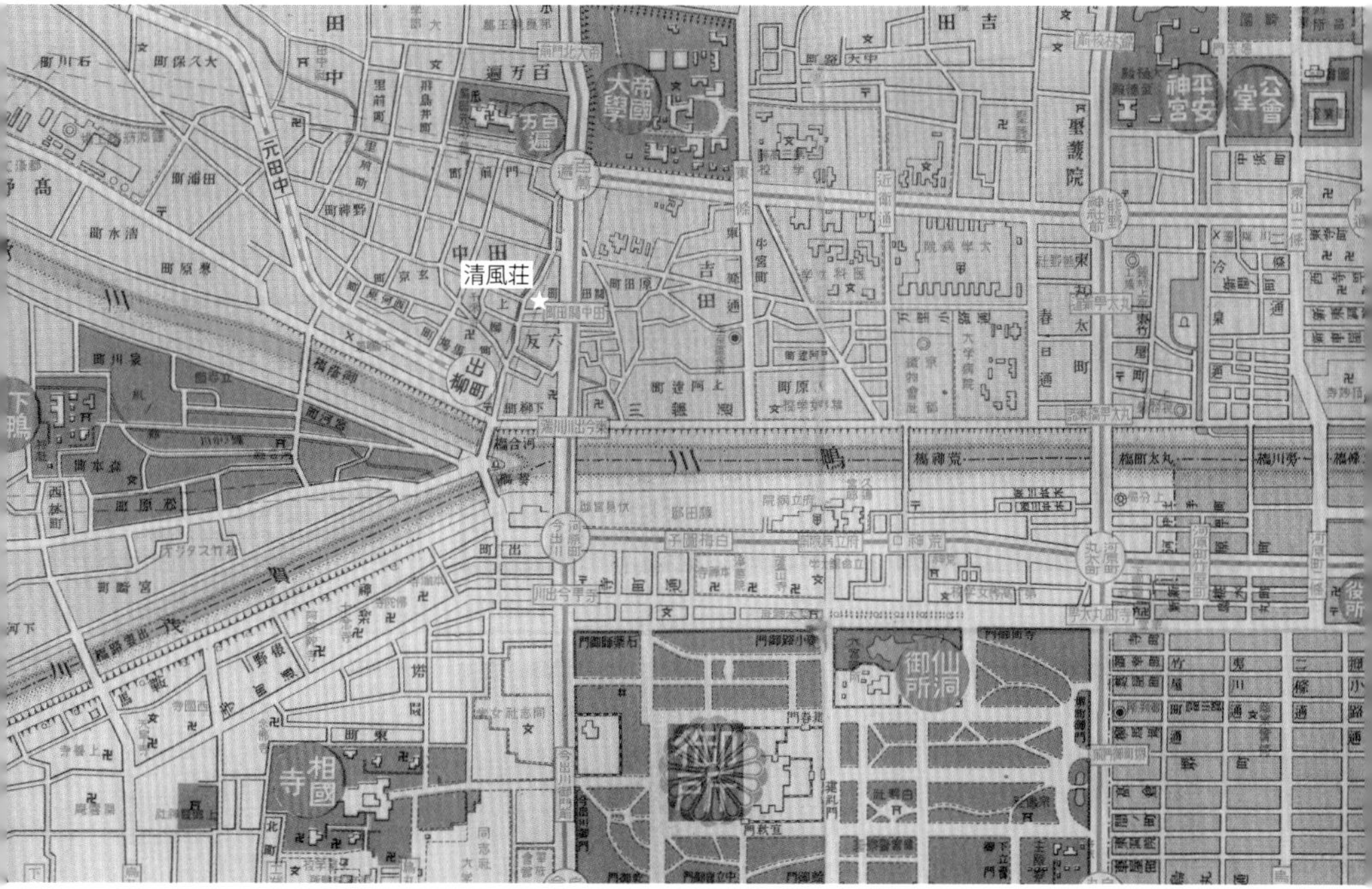

図8 「大京都市街地図」部分（一部加筆）、1932年、国際日本文化研究センター所蔵。今出川通の開通直後の地図。北が左に描かれる。清風荘の南に市電が通り、停留所「田中関田町」が設けられている

以降の西園寺の居所について、「現状から観れば、興津が本宅、京都が別荘、東京は臨時出張所、御殿場は興津の離れ座敷といふ格であらう」とされる。[69]

西園寺が高齢となっていたことが、寒暖が厳しい京都を避けた理由のひとつであったと考えられるが、「東西両京の住所が、市塵に蔽はれてからは、駿河台へ帰ることは、臨時の用務に限り、田中〔清風荘〕を顧みることは、晩秋の一ヶ月許に過ぎず、一年の凡そ四分の三は興津に安居される」とあるように、清風荘をとりまく環境の俗化もまた西園寺を清風荘から遠ざけた。[70] 西園寺は清風荘の竹や苔などをほめつつも、「京の洛北荘〔清風荘〕は暗い」と語っている。[71] そして一九三二年九月からの約二か月が、最後の清風荘滞在となった。西園寺公望は一九四〇年一一月二四日、興津の坐漁荘で永眠した。九一歳であった。

京都帝国大学への寄贈

『羽田亨日記』にみる寄贈の経緯

西園寺が一九四〇〔昭和一五〕年に没すると、清風荘は西園寺関係の執事によって日常的な管理が行われる以外は、ほとんど使われることなく置かれていた。友純は、一九二六〔大正一五〕年三月にすでに亡くなっていたが、清風荘は引き続き住友家の資産として住友家が維持していた。そして公望の逝去から四年を経た一九四四年に、清風荘は京都帝国大学へと寄贈されている。

当時、総長であった羽田亨〔第一二代総長　在任一九三八年一一月〜四五年一一月、一八八二〜

一九五五）が、清風荘を譲り受けたいとの希望を住友家に伝え、これを住友家が承諾したという経緯であった。『住友春翠』には次のように簡潔に記される。

昭和十九年、住友家はこの清風荘を京都帝国大学に寄贈した。それは、同校の設立が当時文部大臣であつた公望の熱意に依る所少くなかつた縁故と、高潔なる政治家西園寺公望を活きた教材として永く徳を伝へるため、遺邸を大学で保存したいといふ大学当局の熱望に因つたのであつた[72]

西園寺は京都帝国大学の創立において重要な役割を果たした。第二次伊藤内閣の文部大臣であった一八九五（明治二八）年に、京都帝国大学の設置を主張し、これを受け翌年の第九回帝国議会において京都帝国大学および同医科大学の創立費予算案が可決された。そして一八九七年、京都帝国大学は開学を迎える。京都帝国大学の建学に尽力した西園寺の清風荘を譲り受け、その事績を顕彰するとともに教育・研究の精神的故郷にしたいというのが、羽田の考えであったと思われる。

寄贈にあたっては、羽田と住友家との間で慎重に話が進められ、寄贈が決まるまでに一年半以上の時間を要した。その過程は、羽田が遺した日記に詳しい[73]。清風荘をめぐって羽田は、かつて住友の重役であった川田順（一八八二〜一九四一）に相談していた。川田は歌人としても知られ、一九三六年に住友を退職し、実業界を退いた後は、京都で歌人としての生活を送っていた。川田は当時、京都帝国大学にほど近い北白川小倉町に家を構えており、京都帝国大学の教員とも交流があった。そうした縁で川田に住友家との間に立ってもらうことを羽田が画策したと推測される。

川田に清風荘寄贈の希望を伝えたのは、一九四二年中、遅くとも一九四三年の年初以前であった。一九四三年三月二九日に、川田から住友重役の回答として、羽田の意向を再度確認したいとの主旨が伝えられた[74]。羽田の希望は変わることなく、同年四月一一日には、寄贈に加えて清風荘の維持費について川田に検討を依頼している[75]。いずれも川田を羽田が訪ねて話を詰めている。その後は、同年九月五日に、京都ホテルで開催された東亜文学者大会で会った川田から中間報告を受けたとするものの、次に日記に清風荘についての記述がみられるのは、半年以上が経過した翌一九四四年三月のことである[76]。三月三日に川田から面会を求められ、翌日に羽田が川田を訪ねると、住友家からの正式な回答と住友側の意向が伝えられた[77]。

三月四日の日記には、

> 申込以来随分時日を経過せるが大学にて尚ほ希望に変りなくば（中略）寄附することにしたく清風荘とその前にある自動車庫の地域とを此際寄附すべしとのことなり

とある。大学の考えに変更がなければ寄附したいとし、その範囲は今出川通より北側の清風荘の敷地とその西側の自動車車庫の土地とする案が提示された。これに対して、羽田は喜びをもって、「余は今も希望に変りはなくもし寄附せらるれば喜びて之を受け京都大学と老公との縁故並にその高潔なる政治家としての徳化を学生訓育の上に及ぼしたき願望なる旨を説」いたと記す。その後の動きは早く、三月一六日には、住友常務理事の北沢敬二郎と総務部の巌寅太郎が大学を訪れ、正式に清風荘の寄贈を申し入れ、手続きについて打ち合わせの後、帰阪している。

京都大学が所蔵する史料によると、四月三〇日付で「男爵 住友吉左衛門」(一六代友成)から総長あてに「寄附願」が提出され、これを受けて寄附の正式な手続きがはじまった。[78]五月に入り、住友本社総務部と大学会計課との間で、土地建物登記、土地の位置と面積、建物の図面・面積・築年数・設備などについての事務的な遣り取りがあり、寄附にむけての準備が整えられていった。そして五月二五日に大学評議会で寄附が承認され、六月はじめに文部大臣あてに清風荘の土地建物の寄附受領申請が提出された。[79]土地は、宅地が三三四五・二七三坪、畑地が六六〇・〇六二坪の合計四〇〇五・三三五坪、建物は、「旧本館」「新館」「留守居舎宅、納屋、便所」「警備詰所、供待、料理人休憩所」「土蔵」「茶室附属屋付」「茶室」「納屋、百姓家」「車庫」とある。書類には以下の寄附受領の理由が添えられた。

寄附受領理由書
本件土地建物ハ故西園寺公望公爵ノ京都別邸トシテ永年使用セラレタルモノニシテ公爵薨去以来住友男爵家ニ於テ其ノ儘保管シ現在ニ至ル本位置ハ本学ト極メテ近距離ニ在リ、故公爵ハ夙ニ本学設立ノ要ヲ唱ヘ本学創設当時ニハ文部大臣トシテ在官シ公私共ニソノ創業ヲ支援督励シテ今日ノ発展ノ基ヲ定メシメタル人ニシテ本学トノ関係甚ダ深シ　偶本件寄附出願アリシニ付之ヲ受領シテ本学トノ縁故ヲ追念スルノミナラズ之ニ依リテ明治以来三代ニ亙ル元勲ノ風格ヲ記念シ或ハ教官会同ノ席ニ或ハ学生訓育ノ上ニ有効適切ノ使途ニ供シ且ツ附属ノ畑地ハ現況ノ儘学生勤労作業場ニ充当シ食料増産ニ貢献スルハ本学ノ切望スルトコロナリ[80]

これを受けて六月一〇日文部大臣岡部長景より許可が下り、一六日に住友家からの引き渡しが行われた。なお、登記は少し遅れて八月一九日に完了している。文部大臣官房から大学宛ての書類には、寄附を受けた土地建物を「学生訓育修練道場並職員集会所」としており、文部省が寄附を受ける名目を学生の修練の場および教員の集会所としたことが書類上に確認できる。こうして清風荘は京都帝国大学へと引き継がれた。

第四七回創立記念日における清風荘のお披露目

寄贈早々の一九四四（昭和一九）年六月一八日、大学創立記念日に併せて、学内向けの清風荘のお披露目の会が開かれた。その準備には羽田総長自らが奔走している。まだ文部大臣の許可も下りない六月初旬から、羽田は清風荘に展示する西園寺公望の墨蹟について、所有者をまわって借用の依頼をしていた。また、八日には表千家の堀内宗匠父子を清風荘に招いて、茶会の打ち合わせも済ませている。清風荘を譲り受けたことが羽田にとって、大きな喜びであったことがその行動からもうかがえる。

創立記念日の前日、総長室での新聞記者の取材に答えて、羽田は清風荘の寄贈について次のように語った。長くなるが引用したい。

豫て住友家から別邸を寄贈したいといふ結構な申出があつたので喜んでお受けした次第で、差当り文部省宛国有財産としての許可手続を執つたが、もともと園公と本学とは因縁浅からぬものがあり、公は個人としても本学の創建に深く意を用ひられその文相時代大学が日本に一つしかないといふことは遺憾であるとされ、本学の創立に種々労をとられたが、文化の中心地である京に相応しい特色のある綜合大学といふ公の希

★織田萬（一八六八〜一九四五）、京都帝国大学教授、同大学法科大学長を務めた。

> 望に副うて遂に明治二九年に本学創立が実現をみたものである、明治三三年に本学図書館に〝静修館〟と認めた染筆を寄贈されたり、本学の第一回留学生織田萬博士★が出発の際、自邸に招待されたといふ話などから推しても公が本学に寄せられた心持がよく窺はれる、尚邸の用途については未だ具体的な事は決つてゐないが学賓を迎へたり教授の集会場や学徒の修養場に或ひは公の遺墨遺品を収める記念館等色々な事が考へられるが兎も角公と京都のゆかりを永く記念し、その風格を偲ぶよすがとして決戦下に相応しい用途に充てたいと考へてゐる(81)

一八日の公式発表を前に、寄贈の経緯、西園寺と大学との関係、今後の利用予定が新聞紙上で明らかにされたことになる。なお、記事中にある「静修館」は、一八九九（明治三二）年末に大学図書館本館が設置された際、その名称として西園寺から贈られたものである。(82)西園寺が揮毫した扁額は、現在も京都大学附属図書館二階に掲げられている［写真11］。

創立第四七回記念式は、一八日の午前九時半から時計台講堂で挙行され、午後から清風荘の披露会が行われた。清風荘の玄関には「静修館」の扁額が飾られるとともに、西園寺の遺品や遺墨、西園寺と内藤湖南との交友記録などの文献が展示され、総長以下、教授、助教授陣が清風荘の建物と庭園、そして展示品を見学している。(83)一三七名の出席者があったと記録される。(84)

当日の日記に羽田は次のように記す。

> 創立記念日なり時局下恒例の昼餐の用意も出来ず巻脚絆姿にて挙式感慨無量なり十二時半警報解除一時より清風荘の披露をなす陶庵老公の遺墨数十点をも諸方より借用し

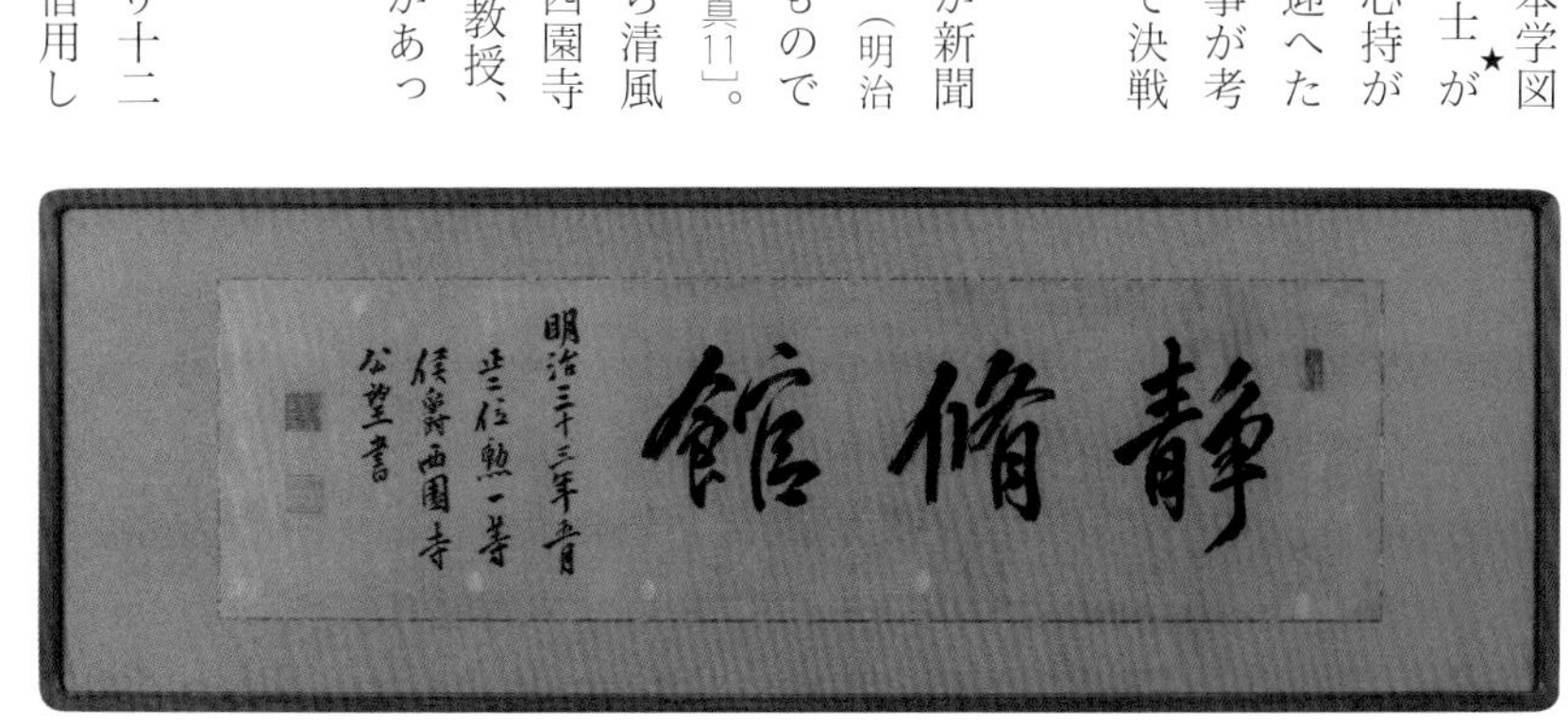

写真11　西園寺によって揮毫された大学図書館本館「静修館」の扁額。京都大学附属図書館所蔵（猪口公一撮影）

て展観す来客に堀ノ内宗匠の援助を得て抹茶を供したるがせめてもの馳走なり(85)

一九四四年の創立記念式は空襲警報発令中の開催であった。戦争の影は関連行事にも色濃くあらわれ、前年一一月二〇日の出陣学徒壮行式の様子を描いたとされる須田国太郎の「学徒出陣図」の除幕式が、それが掲げられる本部講堂でこの日に行われている(86)。暗い空気が大学を覆うなかでの清風荘のお披露目であった。翌一九日には、住友家の総理事や常務理事、支配人、そして川田順を清風荘に招いて、お披露目の展示を紹介するとともに、総長官舎で夕食を振る舞い、感謝の意を表している(87)。

戦争が激化し、戦時体制が強化されていく暗い時代にあって、清風荘の心づくしの披露目会は、大学草創期の希望に満ちた時代を留めたいとの羽田総長の強い願いからのものではなかったか。

羽田亨総長時代の清風荘

京都帝国大学の施設となった清風荘は、文部大臣をはじめとする文部省関係の賓客の会合、学部長などとの面談や会議などに利用されていたことが羽田の日記に確認できる。一九四四（昭和一九）年七月八日に文部省の永井浩と清風荘で会談したことを、「文部省の人として初めて清風荘を観る人なり頻りに嘆美す」と記している。以降も、羽田の総長時代に岡部長景、二宮治重、太田耕造の歴代三人の文部大臣をそれぞれ清風荘に迎え食事を共にするなど、会合と接待の場として清風荘は利用された。そのほか、日本教育会副会長、京都府警察部長や農林部長など府の幹部、戦後は終戦連絡事務局長などの学外の要人とも羽田は清風荘で会っていた。

学内の利用においては、大学運営に関する内々の会合を清風荘で開いていたことがわかっている。清風荘の寄贈から一年ほどたった時期の出来事として、羽田の総長辞任がある。一九四五年五月一五日の自身の誕生日に羽田は、秘密裏に各学部長と書記官を清風荘に集め、辞意を伝えた。日記には、「けふは自分の誕生日なり六十を越した人を見れば大概成程老人と感ぜらるゝが多きが自分が満六十三に達した今日人の見る目も面はゆし　予て思ひ定めたるところによりけふ三時極秘裏に各学部長と書記官とをお茶に託して清風荘に招じ総長辞任の申出をなす」とある。そしてこの日は六時過ぎまで清風荘で話し合いが持たれた(88)。同月二四日にも七学部長とこの件について清風荘で協議が行われるなど、羽田が辞任し、次期総長の鳥養利三郎が就任する一一月前後まで、総長の進退をめぐって羽田は清風荘においてさまざまな人々と話し合いを続けている。羽田の総長辞任が閣議で承認された一九四五年一〇月三〇日、新旧総長の交代式が挙行された同年一一月二七日もまた羽田は清風荘にいた(89)。二七日の夜は、両総長と部局長との晩餐会が清風荘で催されている。

清風荘は大学の迎賓施設としての役割を果たすとともに、羽田にとっては大学本部の総長室から離れて、打ち解けた話や事前の打ち合わせの場となっていたことがうかがえる。「清風荘ニ客ヲ避ケ」て、羽田は卒業式の告辞を考え、訓示の草稿を練っていた(90)。

この間、羽田は清風荘の維持についても心を砕いている。寄贈の交渉の過程で羽田は、川田順に再三、維持費についても住友家からの寄附を受けたいとの希望を伝えていた。これについては、川田の意見を汲みつつ進めようとしたが、思うように進捗せず、一九四五年五月には羽田自ら大阪の住友本社に北沢総理事を訪ね、直接、寄附を依頼している(91)。返事を待つうちに敗戦となり、住友家も大変な時期を迎え維持費の寄附は決まらないままに時間が過ぎていった。維持費の捻出に羽田は相当苦慮していたようで、一〇月末に武田薬品の武田長兵衛と清風荘で会合した際に、南方研究会への武田の寄附金の残金を大学のために使うことを認めてもらい、その一部を清風荘の維持費として大学に寄附することにしている。[92]

並行して羽田は、学内および清風荘の維持管理のために風致委員会を立ち上げることを考えていた。一九四五年九月二五日に農学部の並河功教授（農学部長）を訪ねてその計画を練り、同学部の関口鍈太郎教授（造園学）、そして工学部の森田慶一教授（建築学）を加えて話を進めることを依頼している。[93] そして翌年三月一五日、「風致委員会規則」および「清風荘管理委員会規則」が制定され、同時に清風荘管理委員会が設置されるに至る。大学に残された資料には、一九四六年一二月二四日に委嘱された同委員会委員として、前述の並河、関口、森田に加え工学部の村田二郎教授（建築史）、そして羽田の五名が名を連ねている。こうして清風荘の管理体制が整えられていった。

ＧＨＱによる接収の回避

終戦直後に大学に降りかかってきた問題に、進駐軍からの施設借用、いわゆる接収の要請があった。清風荘もその対象とされた施設のひとつであった。

清風荘については接収の話が持ち上がる以前、一九四五（昭和二〇）年九月一日に、南京政府の亡命者として来日した陳公博、周仏海らの京都での滞在場所として清風荘を借用できないかとの相談が、京都府警察部長から大学へと伝えらえた。[94] これに対し羽田は、「官有ノ建物ヲ提供スルコトハ面白カラザル」と返答し、その利用を断っている。その後も何度か借用の問い合わせがあったが、羽田はそれらを聞き流すことで拒否の姿勢を貫いた。

九月二二日に京都府庁に終戦連絡京都事務局が正式に置かれ、九月二五日からいよいよ米軍第六軍の京都への進駐がはじまった。そして、市内の多くの建物が接収されていった。第六軍第一軍団の司令部は、四条烏丸を下がった大建ビル（現 COCON KARASUMA）に置かれ、翌年には軍政部が京都府庁舎本館に設置されている。

京都帝国大学の関係施設では、清風荘のほか楽友会館、花山天文台、社団法人西洋文化研究所（現ドイツ文化研究所）、演習林上賀茂試験地、下鴨気象特別研究所、東方文化研究所（現京都大学人文科学研究所東アジア人文情報学研究センター）が接収施設としてあげられた。[95] GHQ（連合国軍最高司令官総司令部）は、教育施設は接収しないことを原則としていたが、教育との関係が薄いと認められる土地、建物については、接収の対象としていた。これらのうち、一九四五年一〇月に接収された花山天文台は翌年一月にすぐに接収が解除され、上賀茂の演習林は、進駐軍用のゴルフ場（現京都ゴルフ倶楽部上賀茂コース）として接収されたが、その代替地として大学は上賀茂本山の国有地を得た。[96] また、京都府から借地していた府立植物園内の下鴨気象特別研究所は土地の一部が接収対象となり、東方文化研究所には敷地内に進駐軍用の自動車庫一棟が建てられた。土地建物全体が接収されたのは、楽友会館、西洋文化研究所の二施設に限られた。

清風荘はどうだったのか。清風荘について進駐軍は、執拗に接収の圧力をかけ、柱を切ってペンキを塗り、庭にプールをつくる話まであったとされる。[97] しかし、清風荘は辛うじて接収を免れている。それは大学からの熱心な陳情によるものであった。一九四六年一一月二六日に「Procurement of Seifuso」と題した陳情書が鳥養総長から京都ポストコマンドに送られた(98)［写真12右］。陳情書では、清風荘の西園寺公望の別荘としての来歴、そして優れた建築と庭園の価値を示すとともに、大学が管理委員会を設けて大切に管理、利用してきた経緯を説明している。加えて、一九四五年九月★に楽友会館が接収されたことで会議や研究会の会場を確保することが難しくなり、清風荘をそうした利用に充てている実情を訴えることで、大学施設としての必要性も強調している。訴えの裏付けとして、一九四六年七月一日以降の六八件におよぶ清風荘の利用の一覧、そして清風荘の説明書も添付するなど、陳情書を作成するにあたっての大学側の周到な準備がうかがえる。説明書には建築の価値の根拠を、材料や技法をあげて説明するとともに、庭園の評価についても貴重な朝鮮燈籠の存在など具体的な景物を示すことで説得力をもって語っている。またプリンス・オブ・ウェールズや旧ロシア皇太子が立ち寄ったという由緒も挟み込むことで、歴史的・文化的価値に深みを付けることも怠らない。

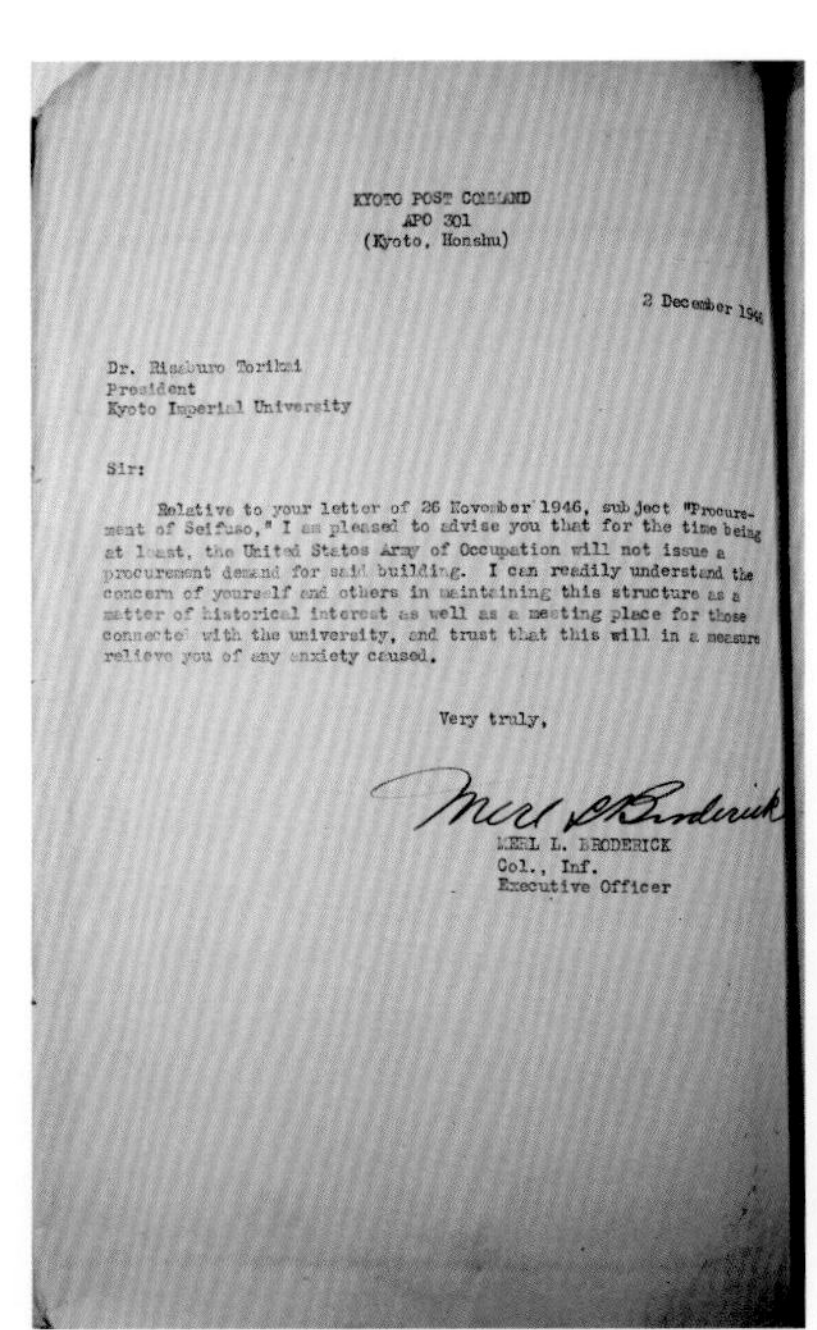

KYOTO POST COMMAND
APO 301
(Kyoto, Honshu)

2 December 1946

Dr. Risaburo Torikai
President
Kyoto Imperial University

Sir:

Relative to your letter of 26 November 1946, subject "Procurement of Seifuso," I am pleased to advise you that for the time being at least, the United States Army of Occupation will not issue a procurement demand for said building. I can readily understand the concern of yourself and others in maintaining this structure as a matter of historical interest as well as a meeting place for those connected with the university, and trust that this will in a measure relieve you of any anxiety caused.

Very truly,

MERL L. BRODERICK
Col., Inf.
Executive Officer

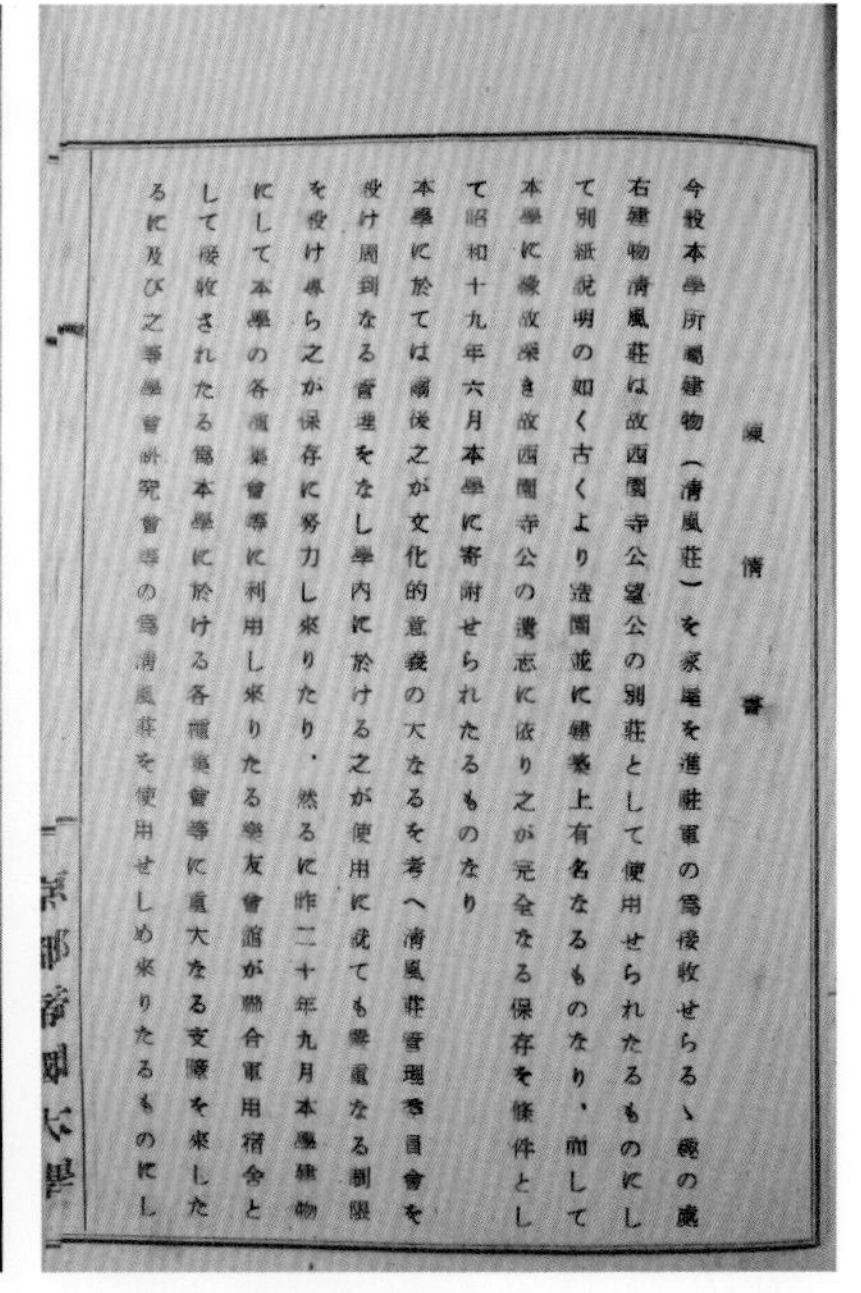

陳情書

今般本學所屬建物（清風荘）を家屋を進駐軍の爲接收せらるゝ儀の處右建物清風荘は故西園寺公望公の別荘として使用せられたるものにして別紙說明の如く古くより造園並に建築上有名なるものなり、而して本學に緣故深き故西園寺公の遺志に依り之が完全なる保存を條件として昭和十九年六月本學に寄附せられたるものなり

本學に於ては爾後之が文化的意義の大なるを考へ清風荘管理委員會を設け周到なる管理をなし學內に於ける之が使用に就ても嚴重なる制限を設け專ら之が保存に努力し來りたり・然るに昨二十年九月本學建物にして本學の各種集會等に利用し來りたる樂友會館が聯合軍用宿舍として接收されたる爲本學に於ける各種集會等に重大なる支障を來したるに及び之等學會研究會等の爲清風荘を使用せしめ來りたるものにし

京都帝國大學

写真12　京都帝国大学から京都ポストコマンドへの陳情書（右）、京都ポストコマンドからの回答書（左）。京都大学大学文書館所蔵

陳情書に対する京都ポストコマンドの反応は早く、翌一二月二日に回答が大学に届いた［写真12左］。陸軍歩兵大佐のミール・L・ブロダリックから鳥養総長宛の文書で、「歴史的興味の対象として、また大学の会合場所としてこの施設を維持することにおける貴殿と諸氏の憂慮は容易に理解できる」とし、「少なくとも当面の間は、アメリカ占領軍が前述の建物（清風荘）を接収することはない」と伝えている。

大学に残された文書からは、陳情書が清風荘の接収回避において効力を発揮したことは明らかであるが、それまでに鳥養総長をはじめとする大学関係者は、進駐軍に置かれた接収の担当課や指令官を訪問して直談判するなど、繰り返し接収を阻止するための行動を起こしていた。鳥養総長は、当時のことを「改造のため、大工がものさしまで持って乗り込んで来た。最後は、私が司令官と直談判を二時間もやった」と語っている[99]。また、清風荘の歴史と価値、故事を総長や事務方が自ら調べて進駐軍に説明し、さらに司令部の内部にいた知人や卒業生にも支援を求めたという。こうした根回しがあってようやく、進駐軍は接収を断念したというのが実際のところであったと考えられる。

大学は折衝や陳情書の外にも作戦を練っていたようである。造園家、庭園研究者として知られる中根金作は、京都府で文化財行政に携わっていた当時、大学事務局長から清風荘の接収を逃れる方法について相談を受け、文部省保護課の専門官らと相談して清風荘の庭園を国名勝に指定したと回想している[100]。つまり、接収を逃れるために文化財に指定したというのである。中根は経緯を具体的な人物名をあげて記述していること、また中根にとって「忘れ得ない思い出」と語っていることから、信憑性の高い話と考えてよいだろう。

清風荘庭園の名勝指定は一九五一年六月で、すでに接収しない旨の通知を受けた後だが、

★京都軍政部から京都帝国大学宛てに発せられた楽友会館の「接収命令書」（「接収関係」一九四六年一〇月～一九五二年七月、管財課、京都大学大学文書館所蔵、識別番号01A09222）には、一〇月二日が提供希望期日（使用開始）とある。

文化財指定に向けての準備はそれ以前から進められ、結果として一九五一年六月に指定に至ったと考えられる。一九五〇年、文化財保護の総合的な法律として文化財保護法が制定された。清風荘は同法施行後一年以内に国名勝になっていることから、すでに文化財指定の準備は終えていたものの、同法の成立を待って新しい法に基づく文化財に位置付けたと推測される。京都府からの指定の内定は、一九四七年五月一五日との記録が残されている[101]。中根は、「これが契機となって以後幾つかの明治時代作庭の庭園が名勝指定を受けることとなった」と指摘しており、接収回避の方便として考えついた清風荘の名勝指定が、図らずも近代庭園の文化財指定の嚆矢となったとする。

総長、事務方の度重なる根回しと直談判、慎重かつ周到に作成された陳情書、そして前例のない文化財指定には、清風荘の接収を何とか回避したいとする大学側の強い思いがあらわれている。それは寄附を受けた住友家と大学創設に尽力した西園寺公望に対する敬意からの行為であることはもちろんであるが、大学にとって清風荘が他に代えがたい大切な場所となっていたことを示すものでもあろう。

ＧＨＱへの陳情書に添付された利用一覧には、学会、研究会、学内外の委員会などがあげられているが［第3章表8］、その他にも清風荘ならではの使われ方をしていた。一九四六年三月一八日、戦後初の外国からの使節団となった米国教育使節団を迎えてのレセプションが清風荘を舞台に開かれた[102]。それは千宗室（淡々斎）の茶席や上村松篁、樋口富麻呂ほかによる席画など京都の伝統文化の粋を結集したもてなしで、敗戦国としての日本ではなく、優れた伝統文化をもつ日本を使節団に強く印象付ける機会となった[103]。そのほか、美学研究者である文学部の井島勉が中心となって、菊池一雄、須田国太郎、上村松篁、福田平八郎、小野竹喬、徳岡神泉、小磯良平といった画家、ドイツ文学の大山定一、フランス文学の生島遼一、当時毎日新聞にいた井上靖などの文人を集めて語り合う「転石会」が、敗戦の翌年から清風荘を会場に回を重ねている[104]。

大学構内の研究室や会議室を離れて、学内外の様々なバックボーンをもった人々が出会い、語り合うサロンとして、また、京都の伝統文化と大学の学知とを結びつける場として清風荘があったことがうかがえる。自由で開かれた京都大学★の学風を清風荘は支えていた。その清風荘を奪われる事態は何としても避けたいと大学は考えたと思われる。

その後も当時、理学部教授であった湯川秀樹が一九四八年にプリンストン高等研究所に客員教授として迎えられる際の歓送会が清風荘で開かれるとともに[105]、翌年のノーベル物理学賞受賞を受けて設立が計画された基礎物理学研究所（湯川記念館）の運営会議も清風荘で行われるなど[106]、京都大学の歴史を記憶する場として清風荘はあり続けた。

★一九四七年一〇月一日に、京都帝国大学は京都大学に改称した。

清風荘の建築

清風荘の敷地と建物配置

清風荘は現在、約四〇〇〇坪の敷地を有している［図9］。住友家から寄贈された土地のうち東端部は、一九六〇（昭和三五）年に学生用施設の用地として分割された。また、道路を隔てた西側の自動車車庫のあった土地には一時期、職員宿舎が置かれたが、現在は大学の宿泊施設清風会館が建てられている。

清風荘の敷地に足を踏み入れよう。正門は、敷地西辺のやや北寄りにつくられた枡形に、北を正面にして開かれる。これだけの規模の邸宅にしては控えめな構えで、優しく客人を迎える。正門を入るとまず、黒竹の群植が目の前に広がり、黒竹越しに見える第一中門の屋根が茶室への露地の存在を教えてくれる。

主屋はすぐには視界に入らず、砂利の園路を左手に進むと漸くその存在に気付く。主屋の大部分は平屋で、玄関まわりも正門と同様に控えめな印象である。主屋の東には二階建の離れがあり、主屋とは廊下でつながれる。

主屋の北には、西から附属屋、詰所、納屋、土蔵が並び、管理やユーティリティなど裏方の空間となっている。これら管理関係の建物へは、正門ではなく枡形の少し北に設けられた通用門からアプローチできる動線となっている。

正門、主屋と離れ、管理用施設ほかの建物は、敷地の北西部にまとまって置かれるが、

図 9　清風荘配置図。2020 年 11 月 19 日撮影 ©TT

これは庭園を広くとるため、そして、その庭園への眺めを楽しむための配置である。

正門から右手に進んでみよう。第一中門をくぐると茶室保真斎へと続く露地空間である。孟宗竹の林を敷石に従って進むと、供待閑睡軒があらわれる。供待閑睡軒を左手にさらに露地を辿ると、正面に袴付及び待合が見えてくる。茶会に招かれた客はここで支度を済ませ、席に招かれる時を待つ。そして席が整うと、第二中門を経て茶室保真斎へと至る。これら茶室まわりの建物は敷地の西南に配され、竹林と高木に囲まれた幽玄な世界をかたちづくっている。

控えめで落ち着いた主屋と離れ、のびやかで広がりのある庭園、そして幽玄な茶の世界といった性格の異なる空間が巧みに配置されることで、広大な屋敷地に変化と奥行きが生まれている。清風荘を訪れる度に新しい発見と感動があるのは、巧妙に仕組まれた空間構成によるところが大きい。

建築の特徴

清風荘の建物はいずれも優れた近代和風建築である。その間取りや材料、意匠に、西園寺公望の好みと二代八木甚兵衛の技量、そしてそれを支えた第一五代住友吉左衛門友純の見識がうかがえる。それぞれの建物の特徴をみていきたい[107]。

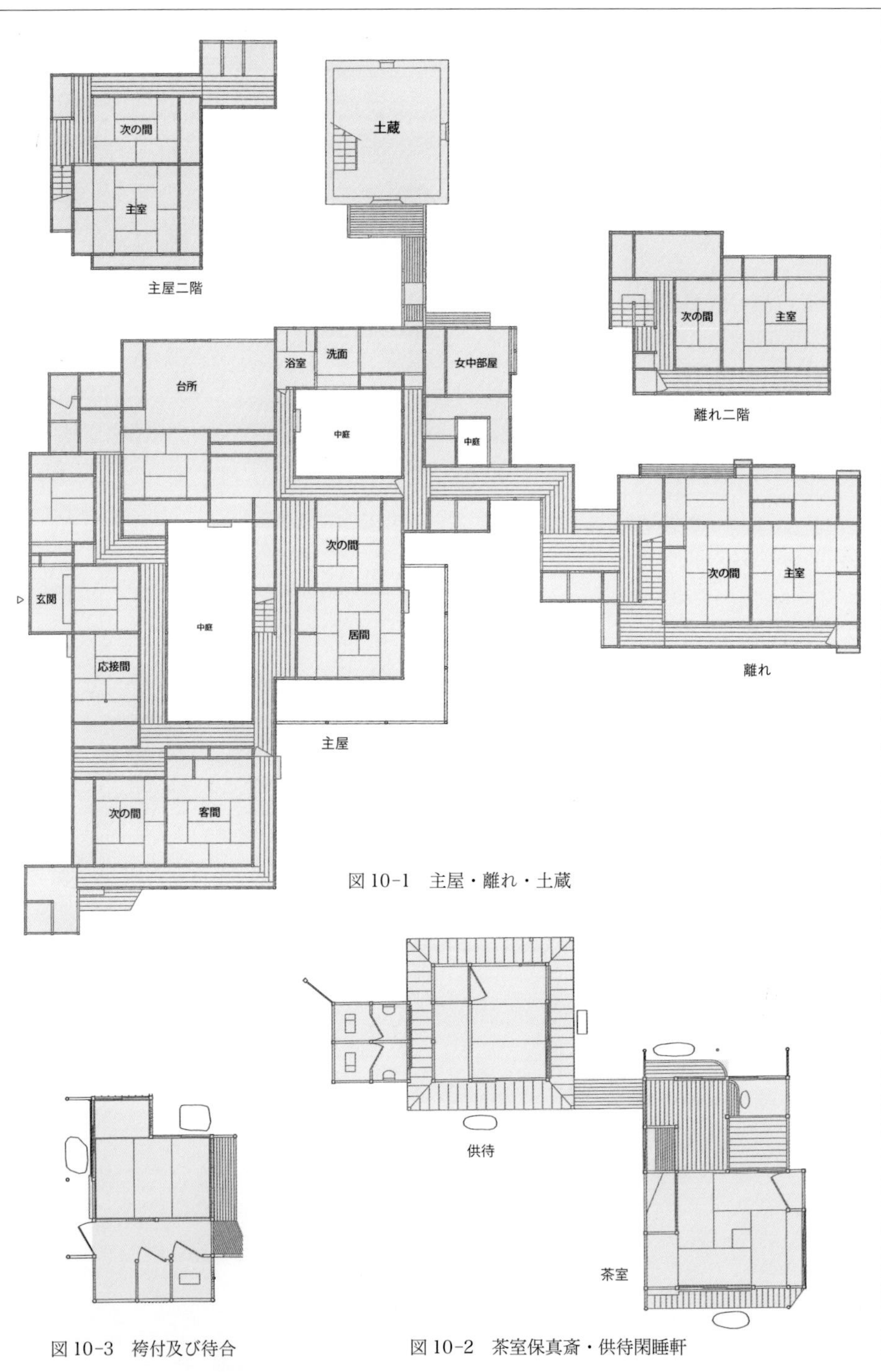

図 10-1　主屋・離れ・土蔵

図 10-2　茶室保真斎・供待閑睡軒

図 10-3　袴付及び待合

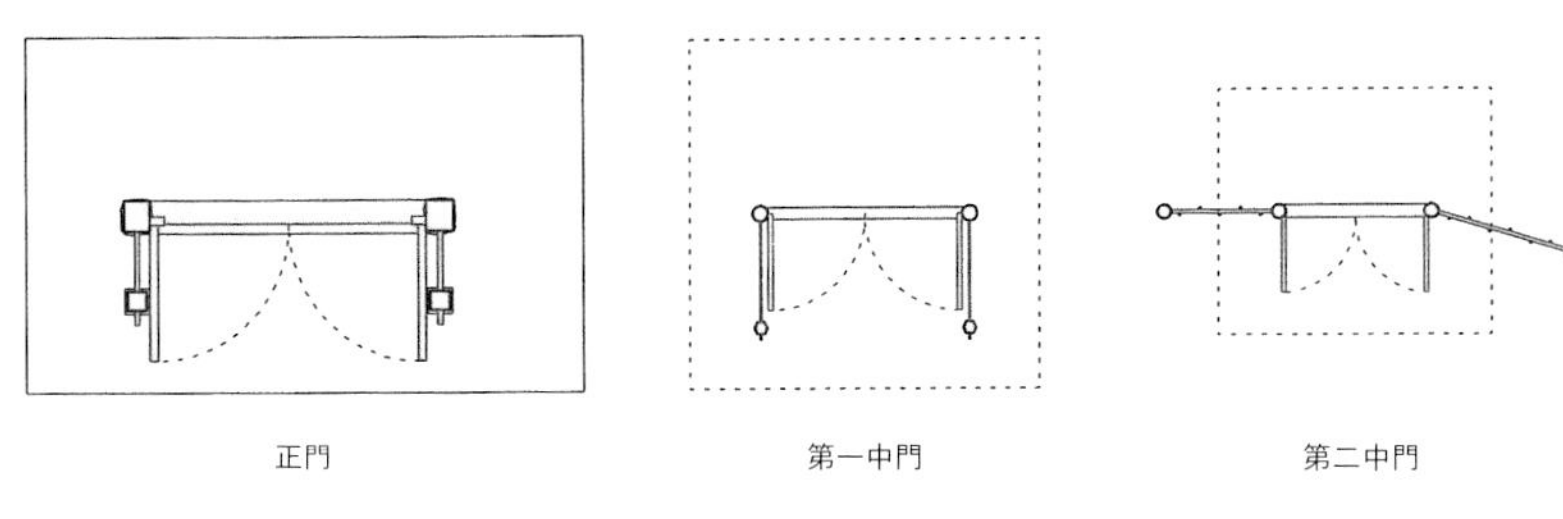

図 10-4　正門・第一中門・第二中門

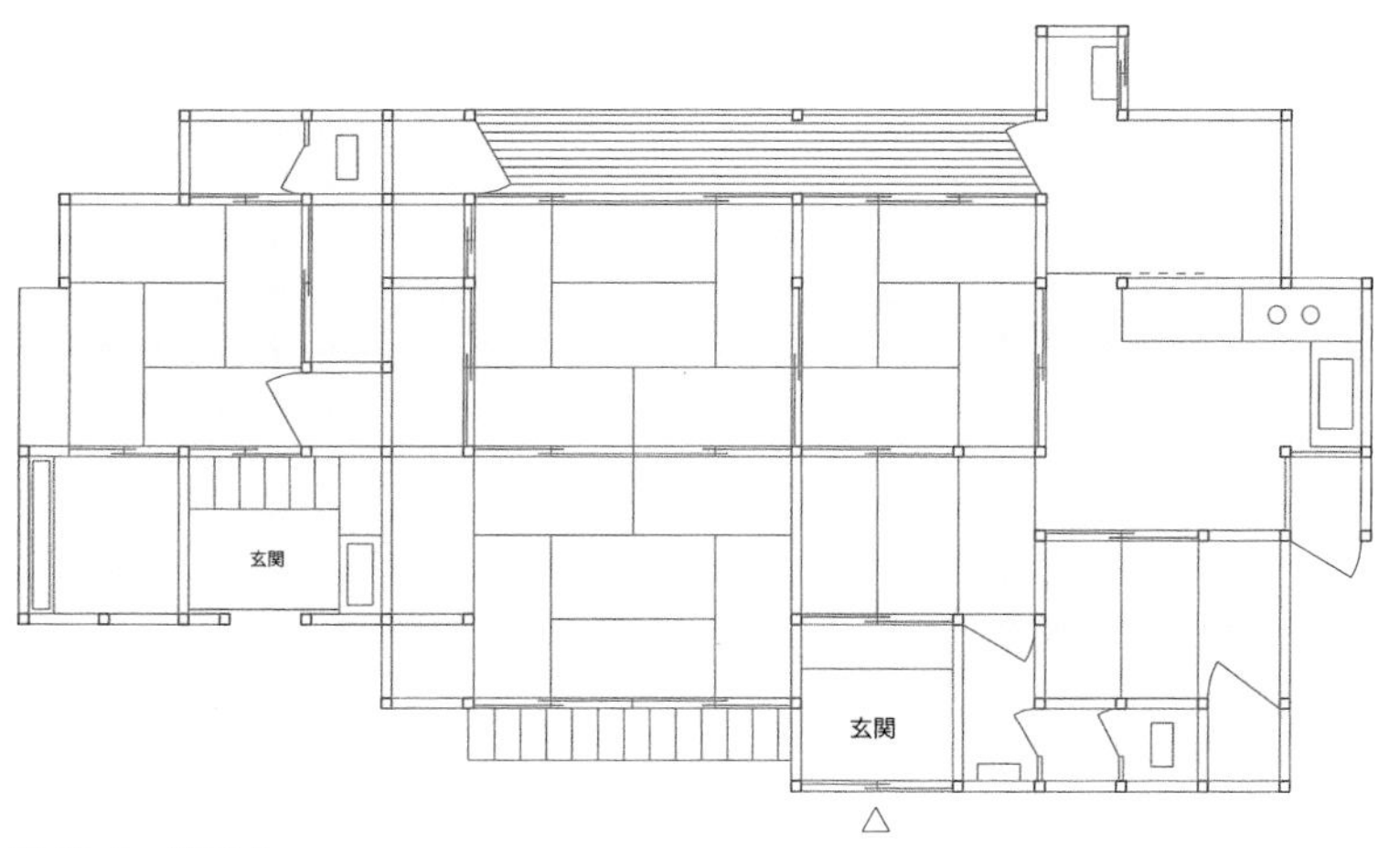

図 10-5　附属屋

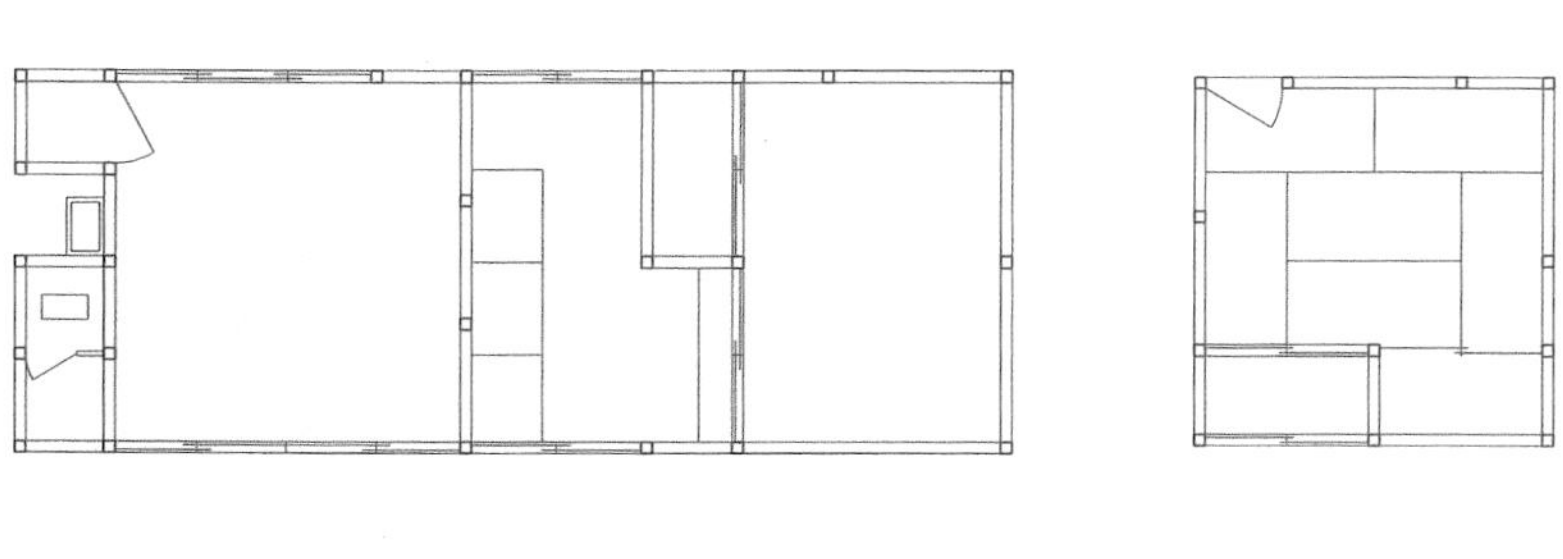

図 10-7　納屋

図 10-6　詰所

図 10-1 ～ 7　清風荘平面図
京都大学 名勝清風荘庭園整備活用委員会編『史料からみた清風荘の建築――建造物調査報告書』京都大学 名勝清風荘庭園整備活用委員会、2011 年、10～12 頁掲載図面に着彩・加筆

写真13　主屋 ©TT

主屋

中心建物である主屋は、木造平屋建一部二階建で、屋根は寄棟造、桟瓦葺とする［写真13］。軒先や庇の一部をこけら葺とし、外壁には杉皮が用いられるなど、威圧感のない軽やかな数寄屋風の外観をもつ。建築面積は約三二四平方メートルと、清風荘の建物のなかでは最も規模が大きく、生活に必要な機能はおおよそ揃っている。大、中、小三か所の中庭のまわりに部屋を配置する平面構成をとり、中庭の南側、庭園に面する位置に「客間」、「居間」といった客と主人のための座敷、中庭の北側に「台所」、「浴室」、「女中部屋」ほかの水回りや使用人の部屋を置く［図10-1］。中庭を利用してそれぞれの部屋の独立性を高めるとともに、機能を明快に分離し、動線が交差しないよう計画されている。採光や通風を配慮した間取りでもある。

西に開かれた玄関を入ると、右手には執事などが客を迎えた四畳半の座敷があり、その先の廊下を右手に進むと客間へと至る。客間は八畳の主座敷と六畳の次の間からなる［写真14］。東と南の二方向に大きく縁をまわし、縁の外建具に大きなガラスの打込障子を入れることで、庭園の風景を室内に取り込

写真14　主屋客間・次の間 ©TT

写真15　中継畳表。長手方向中央に藺草を継ぐ筋がみられるのが特徴。畳縁は藍染め ©SN

む。横長に続くガラス面によって切り取られた庭園は、屏風絵さながらの美しさである。

八畳の北面に八尺幅の畳床がつくられ、杉磨き丸太の床柱、床脇は琵琶棚とし、その下に地袋を設ける。座敷の大きさに比して細めの床柱、八寸ほどの低さに抑えられた琵琶棚の取り合わせが、品の良い落ち着きをもたらしている。天井に用いられた霧島杉の笹杢、琵琶棚天板の槻の玉杢など良材を用いているところも好ましい[108]。欄間は菊菱の透彫を施した遠州欄間とされる。また、畳縁は藍染め、畳表には中継表が使われている［写真15］。中継表は藺草の良質な部分のみを使って織られた畳表で、最高級の貴重な畳表である。なお、清風荘の座敷はいずれも長押をまわさず、数寄屋の軽妙な表現とされる。

客間の東、少し奥まったところに居間がある。庭に面した八畳の主室の北に次の間六畳が付き、八畳の南と東の二面に半間幅の土庇がのばされる［写真16］。八畳は東南二方向が庭に面した開放的な部屋でありながら、土庇の深い軒が室内に陰影をもたらし、清風荘でもっとも落ち着いた座敷となっている。居間の上部には二階があるため、天井高が低く抑えられていることも、落ち着きを感じる要因といえよう。また、外建具がガラスではなく紙の障子とされること、縁がなく座敷から直接外の沓脱石に降りるようになっていることなど、室内と庭園との一体感をいっそう高めるつくりも、居間を居心地の良い場所にしている。居間の床は、松中杢の板床、北山杉名栗材の蹴込み、床柱を北山杉天然しぼりとする［写真17］[109]。床脇にはサルスベリの落掛、地袋と棚板が設けられている。そのほか天井には屋久杉の笹杢が用いられるなど、日常を過ごす場所として、良質な材と抑制のきいた意匠でまとめられている。

居間の二階には一階と同様に八畳と六畳の座敷があり、二階全体として東西南北の四方

写真16　主屋居間 ©TT

写真17　主屋居間の床廻り ©SN

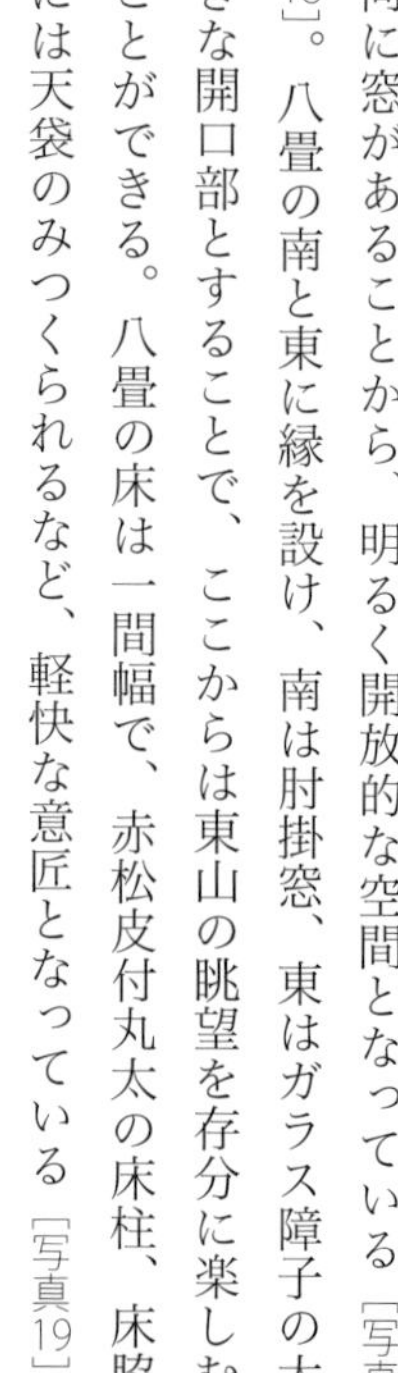
写真18　主屋二階八畳 ©TT

写真19　主屋二階八畳の床廻り ©TT

向に窓があることから、明るく開放的な空間となっている［写真18］。八畳の南と東に縁を設け、南は肘掛窓、東はガラス障子の大きな開口部とすることで、ここからは東山の眺望を存分に楽しむことができる。八畳の床は一間幅で、赤松皮付丸太の床柱、床脇には天袋のみつくられるなど、軽快な意匠となっている［写真19］。

なお、襖や地袋、天袋などの引手金具は部屋ごとに意匠を変えるなど、細部にまで研ぎ澄まされた美意識が注がれている。たとえば、客間は織物を織る際に用いる杼（ひ）、居間は分銅、二階座敷は玉子の引手がつけられる［写真20］。

居間の中庭をはさんで北に設けられた浴室は、浴槽と壁が桧とされ、浴室の東にある脱衣室には天井や洗面台まわりに竹や杉板をつかった繊細な意匠を見ることができる［写真21］。台所は天井をはらず梁ほかの架構をみせ、屋根には明かり採りの窓があけられる。台所の南、居間に近いところには電話室が設けられていた。

全体として機能的につくられていること、良質な材を品よく用いていること、網代や杉板、杉皮、竹といった軽妙な材料を多用した数寄屋風であること、庭園や東山の眺めを取り込むことが意図されていることが特徴といえよう。

写真21　浴室に隣り合う洗面台 ©TT

写真22　離れ ©TT

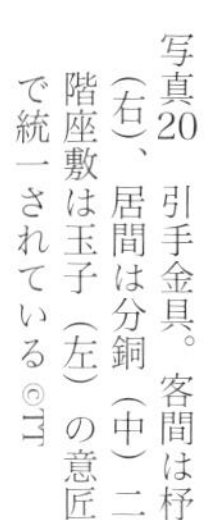
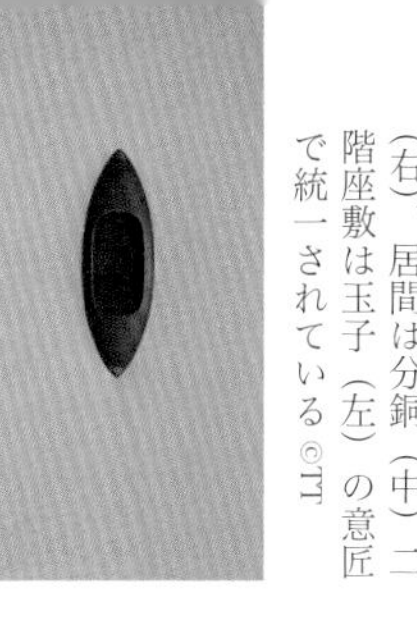
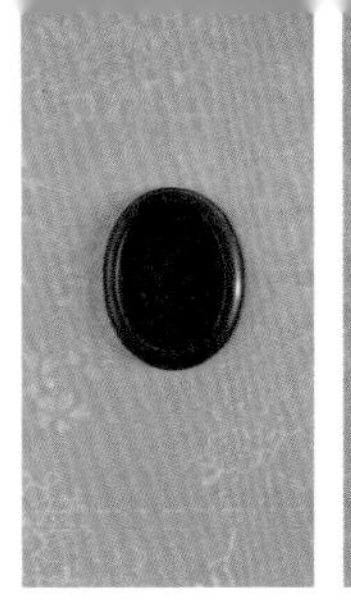

写真20　引手金具。客間は杼(右)、居間は分銅(中)二階座敷は玉子(左)の意匠で統一されている ©TT

離れ

主屋の東には、木造二階建、寄棟造、桟瓦葺の離れがあり、主屋とは廊下で繋がれる[写真22]。一階に八畳の主座敷と六畳の次の間を設け、南の縁に大判ガラスの打込障子を建て込むことで、庭園を一望できるよう設計されている。八畳の東面に一間幅の板床、北山杉天然しぼりの床柱、床脇には地袋、その上部には円窓が開けられる[写真23]。赤杉柾目の天井板は、住友家茶臼山本邸のために調達されたものを用いており、住友家の系譜にある建物であることが材料によっても伝えられる。

この座敷で目を引くのは、八畳と六畳の境につけられた櫛形欄間である。櫛形の枠に矢竹を並べた意匠で、裏千家寒雲亭の欄間を引用したとされる。同様の欄間は二代八木甚兵衛が手掛けた広瀬宰平邸の新座敷(一八八九年竣工)にもみられ、八木好みの意匠であったと考えられる。なお、六畳の西面には箪笥が置かれるが、その引き出しには、東京日本橋小伝馬町の「長嶋屋　長谷川傳次郎」の張り紙があり、東京の指物屋から購入したものであることが判明する。

二階には一〇畳の座敷と次の間四畳がつくられる[写真24]。一階と同様大判ガラスの建具を南面に入れ、ここからは庭園全体を

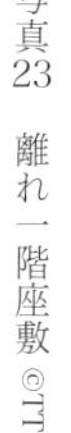

写真23　離れ一階座敷 ©TT

写真24　離れ二階座敷 ©SN

写真25　離れ二階座敷の床廻り ©TT

俯瞰するダイナミックな眺めを楽しむことができる。一〇畳北面には床框に北山丸太を用いた八尺幅の畳床、その左に地窓、左隅には琵琶棚を設け、床柱を省略することで広がりのあるおおらかな座敷としている［写真25］。次の間との境に入れられた欄間は桐の心落ち板で、芯が枯れた桐の天然木をそのまま板に挽いた珍しい材を用いている［写真26］。

主屋にくらべ離れは、欄間や床の構成などに遊びの要素がみられるとともに、庭園をより広く大きく眺めることができる建物となっている。

正門

北面して建つ切妻造、桟瓦葺の腕木門で、東西に袖塀が付く［写真27］。柱に節のある丸太材を用い、欄間には疎らな菱格子を入れる。板の門扉は表側下半分を割竹張、上部は菊菱透彫とする。袖塀は丸太の柱を立て、その間を割竹張とし、上部に紐丸瓦を葺く。数寄屋風の軽く控えめな意匠のなかに、洗練された表現と優れた技術が発揮されている。

土蔵

主屋の北に位置し、主屋とは渡り廊下でつながれる［写真

写真28　土蔵 ©SN

写真29　茶室保真斎 ©TT

写真27　正門　©TT

写真26　離れ二階の心落ちの桐を使った欄間　©TT

28]。二階建、切妻造、桟瓦葺で、南面に瓦葺の下屋をのばし蔵前とする。一階の北面と東面、二階の南面と北面に窓を開く。桁行三間、梁間二間半のそう大きくない土蔵であるが、すっきりとした意匠と白漆喰の外壁が清々しい端正な建物である。

茶室保真斎

切妻造、桧皮葺の建物で、南面に「保真斎」の扁額を掲げる［写真29］。四畳半の茶席、水屋、玄関からなり、客は南面の濡縁から茶席へと入る［図10-2］。本勝手、上座床の構成で、床柱は赤松の皮付き丸太、床脇には三角の板棚がつくられる［写真30］。点前座上部の落天井はまこも黒糸編女竹吹寄せ押さえ、客座は黒部へギ矢羽網代天井として空間に変化つける。(110) 東面の付書院の明かり障子には、一部ガラスが入れられ、ガラス面が庭の風景を切り取る［写真31］。薄暗い客座から亭主の向こうに庭を見る趣向である。

供待閑睡軒

茶室の北西に建つ入母屋造、桧皮葺の建物で、四周に濡縁がまわる［写真32］。内部は吊床のある三畳の座敷とされ、

写真30　茶室保真斎の茶席　©SN

写真31　茶室保真斎の付書院。硝子面が庭を切り取る　©SN

写真32　供待閑睡軒 ©SN

写真33　供待閑睡軒の座敷 ©SN

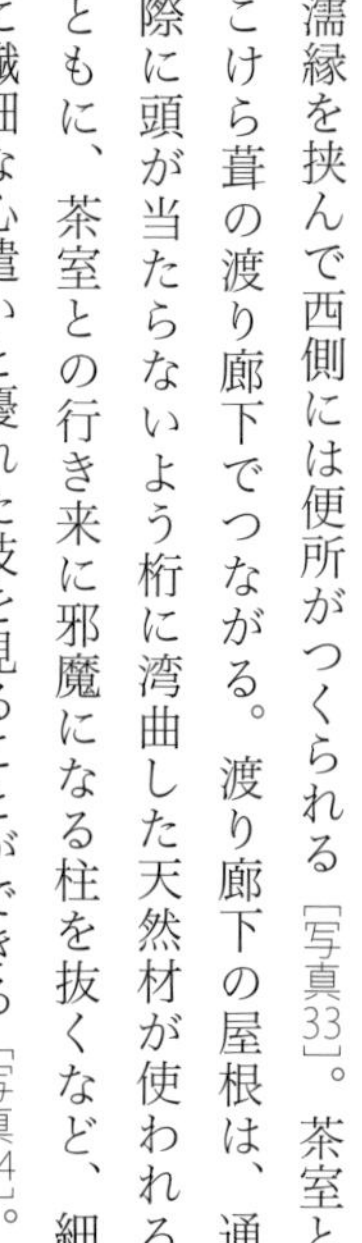

濡縁を挟んで西側には便所がつくられる［写真33］。茶室とはこけら葺の渡り廊下でつながる。渡り廊下の屋根は、通る際に頭が当たらないよう桁に湾曲した天然材が使われるとともに、茶室との行き来に邪魔になる柱を抜くなど、細部に繊細な心遣いと優れた技を見ることができる［写真34］。

袴付及び待合

細い丸太柱に支えられた入母屋造、こけら葺の軽妙な建物である［写真35］。南面は切妻造、北面庇のみ桧皮葺とするなど複雑な屋根構成をとる。三畳の袴付と南の便所から成り、袴付の東面には大きな円窓が開けられる［図10-3］。円窓からは庭の眺めと、流れの水音が室内に入る［写真36］。東面の庇下には腰掛がつくられ、ここからも庭の風景を楽しむことができる。研ぎ澄まされた美意識を感じる建物である。

第一中門

露地へと誘う最初の門である［写真37］。入母屋造、桧皮葺の薬医門で、門柱、桁に皮付丸太、控柱や垂木に名栗材を用いるなど、数寄を凝らした材と意匠が目を引く。華奢な

写真36　袴付及び待合の内部と円窓 ©TT

写真37　第一中門 ©SN

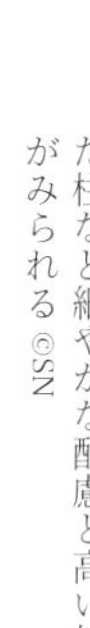
写真34　供待閑睡軒と茶室保真斎を繋ぐ廊下。曲がった桁、省略された柱など細やかな配慮と高い技術がみられる ©SN

写真35　袴付及び待合 ©SN

軸部とそこから大きく持ち出された軒の深い屋根とのバランスが美しい。

第二中門

袴付及び待合と茶室の間に建つ腕木門で、門柱は掘立、屋根は切妻造、杉皮葺の竹四つ目押さえとする［写真38］。柱、梁、桁、棟木に丸太、垂木に丸竹を用いた軽妙な門である。丸太材の仕口などに精妙な技術がみてとれる。

附属屋

常駐する管理人の住宅として建てられた木造平屋建、寄棟造、桟瓦葺の建物である［写真39］。東西の二住戸からなり、東側住戸は三畳の玄関、六畳の座敷二室、四畳半の座敷一室、三畳の小部屋のほか台所、便所、座敷の南には専用の庭もつくられるなど独立した住宅としての体裁をもつ［図10-5］。西側住戸は流し付きの玄関、四畳半の座敷、便所ほかの小規模なものとなっている。庭木に隠れてひっそりと佇む。

詰所

方二間の木造平屋建、寄棟造、桟瓦葺の建物で、警備のための巡査、運転手の詰所として建てられた［写真40］。南側

写真38　第二中門 ©SN

写真39　附属屋 ©SN

に玄関を設け、内部は六畳一間とされる［図10-6］。規模は小さいものの良材を用いた質実な建物である。

納屋

主屋の北側にある木造平屋建、切妻造、桟瓦葺の建物で、外壁腰を板張りとする［写真41］。主屋の台所出入口、風呂の焚口などに近く、裏方の仕事のために建てられた。内部は東から六畳、土間、八畳が並び、西端には便所がつく［図10-7］。外観、室内ともに簡素なつくりである。

維持管理と文化財指定

一九四五（昭和二〇）年度に設置された清風荘管理委員会は、一九五八年以降は開催されず、一九九八（平成一〇）年度末に役割を終えたとして廃止された[11]。一九五九年の『新建築』に紹介された清風荘の写真からは、建物が良好な状態で維持されていたことが見て取れる[12]。その後も大学は、日常的な清掃や利用管理を担当する管理人を常駐させるとともに、庭木の剪定や建物の修理などを必要に応じて実施してきた。

なかでも大規模な整備が行われたのは、二〇〇七年度から二〇一三年度にかけてのことである。一九五一年六月九日に敷地全体が「清風荘庭園」として国名勝に指定されるものの、その後五〇年以上の長い期間、維持のための必要最小限の措置がとられるにとどまったことから、庭園と建物の毀損はかなり進んでいた。そうした状況にあって、当時の尾池

写真40　詰所 ©SN

写真41　納屋 ©SN

和夫総長（第二四代総長　在任二〇〇三年一二月～〇八年九月）の提案によって保存修理事業が始まった[113]。二〇〇五年度に学識経験者、京都府と京都市の文化財保護課を交えて協議を行う「京都大学名勝清風荘庭園検討会」が立ち上げられ、そのなかに設置された庭園分科会、建築分科会において保存修理をめぐる検討が進められた。建築については、保存活用に向けての基礎調査と整備について議論するとともに、重要文化財指定を見据えた国登録有形文化財への登録を目指すことも併せて確認され、その準備に入った。

翌二〇〇六年度には大学評議会を経て「名勝清風荘庭園整備活用委員会」が発足し、委員会の下に同年度「名勝清風荘庭園整備活用基本計画」が策定された。基本計画を受けて二〇〇七年度から修理工事が本格化するとともに、同年五月一五日付で、主屋、離れ、土蔵、附属屋、納屋、茶室、供待、袴付及び待合、第一中門、第二中門、正門の一一棟が登録有形文化財に登録された。

建築の修理工事については、傷みが激しく早急に対応が必要とされた茶室まわりの建物から着手された。二〇〇八年度に茶室の第一期屋根修理、翌二〇〇九年度に茶室の第二期屋根修理、第一中門と第二中門の修理ほかが、二〇一一年には茶室、供待、袴付及び待合、そして主屋と離れの外回りの修理が行われている。

二〇一二年七月九日、すでに登録有形文化財となっていた建物に詰所を加えた一二棟が国重要文化財に指定され、文化財指定の目標はひとまず達成された。指定にあたって、「清風荘は、端正な意匠の数寄屋住宅であり、一体として整備された附属施設も残されており、近代和風建築の精華の一つとして重要である」と評価されている[114]。

重要文化財となったことで、保存修理とともに耐震補強、防災整備が必須となり、二〇一三年度から二〇一六年度にかけて調査と設計、工事が行われた。保存修理については、主屋、離れの屋根の葺替、傷んだ柱の根継、土壁の部分補修、ガラス戸、障子、板戸ほかの部分修理などが実施されている。耐震工事は文化財建造物であることを考慮して、層間変形角★一五分一を最大値に設定し、耐震壁の設置、床下の補強、煉瓦基礎の根巻き、葺き土の撤去による屋根荷重の軽減などが行われた［写真42］。防災に関しては、自動火災報知設備として、室内天井廻りに熱による膨張を利用する空気管（銅管）を這わすとともに、建物ごとに火災報知機を設置し、管理人室でそれらを監視するシステムを構築している［写真43・44］。また、消火については、附属屋の東に防火用水槽を置き、主屋と離れの北側に設置する三か所の放水銃、敷地内に適宜配置する消火栓から放水する方法がとられた。放水銃のうち一機は、納屋の南にある既存の石造井戸のなかに納められ、普段はその存在がわからないよう工夫されている［写真45］。また、これらの工事と同時に防犯設備も新設された。

こうした整備は、文化財としての価値を損なわないよう細心の注意を払って実施されている。建物や庭園の姿をほぼ変えることなく、安全性は格段に高まったといってよい。平成の一連の整備事業によって清風荘は、京都大学が譲り受けてからもっとも良好な状態にある。これから後も長く清風荘が継承されることが期待される。

おわりに——清風荘の価値の所在

清風荘の建築をめぐる歴史をモノグラフとして書き進んできた。二代八木甚兵衛、上坂

★地震の横揺れによって建物が変形するときの水平方向の変形の角度。層間変位／階高。

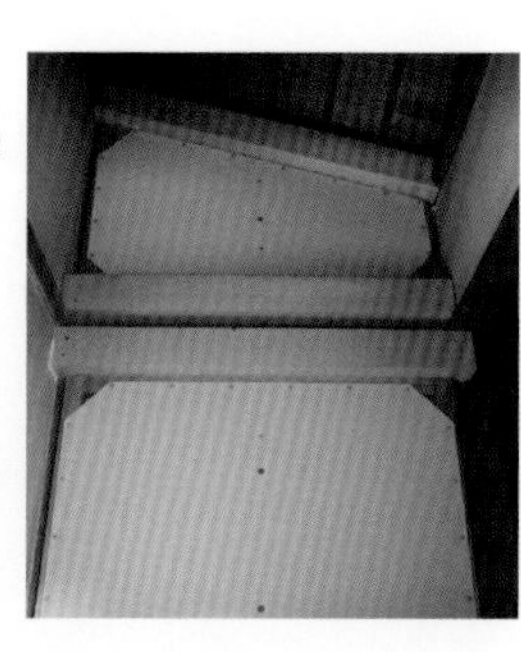

写真42　押入れの内部壁面の構造用合板による補強 ©SN

写真43　天井の空気管 ©SN

浅次郎といった名匠による優れた近代和風建築に、清風荘の建築的価値があることは言うまでもない。しかし、徳大寺家から住友家へ、住友家から京都大学へと受け継がれ、一〇〇年以上を経てなお現役で使われ続けていることに、清風荘の何よりの価値があると思われる。清風荘には徳大寺家の家族と政治家西園寺公望、そして京都大学の歴史が刻まれている。加えて、施主であり所有者であった第一五代住友吉左衛門友純、庭園を手掛けた七代目小川治兵衛、京都帝国大学への寄附を熱望した第一二代総長羽田亨、寄附を決断した第一六代住友吉左衛門友成、GHQによる接収の回避に奔走した第一三代総長鳥養利三郎、歴代の管理者、さらに清風荘を訪れ、利用したすべての人々の記憶が清風荘には付着している。徳大寺実堅が建てた茶室や西園寺が多くの時間を過ごした座敷に流れる時間は、今であるとともに彼らが生きた時間、そしてそこに居たすべての人々の時間でもある。そう考える時、清風荘の空間と時間は、過去につながっているだけでなく、未来へと続く予感に満ちている。

また、清風荘の存在とそこで起こった出来事は、閉じた世界の物語ではなく、日本の近代史、政治史、京都大学の研究や運営へと接続する回路を有している。近代において伝統文化の継承と展開の精華として上質な近代和風建築と庭園が生み出されたが、そのひとつが清風荘であった。都市史の視点からは、近代都市へと変貌を遂げる時代にあって、道路敷設や市街化などによる環境の変化を清風荘もまた経験することになる。政治史においては、政府の重要人事をも含む意思決定の場として清風荘は機能した。いわば日本が動く瞬間に清風荘は立ち会った。京都大学との関係では、建学の精神的故郷として、また秘匿性の高い会合や打ち解けた座談、各種の研究会の会場として、さらには学外の賓客をもてな

写真44　建物の各所に設置された火災報知機 ©SN

写真45　井戸に格納された放水銃 ©SN

す迎賓施設として、さまざまなかたちで清風荘と京都大学の活動はつながってきた。こうした大きな文化的、社会的、政治的、組織的事象の断片が、長い時をかけて清風荘には蓄積されてきたのである。

われわれは清風荘に時代を思い、文化を感じ、政治を語り、学知を深める。清風荘の座敷からみえる風景は限りなく深く広い世界へとつながっている。

(1) 「徳大寺実堅卿自筆日記抄二　嘉永元〜安政五」宮内庁書陵部所蔵。
(2) 「住友春翠」編纂委員会編『住友春翠』(「住友春翠」編纂委員会、一九五五年)は、友純の次男で第一六代住友吉左衛門友成が発起人となって編纂された伝記で、徳大寺家の歴史、友純の生い立ち、住友家での事績ほかを、その逝去の昭和初期まで詳述している。
(3) 前掲『住友春翠』七四頁。なお、清風館の造営年については、『西園寺公追憶』(内山慶之進編、中央大学、一九四二年、三〇頁)には一八三二(天保三)年とされるなど、いくつかの異なる記述がみられる。
(4) 前掲『住友春翠』七四頁。
(5) 前掲『住友春翠』一一一〜一一二頁。
(6) 前掲『住友春翠』四八・五〇頁。
(7) 前掲『住友春翠』七六〜七七頁。
(8) 前掲『住友春翠』九一・九九頁。
(9) 前掲『住友春翠』一〇五頁。
(10) 前掲『住友春翠』一四一頁。なお、千世浦は公純の死後、正心院と号した。
(11) 前掲『住友春翠』三三八頁。
(12) 山根徳太郎『小川治兵衛』一九六五年。
(13) 前掲『住友春翠』八五〜八八頁。

(14) 前掲『住友春翠』七四頁。
(15) 図中の「小山」「月花台」は、前掲『住友春翠』八七頁の「楽浪園の築山月見台」のことを指すと考えられる。
(16) 前掲『住友春翠』七四頁。
(17) 前掲『住友春翠』四七〇頁。
(18) 安藤徳器『園公秘話』育生社、一九三八年、一二九〜一三〇頁。
(19) 前掲『住友春翠』四七〇〜四七一頁。
(20) 前掲『住友春翠』四七一頁。
(21) 京都大学 名勝清風荘庭園整備活用委員会編『史料からみた清風荘の建築――建造物調査報告書』京都大学名勝清風荘庭園整備活用委員会、二〇一一年。
(22) 一九〇九年一〇月一二日物加波中次郎より住友御本家詰所御中宛書簡、住友史料館所蔵。
(23) 前掲『史料からみた清風荘の建築――建造物調査報告書』三七頁
(24) 住友史料館に所蔵される資料であるが資料名、作成年月日はない。前掲『史料からみた清風荘の建築――建造物調査報告書』三五頁には、一九一一年の作成と推定されている。
(25) 「六七―住友吉左衛門　西園寺公望宛て（年不明）七月三十日」『宮津市立前尾記念文庫所蔵　元勲・近代諸家書簡集成』佛教大学近代書簡研究会、二〇〇四年、二九二〜二九五頁。
(26) 「侯爵は「京都で生まれながら京都の名所旧跡を知らぬのは面白くない」と言つて自動車を駆て郊外へ出られる、此の自動車は伊太利へ注文した品で価格は何でも一万五千円とやら言ふが四五日前に到着したのである」『京都日出新聞』一九一三年四月一三日、七面。
(27) 京都田中村邸建築書類「冠木門 縮尺弐拾分ノ壱」、住友史料館所蔵。
(28) 前掲『史料からみた清風荘の建築――建造物調査報告書』四一頁。
(29) 一九一四年一一月二六日八木甚兵衛より住友御本家宛書簡、住友史料館所蔵。
(30) 『京都日出新聞』一九一三年三月二六日、七面。
(31) 「清風荘（名勝清風荘庭園）」京都大学、神谷家文書二―一四。
(32) 新居浜市教育委員会『別子銅山の近代化を見守った広瀬邸――旧広瀬邸建造物調査報告書』二〇〇二年、一二頁。
(33) 前掲『住友春翠』五五九頁。
(34) 坂本勝比古「旧伊庭貞剛邸（現住友活機園）の建築について」日本建築学会大会（関東）学術講演梗概集、

計画系（四五）、一九七〇年、七六九〜七七〇頁。前掲『別子銅山の近代化を見守った広瀬邸――旧広瀬邸建造物調査報告書』九五頁には、一九二二年に増築された伊庭邸新座敷に「高木多吉という八木配下の老棟梁が関わっていた」とある。

(35) 『紫織庵（川崎家住宅）調査報告書』京都大学工学部建築系教室高橋研究室、一九九六年。

(36) 一九〇七年九月二〇日小川治兵衛より住友吉左衛門殿御執事宛書簡、住友史料館所蔵。

(37) 一九〇七年九月二六日小川治兵衛より住友吉左衛門殿御執事宛書簡、住友史料館所蔵。

(38) 一九〇七年九月一六日物加波中次郎より住友御本家詰所御中宛書簡、住友史料館所蔵。

(39) 前掲『住友春翠』五六二頁。

(40) 「西園寺陶庵侯の隠棲」『京都日出新聞』、一九一三年三月二六日、七面。

(41) 「中門之御見積」（一九一三年）四月二八日、上坂浅次郎より小川治兵衛宛書簡、住友史料館所蔵。

(42) 前掲「西園寺陶庵侯の隠棲」。

(43) 前掲『住友春翠』五三〇頁。

(44) 前掲『京都日出新聞』一九一三年四月一三日、七面。

(45) 西川一草亭『風流生活』第一書房、一九三二年、九九頁。

(46) 安藤徳器編『陶庵公影譜』審美書院、一九三七年、九〇頁。

(47) 「京洛名苑記　清風荘」『瓶史』昭和九年夏の号、一九三四年、五九頁。

(48) 前掲『風流生活』一〇〇頁。

(49) 「名士の床の間　二、西園寺陶庵公」『瓶史』昭和六年秋風号、一九三一年、二八頁。

(50) 「客間に案内されぬ上段八畳、次の間六畳の一室は、横長き心字様の一大池に面して、松翠楓紅の間に大文字山を望み、池辺の雪見燈籠に対して一道の飛泉戞々として石に激する風景筆舌の形容」高橋箒庵「陶庵侯閑居」『東都茶会記』第四輯下、慶文堂書店、一九一四〜一九二〇年、二〇三頁。

(51) 京都大学工学部建築学教室建築史研究室編『京都大学建築八十年のあゆみ――京都大学歴史的建造物調査報告』一九七七年。

(52) 前掲『風流生活』一〇三頁。

(53) 「趣味の西園寺公」前掲『瓶史』昭和九年夏の号、六〇頁。

(54) 同前。

(55) 前掲『風流生活』一〇四頁。

(56) 同前。
(57) 前掲「趣味の西園寺公」『瓶史』昭和九年夏の号、六一頁。
(58) 「この茶趣味は、西園寺よりも、徳大寺よりも、住友氏に多く伝はり」（小泉策太郎『随筆西園寺公』小泉三申全集第三巻、昭和一四年、一九三九年、四頁）と指摘される。
(59) 前掲『随筆西園寺公』四頁。
(60) 野内芳蔵「清風荘と陶庵公の想出」『井華』住友本社人事部厚生課編、二号、一九四一年、七四～七九頁。
(61) 前掲「清風荘と陶庵公の想出」七六頁。
(62) 前掲『随筆西園寺公』四頁。
(63) 前掲『住友春翠』九一頁。
(64) 前掲『風流生活』九九頁。
(65) 前掲「趣味の西園寺公」『瓶史』昭和九年夏の号、六〇頁。
(66) 前掲「陶庵侯閑居」『東都茶会記』第四輯下、二〇四頁。
(67) 前掲「趣味の西園寺公」『瓶史』昭和九年夏の号、五九頁。
(68) 前掲『園公秘話』一二三頁。
(69) 前掲『園公秘話』一二八頁。
(70) 前掲『随筆西園寺公』五頁。
(71) 前掲『陶庵公影譜』一二〇頁。
(72) 前掲『住友春翠』四七一頁。
(73) 京都大学大学文書館編『羽田亨日記』（京都大学大学文書館資料叢書1）、京都大学大学文書館、二〇一九年。
(74) 前掲『羽田亨日記』一〇六頁。
(75) 前掲『羽田亨日記』一〇七頁。
(76) 前掲『羽田亨日記』一一八頁。
(77) 前掲『羽田亨日記』一三三頁。
(78) 「寄附願」昭和一九年四月三〇日、「昭和十九年度　清風荘寄附受領関係　会計課」京都大学施設部所蔵。
(79) 「土地竝ニ建物寄附受領方申請ノ件」一九四四年六月五日（「昭和十九年度　清風荘寄附受領関係　会計課」）京都大学施設部所蔵。
(80) 前掲「昭和十九年度　清風荘寄附受領関係　会計課」。
(81) 『清風荘』を京大に住友家から寄贈」『京都新聞』一九四四年六月一八日、二面。

(82)「京都大学附属図書館報　静修」Vol. 1, No.1、京都大学附属図書館、一九六四年九月、八頁。
(83)『京都新聞』一九四四年六月一九日、二面。
(84)西山伸「〈資料紹介〉昭和十八年八月日誌」『京都大学大学文書館研究紀要』第二号、二〇〇四年二月、一四〇頁。
(85)前掲『羽田亨日記』一四二頁。
(86)前掲『京都新聞』一九四四年六月一九日、二面。
(87)前掲『羽田亨日記』一四二頁。
(88)前掲『羽田亨日記』一七四頁。
(89)前掲『羽田亨日記』一九四・一九七頁。
(90)前掲『羽田亨日記』一八六頁。
(91)前掲『羽田亨日記』一七六頁。
(92)前掲『羽田亨日記』一九四頁。
(93)前掲『羽田亨日記』一八六頁。
(94)前掲『羽田亨日記』一八二頁。
(95)「接収関係」一九四六年一〇月～一九五二年七月、管財課、京都大学大学文書館所蔵、識別番号01A09222。
(96)京都大学百年史編集委員会『京都大学百年史』総説編、京都大学後援会、一九九八年、五二五頁。
(97)仁友会代表 鳥養利三郎『敗戦の痕』一九六八年、二九頁。前掲『京都大学百年史』総説編、五二五頁。
(98)前掲「接収関係」。
(99)前掲『敗戦の痕』二八頁。
(100)中根金作『中根金作 京都名庭百選』淡交社、一九九九年、四〇七頁。
(101)「京都大学名勝清風荘庭園検討会　資料」京都大学、二〇〇六年四月一七日、一頁。
(102)『京都新聞』一九四六年三月一九日。
(103)前掲『敗戦の痕』五〇～五四頁。
(104)井島勉「転石会」湯川秀樹・井島勉・川端弥之助『京都　わが幼き日の……』中外書房、三二〇～三二一頁。
(105)徳岡善助「先生に捧げる私の思い出」『湯川秀樹著作集一〇』月報一一、岩波書店、一九九〇年二月、七頁。
(106)「座談会　基礎物理学研究所をめぐって」『自然』第一三巻第一号、一九五八年一月、三八～四四頁。
(107)材料については、前掲『史料からみた清風荘の建築——建造物調査報告書』、建物の概要については、『月刊文化財』五八六号、文化庁文化財部、二〇一二年七月、一八〜二三頁によった。

(108) 前掲『史料からみた清風荘の建築――建造物調査報告書』二三頁。

(109) 同前。

(110) 前掲『史料からみた清風荘の建築――建造物調査報告書』二四頁。

(111) 「京都大学名勝清風荘庭園検討会について　資料」京都大学、二〇〇六年一月三〇日、一頁。

(112) 『新建築』第三四巻第三号、新建築社、一九五九年三月、七五〜八〇頁。

(113) 『名勝清風荘庭園保存修理事業報告書』京都大学、二〇一四年三月、一頁。

(114) 国指定文化財等データベース、文化庁。〈https://kunishitei.bunka.go.jp/bsys/index〉二〇二〇年一月三〇日閲覧。

参考文献

鈴木博之『庭師　小川治兵衛とその時代』東京大学出版会、二〇一三年。

尼崎博正『七代目小川治兵衛――山紫水明の都にかへさねば』ミネルヴァ書房、二〇一二年。

福島匠『西園寺公望別邸清風荘の建築に関する研究――住友史料館所蔵清風荘史料を基として』京都工芸繊維大学修士論文、二〇〇九年。

尼崎博正編『植治の庭――小川治兵衛の世界』淡交社、一九九〇年。

column 1

住友の社会貢献と寄付の文化

牧　知宏（住友史料館 主席研究員）

社会の公器たる事業体として住友も幅広い社会貢献を行ってきた。たとえば、一九一六（大正五）年に設立された住友私立職工養成所は、家計の困難な家庭の子弟を対象に職工として必要な技能を教育するためのもので、当然学費は取らず、卒業後の就職先も住友の工場に限定されなかった。この養成所設立の契機は、一九一一（明治四四）年設立の済生会への寄付金を求められたことにあった。住友は済生会の趣旨に賛同するとともに、より踏み込んだ形での社会貢献を模索し、貧困家庭の自立をはかる方策として職工養成所の設立となったのである。

住友友純　住友史料館所蔵
住友家第15代家長住友吉左衛門友純は、公家の徳大寺公純の六男（隆麿）で、明治25年に住友家の養嗣子となった。西園寺家の養子となった公望は実兄

このように江戸時代から施行などの慈善事業を行ってきた住友の社会貢献は、一過性の金銭寄付のみならず、持続可能な社会をも目指すものであった。特に、徳大寺家より養子として住友家一五代家長となった住友友純（ともいと）は、家督相続に際し実兄西園寺公望より祝辞として「始めあらざるものなし、よく終りあるもの鮮（すくな）し」という『詩経』の格言、すなわち職責をまっとうできる者は少ないという意味のはなむけの言葉を贈られた。この言葉を胸に住友友純は、事業活動において重要な経営判断は自ら行い、住友の事業を近代化していくとともに、欧米を視察した経験から富豪が果たすべき役割をも自覚して、慈善事業と文化的支援を積極的に行った。フランス通の実兄西園寺公望の斡旋で黒田清輝の洋画を購入し

たり、洋画家、鹿子木孟郎のフランス留学を支援するなど日本の芸術の発展にも寄与した。

なかでも一九〇〇（明治三三）年に大阪府に図書館建設費、及び図書購入基金の寄付を申し出たことは、社会の教養を下支えする公共事業への貢献であり、住友私立職工養成所に先んじる社会教育に対する貢献であった。住友の事業は「住友自身を利するとともに国家を利し、かつ社会を利するものでなければならない」という、公益との調和を求める住友事業精神にかなったもので、代々事業を続け、長く恩恵を受けてきた大阪という地域社会への報恩という意味もあった。戦後も別子銅山開坑三〇〇年の記念事業として、江戸時代より続く別子銅山の事業を支えてきた地域社会との共存共栄を目指し、二〇〇二（平成一四）年に住友グループより別子銅山記念図書館を愛媛県新居浜市に寄付している。

黒田清輝「清閑寺小督物語（昔語り）」
西園寺公望から黒田清輝の作品を斡旋された住友友純は、明治31（1898）年の白馬会第3回展に出品することになる「昔語り」の制作費を援助し、完成後これを買い入れ、須磨別邸に飾った（太平洋戦争末期の空襲により焼失）

大阪に話を戻すと、住友が寄付した図書館ではあるが、寄付者の名を冠した「住友図書館」と名乗るのではなく、あくまで大阪図書館と称する民設公営の文化的インフラであり、だからこそ広く大阪の学術文化の発展を持続的に担うものとして期待された。一九一九（大正八）年にはドイツに留学していた田丸節郎の依頼により、第一次大戦後のドイツで売りに出されていた理化学関係の書籍や学位論文を田丸節郎や堀場信吉が選書し、住友が購入した上で大阪図書館に寄付している（住友文庫）。これは、将来化学工業の中心たるべき大阪にも科学技術書を備えておくべきという田丸らの考えに住友が共鳴したものであり、住友の社会貢献は広く学術・研究の世界に及んだ。東北帝国大学の本多光太郎教授に鉄鋼研究のための奨学資金を提供し、一九一八（大正七）年には同大学に鉄鋼研究所を寄付したこともその顕れであり、研究成果たる高磁力磁石鋼は住友により製品化され、世襲名の住友吉左衛門にちなみＫＳ磁石鋼と命名されたように、住友の事業を通じた社会貢献でもあった。さらに、京都帝国大学理学部化学第一講座（物理化学、大幸勇吉教授、堀場信吉教授）の膠質（コロイド）化学研究にも奨学資金を提供している。

また、大阪図書館の寄付は、建設費の寄付のみではなく、その建築を住友自ら担当している。図書館の寄付を申し出た一九〇〇（明治三三）年に住友本店内に臨時建築部を設け、東京帝国大学造家学科で辰野金吾に学んだ野口孫市を技師長に任命し、図書館建設に当たらせた。石造り三層、銅葺きのドームがそびえる重厚なもので、一九二二（大正一一）年には臨時建築部を受け継ぐ住友合資会社工作部建築課の日高胖（ゆたか）の設計で左右両翼部分を増築した。この建物（現在の大阪府立中之島図書館）は、一九七四（昭和四九）年に国の重要文化財指定を受けている。

この臨時建築部から続く住友の建築部門は、住友関係の建物を建築するための組織で、一八九五（明治二八）年に尾道で開催された第一回住友家重役会議において住友銀行の設立と「住友本店建築ノ事」が決議された際には、工事は「完全堅固、百年ノ計ヲ為ス事」とされた。こうして住友により建築された建物は、一九三〇（昭和五）年竣成の大阪淀屋橋の住友ビルディング（現三井住友銀行大阪本店ビル）を始め、一〇〇年近くその重厚な姿をとどめている。

大阪図書館　住友史料館所蔵
住友家より明治33年に寄付された大阪図書館（現在の大阪府立中之島図書館）の建物は、住友本店臨時建築部の技師長野口孫市の設計

さらに、住友の建築部門は、住友家の邸宅の建築も担当した。須磨別邸は、図書館とほぼ同じ時期に野口孫市により設計されたコロニアル風の西洋館、大阪天王寺の茶臼山本邸は、一九一二（明治四五）年から一九一八（大正七）年にかけて建築された、住友家出入りの数寄屋大工、八木甚兵衛の施工による近代和風建築、といったようにさまざまな建物をつくった。

茶臼山本邸や須磨別邸は住友家の邸宅として建築されたものであるが、個人住宅でありながら、外国からの貴賓の迎賓館としてもしばしば用いられた。このように社会への貢献を重視する住友家は、大阪市が美術館の建設用地を欲していた際に、茶臼山本邸の建物を解体して、美術館用地として提供した（建物の一部は住友私立職工養成所などで利用され、庭園の慶沢園はそのまま残され、現在も大阪市立美術館の傍で往時の姿をうかがうことができる）。

茶臼山本邸は解体、須磨別邸は空襲により焼失と、両建築物ともに現存していないが、清風荘は、西園寺公望の京都別邸として、住友総本店営繕課の監督、八木甚兵衛の施工による近代和風建築で、公望の没後は住友により管理され、一九四四（昭和一九）年に京都帝国大学に寄付され、現在に至っている。

京大の設立に深く関わった実兄西園寺公望の言葉を胸に住友家長としての責をまっとうした友純との兄弟の縁、さらにこれを受け継ぐ一六代家長住友友成も同大学文学部史学科で国史学を学んだという縁により、京都大学で西園寺公望の遺徳を偲ぶ文化財として五〇年後、一〇〇年後まで永く保存されることを期待して、同大学からの寄付の依頼にも応じたのであろう。

住友による社会貢献は、現在も別子銅山開坑三〇〇年を記念して設立された住友財団を中心に文化学術研究の発展を下支えするものとして行われ、特に文化財保存については、未来の人のために正しく継承されるべき人類の大いなるプロジェクトの一つとして、住友財団の助成による文化財修復事業が続けられている。二〇一九年には三〇年にわたる修復助成を記念して文化財修復に光を当てた展覧会「文化財よ、永遠に」を国立博物館や泉屋博古館で開催し、学界からも高く評価されるなど、持続可能な社会を目指す住友伝統の社会貢献は今なお受け継がれている。

参考文献

『住友の歴史』上巻・下巻、思文閣出版、二〇一三年・二〇一四年。
『住友春翠　美の夢は終わらない』泉屋博古館、二〇一六年。
朝治啓三「『住友文庫ドイツ医学学位論文目録』の刊行」（『住友史料叢書月報』三一、二〇一六年）。
『住友財団修復助成三十年記念「文化財よ、永遠に」』住友財団・泉屋博古館、二〇一九年。

清風荘の思い出

京都大学第二二代総長　井村裕夫

古い大学には、時々その地域に特徴的な遺産とも言うべき施設がある。京都大学では、清風荘がまさにそういう施設であって、しかもそれは史跡である庭園と、重要文化財の家屋を持っているという贅沢さで、まさに古都の大学にふさわしい。私も総長時代、賓客をもてなすのに時々使ったが、大変喜ばれた。ただ重文の家屋であるので火を使うことができず、気候のよい季節の、しかも昼食（弁当）にしか使えなかったので、利用した回数はそれほど多くなかったと記憶している。茶室も素晴らしく、ここは心茶会が時々利用していて、私も招待されたことがある。史跡の庭園を眺めながらの、大変贅沢なお茶の会であった。明治中期、京都帝国大学の設置に努力された西園寺公望公の贈り物であるが、京都大学は大いに感謝しないといけないと思う。

私の総長時代、清風荘の近くに外国人研究者の宿泊施設が完成した。この施設の命名を頼まれた私は、躊躇することなく清風会館と命名した。この会館に宿泊した人が、時にはこの庭園を楽しんでいただきたいという思いがあったためである。事務局もそのように計らってくれて、時々外国からきた研究者が庭園を楽しんでいたと聞いているが、今はどうであろうか。京都大学の発展とともに、清風荘もその価値を高めてほしいと思う。

清風会館。右手は清風荘の生垣

清風荘についての思い出

京都大学第二四代総長　尾池　和夫

清風荘は、京都大学に数多い文化財の中でも特に重要なものであろうと思っていますが、学生の時にも研究に熱中しているときにも、私のまったく知らない存在でした。

私が初めて清風荘のことを知ったのは五一歳の年末でした。百万遍から出町柳まで歩いて帰る途中、ある日、ぶらっと喫茶店に入りました。「もとせ」という店で店主の女性の話を聞きました。店を出して二〇年になるが、もとは恒藤先生の家で、向かいが西園寺公の屋敷跡の清風荘なので、いつまでも緑が保証されると考えたから決めたというのです。

二〇〇四年四月一〇日土曜日、法科大学院開設記念式典と祝賀会が時計台百周年記念ホールであり、その後、清風荘で医学部茶道部の茶会がありました。関係者の皆さんが、清風荘の茶室を日曜日に使えるようになりうれしいと招いてくれました。これが私の初めての清風荘体験でした。庭で話を聞きながら、この屋敷を大いに利用し、守らなければという思いを抱きました。

さっそくでしたが、数日後、ミシガン大学の心理学教授たちを招き、俳句を詠んでもらい、昼食には清風荘へ妙心寺御用達の阿じろから食事を取り寄せて昼のひとときを過ごしてもらいました。

2004年4月10日、
医学部茶道部の茶会にて

翌年、正月早々、植治の庭をいくつか見て回りました。復元プログラムを組むよう金谷史明施設環境部長に頼み、金田章裕副学長に文化庁に聞いてもらうことにしました。その年、平安神宮の宮司さんと枝垂れ桜を見ながら庭の話をし、和輪庵で安藤忠雄さん、河合隼雄さんたちと話し、京都の町屋のことと清風荘の復活のことを話しました。また、研究所長会議では、植治の庭のことを話して清風荘の利用を呼びかけました。

その年の秋、週刊新潮のグラビア企画「古都を旅する　京都私のとっておき」の取材で、清風荘と百万遍などを紹介しました。担当の八尾さんは文学部の卒業生でした。

翌二〇〇六年、役員たちと清風荘について意見交換を繰り返し、金田教授、北徹理事、施設環境部で、清風荘庭園の保存と活用についての企画を練りました。金田さんが京都府、京都大学、稲盛財団が中心になって組織されていた京都文化会議の後の昼食会を清風荘で企画してくれました。二〇〇八年五月、総長主催懇親会を清風荘で行い、多くの方たちに見学してもらいました。また、左京区の行事で留学生と市民を迎え、笹岡隆甫さんの生け花と邦楽の競演を楽しみました。

国立大学時代の入札で元の姿が改変されていた清風荘、特に庭園は、第一一代小川治兵衛さんたちの努力で甦り、多くの方々が利用してくれるようになりました。二〇一七年には、山極壽一総長が清風荘で連歌の発句を詠んだということも聞きました。これからもこの屋敷で、京都大学の方々は、文化を育み、新しい研究の種を見つけてくれるといいなと、久しぶりにさまざまなことを思い出しながら、未来への期待を持つことができました。ありがとうございました。

清風荘への思い

理化学研究所理事長・京都大学第二五代総長　松本 紘

二〇二〇年一一月六日、久方ぶりに清風荘を訪れた。記録と自身の記憶を辿る限り、おそらく六、七年ぶりの清風荘である。今出川通沿いとは思えぬ、清閑な空間に出迎えられ、大変、懐かしく感じた。

私が総長に就任し、各所で用いる写真を撮影する際にも、撮影地には迷わず清風荘を選ばせていただいた。茶道部の茶会に何度かお招きいただいたのも楽しい思い出である。また、幸運にも西園寺公望の血縁であられる西園寺裕夫ご夫妻と、第九一代内閣総理大臣であられた福田康夫ご夫妻と懇談させていただいたのも清風荘である。加えて、二〇一二年には田中真紀子第一四代文部科学大臣、翌二〇一三年には下村博文第一五代文部科学大臣をお迎えし、会談を行っている。もちろん、海外からの要人来訪の際にも、清風荘がその舞台となった。京都大学の自由を重んじる校風ともつながる、格式よりも「自由」を重んじる、数寄屋造りならではの質実剛健な佇まいに支えられ、どのような要人であっても安心し、また、自信をもってお迎えすることができた。まさに、清風荘のおかげである。

数寄者の「内面を磨いて客をもてなす」という精神の現れともいえる、どのお部屋、どの場所からでも庭園を眺め楽しむことができる清風荘の空間のデザインは、秀逸という言葉では到底言い表せないものである。例えば、主屋の客間や、離れの奥の居間は、座した際の目線の先に庭園が映るよう、特にガラスが多用されている。そのため、奥の居間（離れ）に什器を設けたいと考えたものの、こうした意匠を邪魔しないためにはどうしたら良いものか、と頭を悩ませたものだ。床に座る習慣のない西洋のお客様をお迎えすることや、会談や会議で資料を広げることを考えると、テーブルがあるに越したことはない。一方で、通常の高さのものでは、せっかくの景色が見えにくくなってしまう。何より、什器の存在感が清風荘の雰囲気を壊しかねない。そんなある時、奈良で出会ったとあるテーブルと椅子が、まさに清風荘の奥の居間に「しっくり」くるではないかと感じるものであった。それが、現在使われている什器である。この度の、久方ぶりの清風荘訪問にあたってご案内いただいた奥田昭彦氏から、各種会談や会議において什器のある奥の居間は今も重宝されていると伺い、素直に嬉しく思う。

　什器の設置も、総長在任中に試みた試験的な一般公開も、清風荘の伝統を守りつつ、現代においても多くの方々に訪れて欲しい、という思いからである。国が指定する名勝であり、重要文化財でもある清風荘の庭園と建造物を守る観点から難しい面もあろうが、せめて、京都大学の教職員や学生には、ぜひ一度、清風荘を訪れ、日本の政治と文化の中心地の歴史を肌で感じてもらいたい。京大卒業生の財界トップ

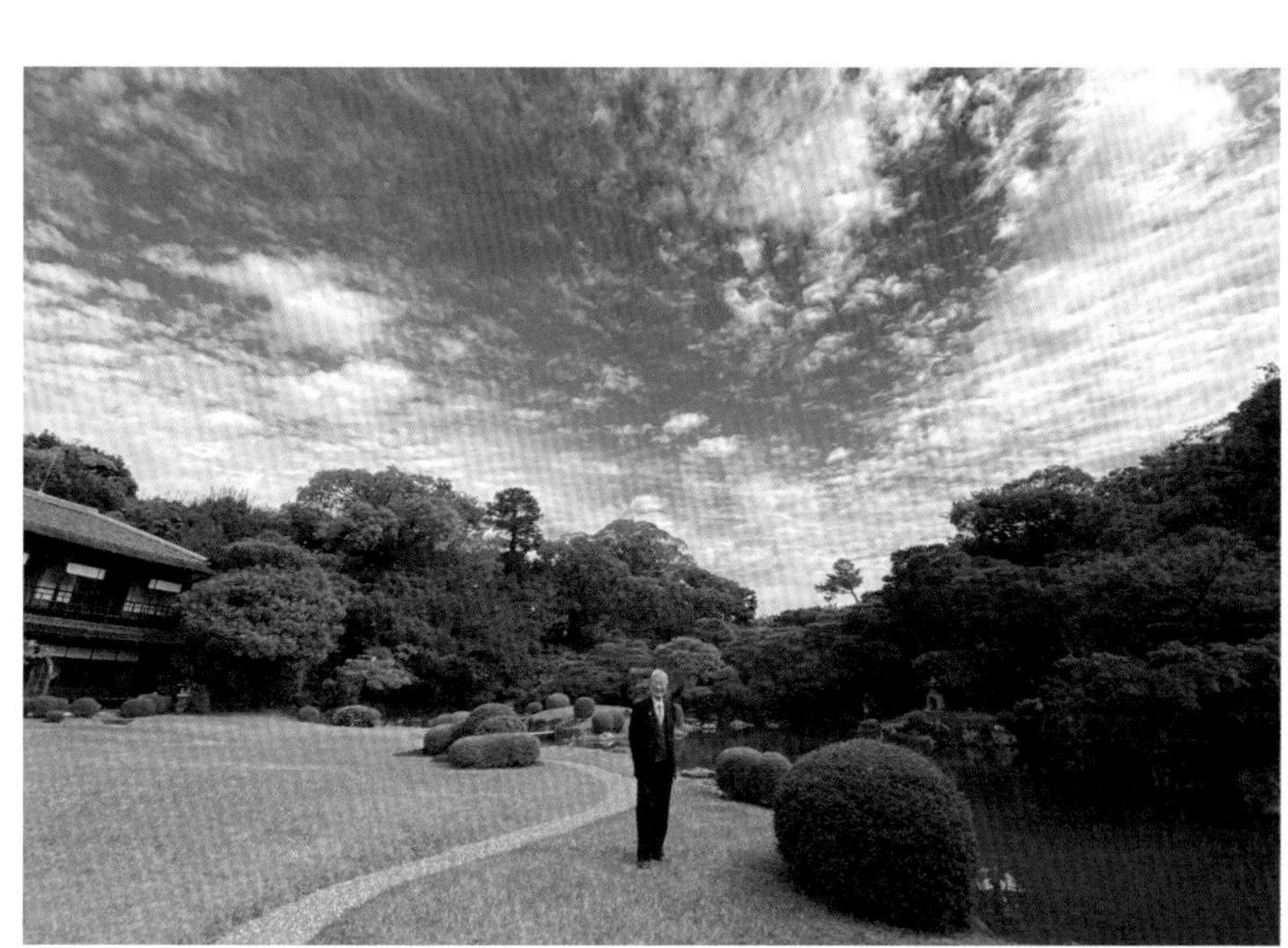

二〇二〇年一一月六日　清風荘にて

であられる鼎会の皆様と清風荘を訪問した際も、京都大学の誇りである清風荘を物心両面で受け継いでいくためにも、学生に清風荘を開くことが肝要であるとの声をいただいた。清風荘の歴史、京都大学の歴史にあまり馴染みのない若者であったとしても、素晴らしい日本庭園、当時の最先端といえる日本家屋のレトロな雰囲気から、感じ入るものがあるだろう。ウィズコロナの今、実空間での体験には制約もあろうが、本物に直に触れる機会をどうか大切にしていただきたい。

本物や本質とは何か、ということを体感できる。百年の時を重ねた柱や床は、見た目には時の流れを感じさせるものの、軋むこともなく建屋や人を支え、その形を保っている。西園寺公望ご自身がこだわったとされる良質な建材が成せる業であろう。見場がどれだけ華やかであったとしても、芯がしっかりとしていなければ、その価値を永く残すことは叶わない。宇宙や人間の本質とは何か、私たちはまだその答えに遠く及ばないが、そこに迫るには理の本質を見極めようとする真摯な姿勢が求められることは確かだ。これを支える芯は、自らの心と身体である。これからも自鍛自恃の姿勢で事に臨もうと思う。

言うまでもなく、清風荘を京都大学の「迎賓館」として使わせていただけることは、大変幸運なことである。清風荘を世に生み出してくださった西園寺公望、家屋と庭園を手掛けた二代八木甚兵衛と七代小川治兵衛には深く敬意を表したい。そして、このように貴重な清風荘を京都大学へと寄贈してくださった住友家、一〇〇年を超えて清風荘受け継いでこられた先人たちと、現在、お一人で清風荘の運営に従事いただいている奥田昭彦氏、総務部をはじめとした大学関係者に、この場をお借りし、改めて感謝申し上げたい。清風荘がこれからも、京都大学と共に我が国の歴史を紡ぐ豊かな地でありつづけることを祈念する。

第2章 西園寺公望と住友友純の造った清風荘庭園

――七代目小川治兵衛の庭園デザインとの融合

今西純一

清風荘庭園の魅力発見への誘い

清風荘は、もと徳大寺家の清風館という名の別荘であったが、西園寺公望の弟である第一五代住友吉左衛門友純（ともいと）が一九〇七（明治四〇）年に徳大寺家より譲り受け、公望の京都での控邸としたものである。工事は住友の財によって行われ、一九一一（明治四四）年に着工、一九一三（大正二）年に竣工し、清風荘と名付けられた。公望の没後は住友家によって保管されていたが、京都帝国大学創設に文部大臣としてまた私人として支援した公望の遺徳を偲ぶため、一九四四（昭和一九）年に京都帝国大学（現京都大学）に寄贈された。

庭園は、一九一二（明治四五）年から一九一三（大正二）年に七代目小川治兵衛（植治）によって作庭された。一九五一（昭和二六）年には文化財保護法に基づいて清風荘庭園として国の名勝に指定され、京都大学が一貫して所管してきた。二〇〇六（平成一八）年には、名勝指定後五五年を経てはじめての抜本的な保存修理事業が実施され、経年劣化していた庭園の復元が図られ、美しい姿を取り戻している。

美しい庭園は、園内をめぐり、ただ無心に眺めるだけでも、十分に楽しく、心安らぐものである。しかし、庭園の由来や特徴、人々の庭園との関わりを知った上で、想像力豊かに庭園を眺めれば、これまでと違う庭園の新たな魅力を発見することができる。本章では、従来、近代造園の先覚者である植治の代表作の一つとして、植治の視点で紹介されることの多かった清風荘庭園について、公望や友純の作庭への関わりという新たな視点を加えることによって、清風荘庭園の魅力を別の角度から引き出すことを試みる。それでは、清風荘の前身であった清風館時代から、庭園の変遷をたどりながら、清風荘庭園の魅力発見の旅に出かけてみよう。

清風館庭園の様子

江戸時代、公家の精華(せいが)家★の一つである徳大寺家は、京都の愛宕郡田中村（現在は京都市左京区の一部）に別邸を構えていた。この地は、鎌倉時代、西園寺公経によって営まれた吉田泉殿の北辺部にあたると考えられている。泉殿では公卿殿上人による競馬や連歌の会などが催され、遊楽の地であったが、江戸時代にはほとんどその面影を失っていた(1)。徳大寺家の別邸は「清風館」と称され、当主の隠居場や家族の生活の場として使用されていた(2)。

ここで、公望と友純の生い立ちと清風館との関係について紹介しておきたい。

西園寺公望は、幼名を美麿(よしまろ)（美丸(よしまる)）と称し、父は右大臣徳大寺公純(きんいと)、母は末弘斐子(あやこ)（千世浦）で徳大寺家の次男として一八四九（嘉永二）年に京都で生まれた。当時、徳大寺家本邸は京都の烏丸今出川東北（現在の同志社大学今出川キャンパスの地）［第3章図1］にあって、田中村には別邸の清風館があったが、美麿が生まれたのは本邸でも清風館でもなく、徳大寺家本邸に近い諸大夫堀川久民の家であった(3)。美麿は一八五一（嘉永四）年に右近衛中将(うこのえちゅうじょう)西園寺師季(もろすえ)の養子となり、西園寺を名乗ることになった(4)。西園寺家は徳大寺家と同様に、公家の中で摂関家に次ぐ名家である精華家である。公望が養子に入った年の七月、西園寺師季が死去したため、公望は幼少にして西園寺家の当主となった。このため、二歳になる直前に従五位下(じゅごいのげ)に叙せられ、三歳で侍従に任じられ、八歳になる直前に元服して昇殿を許され右権少将(うごんの)に任じられた。しかし、これらは西園寺家の当主としての形式的なものであ

★摂関家に次ぎ、大臣家の上に位する公家の家柄。

り、養父が早く死去したため、公望は実父である徳大寺公純の影響のもとで育った。[5] 幼少の頃は徳大寺家の別邸である清風館で遊ぶこともあった。

住友友純は、幼名を隆麿（たかまろ）と称し、公望と同じ両親のもと、徳大寺家の四男として一八六四（元治元）年に清風館で生まれた。[6] 住友家には一八九二（明治二五）年に入り、翌年に住友家第一五代を継ぐとともに、隆麿を改めて吉左衛門と称し、友純を名乗った。雅号は春翠で、友純が若き頃より世を終わるまで用いていた。[7] 友純は幼少より青年に至る間を父母とともに清風館で過ごした。[8]

清風館庭園（本書第1章も参照のこと）については、『住友春翠』の一八七一（明治四）年の文章に「四十年前清風館の造庭と共に植ゑて実堅（さねみ）★1の殊に愛した木犀の老大樹が花盛でしきりに芳香を送つてゐた。」[9] とあることから、清風館の建築とほぼ同時期に作庭されたと考えられている。[10] 庭号は楽浪園（ささぞの）といい、徳大寺家に仕えていた香川景恒（かげつね）によって選ばれた。細波（さざなみ）を意味するその庭号の通り庭園には広い池があった。[11] 一八五五（安政二）年一月には本殿南方に茶室保真斎が竣工し、同年三月には実堅が深津宗味（そうみ）や裏千家十一世玄々斎宗室の嗣子（しし）玄室（一如斎）らを案内して庭園を巡り、池に舟を浮かべたことを日記に残している。[12] この池については、清風荘への改修の際、池尻から流れ出る水の向きを変えた以外には多く改めなかったとされており[13]［図1、写真1］、現在の清風荘庭園では東側の園池がこの池に相当する［写真2］★2。

香川景恒によって選ばれた清風館の亭号は芽子舎（はぎのや）であったが[14]、その名の通り清風館の前庭には萩の生垣があった。[15] その他にも庭園には紅梅[16]、藤[17]、山吹（やまぶき）、（霧島）躑躅（つつじ）[18]、紅椿、木犀（もくせい）[19]、牡丹（ぼたん）[20]など多くの花木が植えられており、それらの花に心を寄せたり、酒宴を開い

★1 徳大寺実堅は西園寺公望や住友友純の祖父にあたる人物。

★2 今西（JIと略）が撮影した写真は、基本的に二〇二〇年九月一四日の撮影であり、それ以外の日に撮影した場合には各写真のキャプションに撮影日を書いている。

写真1　上空から見た現在の清風荘庭園。上が北（二〇二〇年一一月一九日撮影）©TT

京都田中村御別邸敷地圖
附建物配置略圖

図1「京都田中村御別邸敷地図　附建物配置略図」(明治44年11月20日〜明治45年1月30日)住友史料館所蔵。清風荘庭園に改造される前の図面であるため、清風館時代の園池の様子をうかがい知ることができる

写真2　清風荘庭園東側園池の現在の様子 ©JI

たりして楽しんでいた。庭園を楽しみ、季節折々の植物を愛でるのはもともと貴族一般の伝統的な嗜好であるが、公純は格別に庭園の草木を愛玩し、それらに細やかな心配りを行っていた。[21] さらに、公純は鉢植えで紅白の梅、棕櫚竹（しゅろちく）[22]、蘭（らん）、茶蘭（ちゃらん）、扶桑花（ふそうか）、浜木綿（はまゆう）、紅手毬（べにてまり）など[23]を育てており、多様な植物で清風館が飾られていた様子を想像することができる。

茶事に熱心であった公純は、一八七五（明治八）年には庭園の西方に茶畑を設けていた。隆麿（後の友純）らは父公純にしたがって庭園で新茶の葉を摘み、製茶した。この自家製の茶は「清風」と名付けられて、茶道の指導を受けていた宗味に渡すこともあったという。[24]

清風館庭園にあった樹木には、清風荘に受け継がれたものもあった。一九二四（大正一三）年から清風荘の執事を務め、一九四四（昭和一九）年に京都帝国大学へ清風荘が寄贈された後も大学に雇われる形で変わることなく清風荘に住み続け、清風荘の管理業務に従事した神谷千二[25]（一八七九～一九七六）の筆跡による『清風荘』の案内書によれば、裏庭の瓢箪（ひょうたん）池畔の古い藤棚[26]と、築山に植えられた榧（かや）、土蔵前の柿、それに榎（えのき）大木などは清風館の頃のもので、公望は幼少の思い出としてこれらの樹木について家従に話すことがあったという。[27] なお、清風館後園の御所柿については、一八七七（明治一〇）年に公純が御所柿が赤く実ったのを見て、柿を好んだ姉と妹が色づくのを待っていた実であると思い、自ら摘んで霊前に供えたという逸話が残されている。[28]

また、清風館から清風荘に受け継がれた楓（かえで）について、農学者で、興津園芸試験場の元試験場長であり、一九二四（大正一三）年から西園寺家の興津別邸・坐漁荘の執事を務めていた熊谷八十三[29]（一八七四～一九六九）が、一九四一（昭和一六）年五月二日に公望の遺品整理のために清風荘を訪れた折に庭園を参観し、西園寺公望が幼少の時にすでに老樹であった楓を見たことを日記に残している。[30] しかし、その三年後の一九四四（昭和一九）年六月二一日には、清風荘の池畔の古楓からサルノコシカケが出ており、生命が危ぶまれると記している。[31] なお、この楓と同じ木を指すのかは不明であるが、京都大学発行の旧パンフレット『清風荘（名勝清風荘庭園）』には、清風荘敷地の南側に都市計画道路（現在の今出川通）が敷設された時に、清風館の頃から受け継がれた楓の大木を残すために道路がやや南に寄るように計画が変更されたことや、後にその楓は枯れてしまったことが紹介されている。[32]

その他に清風館から清風荘の庭園に受け継がれたものとして、大文字山の借景★をあげることができる。清風館でも庭園から見る送り火には特別の思いが寄せられていた。一八七五（明治八）年夏の送り火の夜、公純は石鉢の水に写った紅にきらめく大の字をひとすくいして飲み、無病息災を願い、隆磨や姉妹もこれにならったという記録が残っている。[33]

★庭園の外に見える景色を、庭園の景色の一部として積極的に取り入れる造園手法のこと。

清風荘庭園への改造

一九〇七（明治四〇）年、住友家の当主となっていた友純は幼少より青年にいたる間を父母とともに過ごした徳大寺家の別邸清風館を、徳大寺家から住友家に譲り受け、これを公望の上洛時の控邸に充てることにした。[34] 公望は自らの好みにより、また旧清風館の面影を残すことに意を配って、新館の造営と庭園の改造を計り、住友家の手によって一九一三（大正二）年にこれを竣工した。[35]

先に述べたように庭園の改造は七代目小川治兵衛（植治）が担当し、一九一二（明治四五）年から一九一三（大正二）年にかけて作庭された。[36] それでは、庭園の改造によって何が変わったのであろうか。以下に、庭園の全体構成における二つの大きな変化について述べる。

まず、清風館にあった園池については、池尻から流れ出る水の向きを変えた以外には多く改めなかったとされている。[37] しかし、先述の通り、池尻から流れ出る水の向きを南西に変えたことは、庭園に大きな変化をもたらした。土橋の西側にも新たな池が設けられ、茶席前の流れが造られたことによって、水の景は庭園の東側から西側まで広がり、多様な水の表情を鑑賞できるようになった［写真3、写真4］。建物から見える庭園の景色についても、清風館では大文字山の見える東方向の眺めが主であったのに対し、清風荘では土橋西側の池の新設によって南方向の眺めが加えられた。これによって、部屋ごとに趣の異なる庭園の景色を鑑賞することが可能になった。

次に、清風館では主屋の近くにあった保真斎と閑睡軒が南西方向に曳家され、袴付待合が新築されたことによって、茶事において客が使用する空間が主屋から独立したことも、庭園における大きな変化であった。露地は、茶席に至る通路が庭という形で発達したもので、桃山時代には路地といわれ、後に露地という文字が使われるようになった。日常生活の場である主屋を通らずに茶席に至ることのできる新たな動線が設けられることによっ

写真3　土橋の西側につくられた園池
©JI

写真４　茶席前の流れ（二〇一〇年一一月二六日撮影）©JI

写真7　外露地と内露地の境界を表す中門 ©JI

て、世俗から離れ、清らかな心身を準備するための空間である露地の魅力が高まった。なお、露地ではその目的のために、過度にきらびやかな花を避け、落ち着いた雰囲気の常緑樹を主とすることが一般的である。そして、露地には、心身を清めるための蹲踞［写真5］や、客を迎えるために丹念に掃除をした亭主の心を表す場所である塵穴［写真6］などが設えられている。また、外露地と内露地が中門［写真7］によって象徴的に隔てられる二重露地の形式が一般的である。清風荘庭園の露地はこれらの特徴をよく備えている。

清風荘庭園の竣工時の状況

京都新聞の前身であり当時京都における有力紙であった京都日出新聞の記者は、一九一三（大正二）年三月二六日の「西園寺陶庵侯の隠棲」という記事の中で、竣工間近の清風荘の様子について描写している。[38] なお、陶庵は西園寺公望の雅号である。この記事からわかる庭園の様子は以下の通りである。

まず、清風荘敷地西側の道路に面して、高さ四尺ばかりの石垣があり、その上には桧苗の生垣があったことが書かれている。

写真5　蹲踞 ©JI

写真6　塵穴 ©JI

西側の大通りに面して高さ四尺ばかりの石垣造りの土堤(どて)がつゞいて其(そ)の上には植(うえ)たばかりの桧苗(ひのき)で生垣が出来てゐる

現在もその石垣は残るが、石垣の上はヒノキではなく、ウバメガシなどの常緑広葉樹の生垣に変わっている［写真8］。

次に、玄関前に白梅が今を盛りに咲き匂っていること、主屋の部屋から見た庭の植込みには紅梅が咲き乱れていることが書かれている。

玄関(げんかん)前には白梅が今を盛りと咲き匂ふてゐる〔。〕昨日記者が訪づれた時は煙つたやうな春雨が止(や)だ後で庭の木立も一入(ひとしお)美くしふ見えた

庭の植込みには紅梅が咲乱(さきみだ)れて何所(どこ)からか鶯(うぐひす)の声がする

一九一三年のこれらの梅は、清風館から受け継がれたものであったかもしれない。なお、現在は離れの前に白梅が植えられており、毎年春のおとずれを告げてくれている［写真9］。

また、庭園に下り敷石伝いに進むと、左手には数寄をこらした茶亭、その向こうにも小さな亭が建っていて、白川（実際は太田川）の支流がさらさらと流れ、その奥床しい庭の中央を東から西へ流れていることが書かれている。

庭へ下りて敷石伝ひに行けば左手には数寄を凝(こ)らした茶亭、其(そ)の向(むか)ふにも小さな亭が建つてゐて〔、〕白川の支流が潺々(せんせん)として其の奥床しい庭の中央を東から西へ流れてゐる

清風荘の北側を流れていた太田川から引き込まれた水が園池を経由した後、露地を流れる

写真8　西側の通りに面した石垣の上の植栽 ©JI

様子を描写したものである。この露地の流れは、現在の清風荘でも見ることができる［写真4］。

一九一三（大正二）年四月一三日の「閑雲に嘯く陶庵侯」という記事では、同じ日出新聞の記者が清風荘を再度おとずれ、竣工した清風荘の様子について書いている(39)。まず、庭園については、陶庵侯が自ら設計し、自ら督してあらゆる数寄をこらした庭園であって申し分あろうはずがないと絶賛している。

> 何と言つても風流なる陶庵侯が自ら設計し自ら督して有らゆる数寄を凝した庭園のこととて申分があらう筈はない

また、白川（実際は太田川）の水が苔に覆われた岩の根をさらさらと流れていることや、園池の畔や茶亭の脇にある石が京都盆地北方の鞍馬や京都府南部の笠置などから取り寄せたものであると聞いたことを書いている。

> 白川の水が苔蒸した冷たい岩の根を潺々と流れてゐる〔。〕泉水の畔や茶亭の脇にある巌は総て鞍馬や笠置などから取寄せたものであるさうな

さらに、白妙の真砂を敷き詰めた玄関前から庭園の方へ出ると、春の日が木の間からもれて、やわらかな風が吹くたびに牡丹桜の花弁が舞い落ちる様子を書いている。

> 白妙の真砂を敷詰めた玄関前から庭園の方へ出ると、ぽか〱とした春の日が惜気もなく木の間から洩れて、和らかな風が習習と吹く度びに牡丹桜が一片二片舞ひ落つるのが絵のやうだ

写真9　離れの前に咲く白梅
京都大学提供

玄関前の庭の白妙（しろたえ）の真砂（まさご）については、実業界で活躍し茶人であって公望と親交のあった高橋箒庵（一八六一～一九三七）が一九一六（大正五）年一一月二一日に清風荘を訪れた時に「門内に入れば、一面の白河砂利地に丈低き竹を植ゑ、」[40]と書いていることからも、現在は灰色系の砂利が園路に敷き詰められているが、当時は白川砂が園路に敷き詰められていたと考えられる［写真10］。なお、白川砂は、白色系の花崗岩である白川石を加工する際に出る石屑を集めたもので、造園用の砂利として使用されてきた。白川石の産出地は京都の比叡山と大文字山の間の北白川花崗岩地帯で、清風荘の近隣で得られる資材であった。しかし、白川石の資源枯渇や、一九五〇（昭和二五）年の採石法や一九七〇（昭和四五）年の京都市風致条例などの法規制により、一九八〇年代から白川砂は入手困難になっている。[41] このような事情によって園路に敷き詰めた砂利の材料が後年変わったと考えられる。

また、牡丹桜などの桜は現在の清風荘庭園に見ることができないが、作庭当時は多くの桜が植えられていたようである。一九一二（大正元）年一二月にサクラ一四本、サクラ小六本、一九一三年二月にサクラ一〇本、同年四月にサクラ二本が清風荘に搬入された記録が残っている。[42] また、神谷千二の手記『西園寺公を偲ぶ』には、徳大寺家の別邸は洛東の桜の名所であったと伝え聞いていることが書かれている。[43] このように桜は徳大寺家に縁の深い植物であったのかもしれない。

清風荘庭園の竣工後の変化

一九一三（大正二）年に清風荘庭園は竣工したが、その後、庭園にどのような変化があっ

写真10　西園寺公望が使用していた頃の玄関前のクロチクと園路の砂利（『陶庵公影譜』九二頁、京都府立京都学・歴彩館所蔵より）

たのか、特筆すべき事項として、離れの増築と曳家、都市計画道路の敷設、水源の変化の三つについて以下に述べる。

まず、一九一三年の清風荘庭園の竣工後、一九一四（大正三）年二月に主屋の東に離れの新築工事が始まった。離れは、一九一五（大正四）年初めには竣工したと推測されている[44]。この建物は二階建てで、南向きに庭園を鑑賞できるように設計されていることが特徴である［34・35頁の写真参照］。清風荘でもっとも東側に位置する建物であるのに、東方向の大文字山への眺望は離れに取り入れられなかった。離れの東側に大木があったためであろうか、その理由は明らかでないが、結果的に大文字山は主屋の客間から眺望することが第一となっている［56頁の写真参照］。さらに、離れは一九二七（昭和二）年から一九二九年の間に南へ数メートル曳家された[45]。この曳家の目的については、白川街道（清風荘の北側の道路）からの騒音を防ぐために、離れの北側に土提を作るためであって、築堤の土は南座（京都四条）の改築時の基礎廃土を用いたもので、その土の大半は馬力で運んだようであるとの解説が、京都大学発行の旧パンフレット『清風荘（名勝清風荘庭園）』に記されている[46]。この曳家によって、園池との距離が縮まり、芝生広場の先にある園池や築山をより詳しく鑑賞できるようになったことで、離れから見える庭園の景色は、芝生広場が多くを占める景色から、園池や築山も含んだ変化に富んだ景色に変わったと考えられる。

次に、一九三一（昭和六）年に今出川通（鴨川以東）の敷設によって、清風荘の敷地南側が切り取られたことがあげられる[47]。この都市計画道路の敷設によって、清風荘の主要な庭園部分が改変されることはなかったが、築山の背後にあった水田や樹林は道路敷地となった［図2］。そのため、築山の背後の空間にゆとりがなくなり、庭園の奥行き感がやや損なわれたのではないかと考えられる。また後には、周辺の開発が進んだことにより、庭園からの眺望の阻害や騒音の影響を受けることになった。このような都市計画道路敷設の影響については、計画当初から予想されていたが、公望は公のためであるならと都市計画道路敷設のための土地の提供について快諾したという(48)。

また、周辺環境の変化にともなって、清風荘庭園の水源についても変化が見られた。神谷千二の筆跡による『清風荘』の案内書には、当初は清風荘の北側を流れていた太田川から清冽（せいれつ）な水を園池に取り入れていたが、上流に染色工場ができて水質が悪化したため一時は浄水池を設けたこと、しかし効果が見られなかったために井戸水を電動ポンプで汲み上げて給水するようになったことが書かれている。水質の悪化については、一九二五（大正一四）年四月二九日に清風荘を訪れていた坐漁荘執事の熊谷八十三が、上流で行われていた友禅染の水洗いの排水が園池に引き込まれ、魚が

図2 「京都田中別邸実測平面図 附都市計画路線 昭和五年一月現在」住友史料館所蔵

死に、草が衰えていることを日誌に記している。[49] 熊谷は同年五月二日には上流の様子を見に行き、友禅染屋が約六軒あり、昼間にアニリンや糊を洗い流すので水が汚濁し、水路は埋まり、魚類は死滅していると述べている。[50] 電動ポンプによる給水については、『西園寺公と湖南先生』に収録されている一九二九(昭和四)年八月の伝記の中で、友禅などで川の水が濁るようになったので、井戸水をモーターであげて、池へ入れていることについて西園寺公望が内藤湖南に話している。[51] また、昭和五(一九三〇)年一月の実測図[図2]には「浄水池」の名称が見られる。これらのことから、一九二九年頃には井戸水を電動ポンプで汲み上げて利用する給水形態に変わっていたことがわかる。なお、水質の悪化に対して疏水から引水することが検討されたこともあったが、公望は私用の庭に公施設の水を使ってはならぬといって固く辞退したという。[52]

七代目小川治兵衛の庭園デザイン

七代目小川治兵衛(植治)は、幼名を源之助と称し、一八六〇(万延元)年に山城国西神足村(現 京都府長岡京市)で山本藤五郎の次男として生を受けた。一八七七(明治一〇)年、源之助は三条白川橋の造園業・小川家の婿養子に入り、翌々年に家督を相続、小川治兵衛を襲名する。[53] 小川家に養子として入って一五年あまり、植治は京都の伝統的な造園の世界で研鑽をつんだ。

植治が後に近代造園の先覚者として活躍する転機となったのは、一八九四(明治二七)年に山県有朋(一八三八~一九二二)の京都別邸「無鄰菴」で作庭する機会を得たことであった[54]。山県の最大の趣味は作庭で、明治から大正にかけて東京、神奈川、京都などに多数の本邸、別邸を営むがその大半で庭園を設(しつら)えていた。このうち一八七七（明治一〇）年から東京目白に造営した椿山荘の庭園は、自然主義風景式庭園の先駆的かつ代表的なものとして知られる。自然主義風景式的庭園とは、山村や渓流などの心地よい景色を実物大で写実的に取り入れるデザインを強調としたもので、明治時代の東京において新興有産階級に好まれた様式であった[55]。それまで京都の伝統的な造園手法の中で生きてきた植治にとって、山県の主張する庭園デザインは異質なもので、山県の指示に植治も初めは驚いたという。しかし、植治は山県の構想を理解し、培ってきた技術を駆使して、一八九五（明治二八）年に着工、一八九七（明治三〇）年には無鄰菴庭園を完成に導いた[56]。さらには、自然主義風景式庭園の本質も自家薬籠中のものとするに至った[57]。

それからの約一〇年間、一九〇七（明治四〇）年頃までが植治の作風の確立期とされている。確立期の作庭の舞台は、京都の南禅寺境内の南端地域が中心であった。次の円熟期には、実業家の塚本与三次との出会いによって、南禅寺界隈における別荘地開発が進展し、植治の作庭活動域も飛躍的に広がった。植治が清風荘庭園の作庭に携わった時期は一九一二（明治四五）年から一九一三（大正二）年、五三歳・五四歳の頃で、作風が確立した後の円熟期にあたる。その後の展開期では、一九一八（大正七）年頃から植治の作庭活動は全国的な展開をみせ、植治が没する一九三三（昭和八）年までの十数年間に、東京から山口にいたる広い範囲にその足跡が残された[58]。

植治の関わった庭園は全国に数多く存在するが、植治の庭園の真髄を示すのは、京都の南禅寺・岡崎の邸宅・別荘群の庭園であるといわれている[59]。その南禅寺界隈庭園群の特色は、現存している庭園群の考察から、①東山★の借景、②琵琶湖疏水または白川から導入した豊富な水による流れ、滝、池の構成、③庭園の局部としての露地、④園遊などのための芝生広場の四点であるとされている。[60] 清風荘庭園は、南禅寺界隈よりも東山から離れており、また水源は高野川支流の太田川[61]であるので立地条件がやや異なるが、南禅寺界隈庭園群に見られる植治の庭園の特色（東山の借景、流れ・滝・池の構成、露地、芝生広場）を見ることができる。このことからも、清風荘庭園が、明治から昭和にかけて近代造園の先覚者として活躍した植治の代表的庭園のひとつとして位置づけられることがわかる（植治が清風荘の整備にあたって果たした役割については本書第1章を参照のこと）。

東山のアカマツ林の風景

東側の園池と築山、その背後に遠く見える大文字山の借景は、清風荘庭園でもっとも印象に残る景色である［写真11］。そして、この築山にはアカマツが「群植」されている［図3］。個々の樹木の形状にあまりこだわらず、複数の樹木を群として植栽して景色を作り出す群植という手法は、植治が得意とした技のひとつであった。無鄰菴で山県からモミの群植を命じられた植治は、その手法を他の庭園でも応用しており、アカマツをはじめとし、スギ、ヒノキ、モミジ、サツキ、ドウダンツツジ、アセビなど様々な樹木を群植している。[62] 清風荘庭園では、作庭時の一九一二（大正元）年一二月に正面の東の築山に小松を植え付けた記録が残っている。[63] 作庭当時は築山に群植されたアカマツは遠方に見える東山のアカマツ林と混然一体となり、庭園の内から外までアカマツ林の風景が途切れることなくつながっ

写真11 東側築山の背後に見える大文字山（二〇一九年一一月二日撮影）©JI

★京都盆地の東側にある山々。大文字山も東山に含まれる。

ていたと思われる。住友の京都鹿ヶ谷別邸「有芳園」でも、植治は築山にアカマツを群植し、東山との連続性を意図した風景を作り出していた。その情景を一六代住友吉左衛門友成（一九〇九〜九三）は次のように詠んでいる。(64)

東山の赤松ばやし幹ごとにしばらく赤く入りつ日に映ゆ

少し遠方にはなるが、清風荘庭園からも夕方には東山のアカマツの赤い幹が美しく輝く風景が見られたであろう。東山に広がるアカマツの風景が見られなくなったのは、マツ枯れが激化した一九八〇年代からで、一九九〇年代後半までに東山の林相は大きく変化し、尾根などの一部にアカマツ林が残存するのみになった。(65) また、住民の生活様式が変化し、東山の自然資源（薪や炭、茅、落ち葉など）を利用しなくなったことも、林相の変化を生んだ要因の一つであった。

自然界ではアカマツ林の下層にツツジ類が生育するという組み合わせは頻繁に観察されることから、植物社会学に基づく植生調査ではモチツツジ―アカ

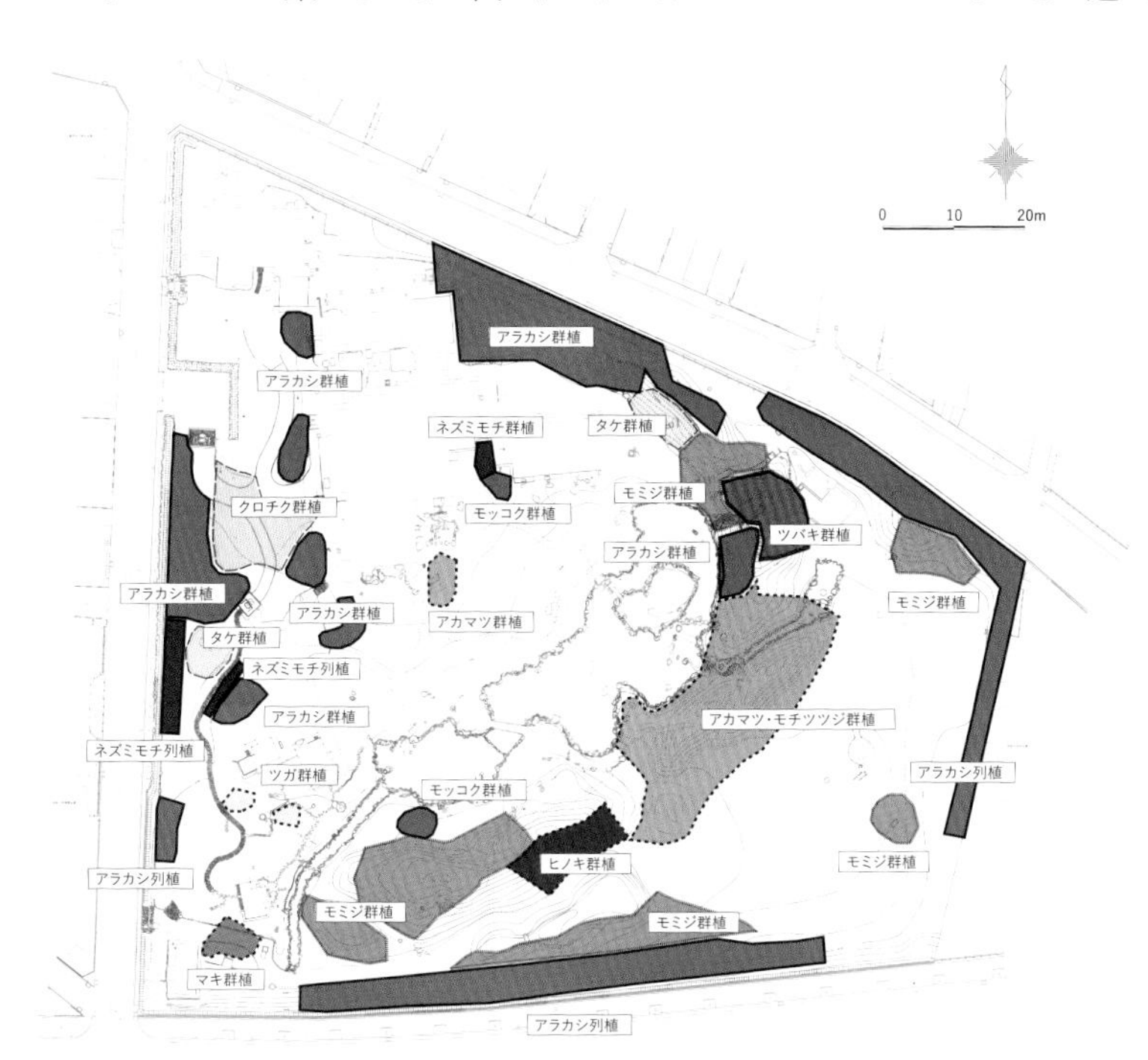

図3　京都大学による2007（平成19）年度の調査で把握された群植の配置図（一部は列状に植えられている列植として記録されている）
（『名勝清風荘庭園保存修理事業報告書』388頁の図に着色を施した）

マツ群集という名称で分類されることもある。かつて東山に広く見られたアカマツ林は、現在のシイ等の常緑広葉樹が優占する森林に比べると林床が明るく、モチツツジやコバノミツバツツジといったツツジ類がよく生育し、春になるとピンクや赤紫色の赤い花を咲かせていた。京都大学の前身の一つである旧制第三高等学校の寮歌である『逍遥の歌』は、一九〇四（明治三七）年に作成されて以来、京都大学の新入生が最初に学ぶ歌として今日も歌い継がれている。一九四六（昭和二一）年の黒澤明監督の映画『わが青春に悔なし』の挿入歌に使われたことで、広く一般にも知られることとなった。一九五八（昭和三三）年には第三高等学校創立九〇周年を記念して吉田山上に「紅もゆるの碑」が建てられ、二〇〇二（平成一四）年には京都大学広報誌『紅萠』が発刊されている。このように京都大学と縁の深い歌（澤村胡夷作詞）は、次のように始まる。

紅萠ゆる丘の花
早緑匂ふ岸の色
都の花に嘯けば
月こそかゝれ吉田山

アカマツ林に咲くツツジ類の花で赤く染まった吉田山の春の情景を歌っている。植治は清風荘庭園にこのようなアカマツ林の美しい風景を再現した。背後に大文字山の見える東側の築山にはアカマツが群植され、アカマツの下にはモチツツジが植えられた。なお、清風荘と同様に住友友純の命を受け、植治が作庭した東山山麓の有芳園でもアカマツの築山の下にツツジ類が植えられているが、それはドウダンツツジ（ツツジ科ドウダンツツジ属）であり、清風荘ではモチツツジ〔ツツジ科ツツジ属〕が選ばれていることは興味深い。ドウダンツツジは春に小さな釣り鐘型の白い花を咲かせ、秋には真っ赤に葉を色づかせるというように庭園樹として優れた特徴を持っているのであるが、東山で見かけることはない樹木である。清風荘庭園では、西園寺公望の意向があって、近くの吉田山や大文字山で実際に見られるアカマツ林の美しい風景を再現することを意図し、モチツツジを植栽したのではないかと考えられる〔78頁の写真参照〕。

なお、清風荘庭園にはヒノキも群植されていた。作庭時の一九一二（大正元）年一一月から一二月に大サイズのヒノキを一二本、中サイズのヒノキを二五本、桧山に植えたという記録が残っている。(66) しかし、現在は西側の池の背後の築山にわずかのヒノキが残るだけとなっている〔図3〕。

露地

植治の活躍した明治中期から大正、昭和初期にかけては、新興有産階級の人々が独自の文化を追求していった時代であった。彼らは西洋の価値観や様式の導入につとめながらも伝統的な日本文化を忘れることなく、書画・骨董のほか建築・庭園などにも興味を示し、しきりに茶会を催しては交遊を深めていた。彼らの嗜好を的確にとらえ、庭に巧みに表現していった植治の作風は、近代的な庭園のスタイルとして定着していった。(67) 植治の庭園の研究を行っている尼﨑によれば、植治の露地は、じつに開放的で、従来の露地のイメージを一新しているという。(68) そして、「茶庭の原則を無視した」露地こそが、「植治の露地」なのであるともいう[69]。その例として、無鄰菴や對龍山荘（たいりゅうさんそう）では露地が流れの畔に設けられているが、そのために茶事における音のサインが水音によってかき消されてしまうことを挙げている[70]。そして、このような植治の露地の特徴は、「大自然のもとで、随所に茶を煮る」という煎茶の自然観を読み解き、巧みに抹茶の露地空間と融合させていった結果であると考察している[71]。清風荘庭園の露地も、流れの畔にあるという点では植治の露地の特徴を有しているといえるであろう。ただし、現在の流れに水量はないため、茶事が滞るような心配はない。しかし、作庭当初の庭園の様子を描写した新聞記事には、「白川の支流が潺々（せんせん）として其の奥床しい庭の中央を東から西へ流れてゐる[72]」や「白川の水が苔蒸した冷たい岩の根を潺々（せんせん）と流れてゐる[73]」と記されているので、太田川から引水していた頃の水量はもう少し豊かであったのかもしれない。清風荘の露地については、茶人でもあった高橋箒庵が一九一六（大正五）年に清風荘を訪れた時の随筆が興味深い。箒庵は露地の流れ［写真4］を見て、水が樹石の間をうねうねと曲がり、見え隠れしながら流れてくる様子をまっすぐに見通すことのできる空間演出は、従来の日本庭園には見られず、無鄰菴にだけ採用されているのを知っているが、公望侯がいつの間にかその築庭術を会得されておられることはさすがであるとほめたたえている[74]。もちろんこれは公望の着眼の高さだけではなく、植治が作庭に関わっていたからであるが、このことを知らずに無鄰菴庭園の流れと同様の斬新な作庭手法が採用されていることに気がついた箒庵の観察眼には驚かされる。

庭石

植治は沓脱石に京都産の立派な鞍馬石をよく用いている。[75] 先に紹介したように庭園竣工時に清風荘を訪れた新聞記者も庭石が鞍馬や笠置などの有名な産地のものであることを強調している。実際に清風荘でも客間の前の沓脱石には風格を感じる大きな鞍馬石が用いられている［写真12］。しかし、植治は、京都の伝統的な庭石であるチャートや鞍馬石、貴船石といったブランド品にこだわることなく、大量に入手可能で安価な庭石の特徴を生かす扱い方で勝負していた。[76] 琵琶湖西岸に産する守山石はそれまで無名であったが、一八九〇（明治二三）年に竣工した琵琶湖第一疏水の舟運にいち早く注目した植治が見出した石材であった。守山石は、疏水を通じて大量に京都に運び込まれ、昭和初期にいたるまで京都の庭園にはなくてはならない庭石であった。[77] 褶曲した縞目が特徴のこの守山石は、清風荘庭園では西側園池の向かいの目立つところなど要所に使用されている［写真13］。

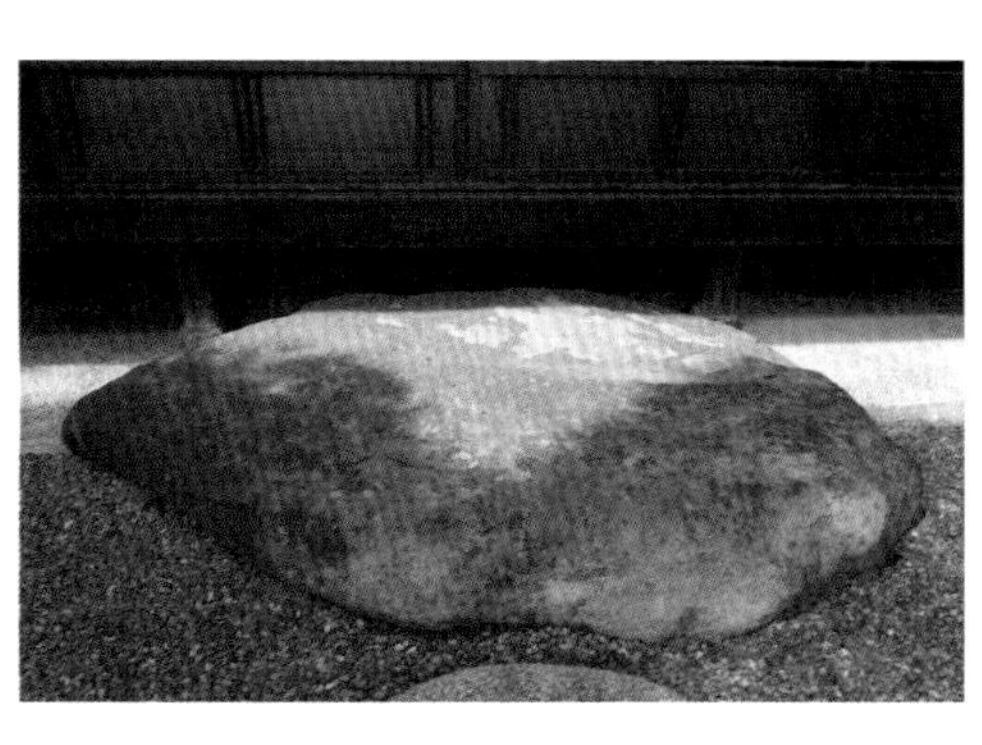

写真12　客間の前の沓脱石 ©JI

住友友純の作庭への関心

住友友純が植治にとって最大の施主であったことはよく知られている。明治四〇年代の初め頃から、植治は大阪・茶臼山の慶沢園をはじめ、京都の清風荘、鹿ヶ谷別邸（有芳園）、衣笠別邸のほか、住吉の本邸など、住友家に関する庭園を一手に引き受けていた。また植治は友純の実兄・西園寺公望の東京の駿河台本邸や静岡興津の坐漁荘の作庭にも携わっているが、[78] これらも住友の財によって整備されたものであった。[79] 住友友純と植治の出会いは、友純が平安奠都千百年紀年祭協賛会の評議員であったことがきっかけであると推察されている。(80)植治は平安奠都千百年を記念して創建された平安神宮の神苑の作庭において、少ない予算と限られた工期の中、桃山官林に残る伏見城の遺構と考えられる庭園跡の庭石の払下げを大阪営林区署から受けるなど奔走し、大工事を完遂した。このいわば公共工事の成功によって植治に対する行政側の信頼感は増大し、一八九七（明治三〇）年の帝国京都博物館、一九〇四（明治三七）年の京都府庁、さらには一九一三（大正二）年の円山公園改良といった公共工事に植治が携わる契機となった。(81)友純は植治の平安神宮神苑や無鄰菴庭園などにおける成功や手腕を見聞して信頼を深め、作庭を依頼することになったのであろう。

住友友純自身も作庭に強い関心を持っており、京都の名園を見学することもあった。(82)清風荘の造営に着手した頃の一九一一（明治四四）年一〇月には友純は長女・孝をともない、飯田虎蔵、須藤のぶを従えて遠く金沢まで向かい、作庭の参考にするために兼六公園（現兼六園）を見学している。(83)兼六公園では友純は特に石橋に注目したという。この時、植治も随行していた。また一九一二（明治四五）年四月には友純夫妻は孝を同伴して、今度は岡山後楽園に遊び、即日帰邸している。(84)これにも作庭の参考にする意図があったとされる。

友純が、一樹一石に常に意を留めていたことに関して、次のような話が伝わっている。(85)ある年、当時上海に在任していた伊庭琢磨★が病後を別府の観海寺ホテルに静養中、たまたま友純がそのホテルに赴いたことがあった。昼食をともにしていた友純は、庭上の大石に見入っており、鹿ヶ谷の庭に移したいという。琢磨がどのようにして運ぶのかと問うと、三つに割って運べば何でもないと事も無げに答えたという。また、少し後、野村財閥の創始者で茶人でもあった得庵野村徳七は南禅寺界隈に別荘碧雲荘を造営し、その作庭を植治

写真13　西側園池の畔に据えられている守山石（二〇一三年一一月二六日撮影）©JI

★第二代住友総理事を務めた伊庭貞剛の三男。

に命じていたが、友純は時に訪れて庭石の配置につき意見を述べ、その的を射た言によって移し据えることなどがあったと伝えられる。

また、友純の作庭への思い入れの強さについては次のような話もある。一九二五（大正一四）年、友純は住吉本邸の作庭を植治に命じ、現場では植治の設計に基づいてその弟子の瀧呑某（たきのみなにがし）が動いていた。友純は「瀧呑、瀧呑」と呼んでは、何かを取ってくるようにと指揮したという。住吉本邸庭園では樹木は多くを入れず、槙（まき）を主とし、前庭にも槙が植えられた[86]。友純は「野も山もいときよらけき住吉にすみここちよく千世を経ぬへし」と詠じたが、この年の末に最後の病床に伏すことになった[87]。友純が世を去る直前の一九二六（大正一五）年二月二七日、側近の物加波懐義（ものかわつねよし）が友純に不意に呼ばれて床に近づくと「槙の木は元気か」と友純はたずねた。鹿ヶ谷から移植したばかりの一本を心に懸けていたのであった[88]。

植治には才略がある一方で、思ったことを隠さず率直にものをいうので、友純の心を得ていたという。植治は友純よりわずかに年上であり、身分に大差はあるものの、ともに養子の身であるということも、語って通ずるものがあったようである[89]。二人のつながりの深さについては、槙の木について案じていたのと同じ一九二六年二月二七日に、側近の丸山精一を呼び、自らの入る墓所について小川治兵衛に相談して嵯峨によいところを選ぶように指示していることからもうかがえる[90]。

西園寺公望の造った清風荘庭園

清風荘への改修は友純の命により、公望の意を受けて行われた。公望が清風荘庭園の作庭に関与していたことについては、京都日出新聞に引用された「何うも侯爵には庭石の配置を八釜敷く言はれて、此の庭園の石を置くにも幾度置直したか知れませぬ」という庭師（植治本人であるかは不明）の言葉から知ることができる。[91] また、一九一六（大正五）年に高橋箒庵が清風荘を訪ねた時にも公望は「是れは旧徳大寺家の下屋敷にて、自分の祖父が経営せし者なれども、旧建物のいたく破損しければ、四五年前遂に之を取払ひて、新に御覧の如き蝸廬を営み、西南方に幾分の地所を取広げて、聊か我流の築庭を試みたる次第なるが[92]」と話していることから、清風荘庭園の作庭には公望の意向が多分に反映されていたことがわかる。なお、先に述べたように友純も作庭に強い関心を持っていたことから、時には友純も作庭に関して意見を述べることがあったと考えられる。しかし、兄の実則や公望にも畳を隔ててものをいう礼儀習慣を変えなかった[93]という友純であるので、清風荘庭園の作庭においても公望の意を第一にしたことが推察される。

公望と友純の作庭への関与を直接示すわけではないが、作庭過程における二人の様子をうかがい知ることのできる話が残っている。[94] 清風荘の改修が終わりに近づき塀がまだ完成しない頃のある日、座敷に公望と友純が昼食をとっていると、出入りの商人二人が何気なく庭へ人力車を乗り入れた。公望と友純がほとんど同時に「何者だ」と叫び、続いて友純の「以後出入りならん」という声が響き、以来両人は一時出入り差し止めになったという。このエピソードのように、公望と友純の二人が清風荘に集まり、庭園が造られていく様子を眺めながら、作庭に関する意見を交わすこともあったのではないかと想像できる。

さて、公望は一九一三（大正二）年に政友会総裁を事実上辞任し、政界を避けるため京都の清風荘に落ち着いた。京都帝国大学に近い清風荘は、公望の趣味であった中国文学や東洋史に関し、当時の日本のトップレベルであった内藤湖南などの教授と交流するためにも便利であった[95]。清風荘に移った頃の公望について、京都日出新聞の記者は家従から次のように聞き取っている。

> 侯爵にもまだ何所（どこ）へも出られません。此（こ）の間始めてお越しになつた時に鳩居堂の主人が旅館へ来られて種（いろ）んな話をして半日ばかり過（すご）されたのみで他に来客もありませぬ、政治の事は断念されたか否かは知りませんが兎（と）も角此処（かくここ）へ来られてからも、毎日たゞ居間にのみ引籠（ひきこも）つて句案などに耽（ふけ）つておらるゝばかりです、時々は庭園へ出て植込みの工事を見たりされることもありますが[96]

なお、鳩居堂は京都市上京区寺町姉小路上ルの江戸時代より続く、薫香、筆墨の老舗である。公望は京都に不在の時も、鳩居堂の熊谷信吉に頻繁に手紙を送り、香や筆、硯、紙などの文房具、机や銀酒器、印などの特注品、掛物の表装などを発注していた[97]。

清風荘での日常は、政客もあったが、東京の駿河台邸や興津の坐漁荘と異なり、学者や文人との交流が多かったという[98]（本書269頁を参照のこと）。大正から昭和にかけて学者や文人がしばしば清風荘を訪れ公望と親交をもった。内藤湖南、狩野直喜、新城新蔵などの京都帝国大学の学者[99]や、長尾雨山、桑名鉄城、橋本独山などの文人である。公望はこれらの人々と清談をすることを楽しみにしており、中でも内藤湖南との交流は特別で、清風荘執事であった神谷千二は、公望が京都へ来る楽しみのひとつは内藤湖南との清談であったらしいとさえ察せられたと回想している[100]。

それでは、清風荘を訪れた文人の随筆から当時の清風荘庭園の様子を垣間見てみよう。

庭園が竣工した頃の清風荘界隈

西川一草亭は、一八七八（明治一一）年に華道去風流の家に生まれ、一九一三（大正二）年に去風七世家元を継承した[101]。漢学や絵画を習い、美術、伝統芸能に造詣が深く、夏目漱石、富岡鉄斎などと交流した[102]。一草亭が一九三〇（昭和五）年に創刊した雑誌『瓶史（へいし）』は、生け花に留まらず、茶の湯、庭園、建築などの日本の伝統文化を論じる機関誌となり、文化研究のサロンを形成した。西園寺公望とは、京都の呉服屋・藤井培屋を通じて出会い親交を深め、一九一五（大正四）年に清風荘に公望を訪れ、花を挿している[103]。一九一八（大正七）年頃、一草亭は公望より「花裏神仙」と書かれた軸の寄贈を受け、終生大切に扱ったという[104]。

『風流生活』の「清風荘の陶庵公」には一草亭が公望に出会った頃の随筆が収録されている。時期は「此頃、新聞紙はシーメンス事件で山本伯の人格をまるで高利貸か何かの様に悪く云つてけなしてゐる。」とあることから、一九一四（大正三）年頃であると考えられる。まず、出町橋から清風荘にいたるまでの風景については次のように描写している。

賀茂の出町橋を渡つて一二町行くと、道の左側には大方町のやうに建詰まつた新しい貸家の間に、まだ茶畑や、葱（ねぎ）畑が処々に残つてゐて、天気の佳（よ）い日には百姓が能（よ）く夫婦で草をむしつたり、肥桶をかついだりしてゐる。其右側に一間程の石垣をくづれに積上げて、其上に桧木の刈込垣をした新しい別荘の塀が一町余り続いてゐるのが西園寺公の別荘である。[105]

茶畑や葱畑に百姓の姿も見える農村風景の中に、まだ竣工して新しい清風荘が建っていた。清風荘の西側通りに面した石垣とその上の生垣は、一九一三（大正二）年三月二六日の京都日出新聞の記事[106]と同様にヒノキであるが、ヒノキの生垣は刈り込まれていたことがわかる。また、その生垣の根元の石垣は崩れ積みであり、現在まで変わっていないことがわかる［写真8］。なお、崩れ積みとは自然石を加工せずに、大小の石を組み合わせ、自然に崩れたように積む方法で、大きさの異なる石を積み上げて、天端がそろった美しい石垣とするためには高度の技術を要する。

玄関前のクロチクの庭

清風荘の正門を入ったところにある、玄関前のクロチクの庭［2・3頁の写真参照］については一草亭は次のような感想を持っている。

清風村荘の四字★を白字に現はした板額のかかつた瀟洒な門を入ると、玄関に至る左右に一面に背の低い、文人画を見るやうな黒竹の植込がある。自分が嘗て十八九の頃、郷里の郊外に此画の趣に富んだ黒竹の藪を見付けて、黒竹の藪の中に画の様な書楼を建てて、自分の別荘にしようと考へた事がある。爾來十数年、実生活の問題に逐はれ

★『陶庵公影譜』九〇頁の写真から「清風村荘」ではなく「清風荘」が正しいことがわかる（本書104頁参照）。

> て、黒竹の別荘など忘れてしまつてゐたのに、今計らず公の別荘に十数年前の夢が実現されてゐるのを見て、微笑を禁じ得なかつた、と同時に、公の趣味や公の人柄を想像してなつかしい気がした(107)。

玄関前のクロチクの庭を見て、一草亭は文人画を見るようである、十数年前の夢が実現されているのを見て懐かしいと述べている。なお、高橋箒庵が一九一六（大正五）年に清風荘を訪れた時にも、中国の蘇州で見た庭園の門内一面の竹林が非常に面白く、いつかはこれを試みようと思っていたところ、公望侯が清風荘にこの文人趣味の築庭術を採用するとは(108)、との感想を残している。クロチクの庭が西川一草亭や高橋箒庵に、文人趣味の庭として高く評価されていたことがわかる。

クロチクの背が低いことに関して、神谷千二は次のように解説している。

> 公は特に竹を愛好せられた。但し普通の大型の竹の、頭を切ったのは嫌いで、細くて丈の低い、そして芯を止めない自然のままに伸びたものを好まれた。門から玄関に至る通路の両側に一面に密生している小さい、きゃしゃな黒竹の竹林は、公の命によって特に植木職（しょく）が年月をかけて大きな黒竹からあの様に変形させた当邸独特のものである。他では見られない珍種と云（い）えよう。公の遺品とも云える(109)。
>
> 玄関前の玄竹（クロチク）はとくに公爵の愛でられたもの、この姿態を整へるため培育の上に相当の努力を払つてゐる(110)。

クロチクは三から五メートルの高さになる中型の竹である。なお、初年度は稈（かん）という茎や幹に相当する部分がはじめ緑色であるが、秋から黒斑が少しずつ現れて、二年目以降、薄緑色の葉以外は黒褐色もしくは黒紫色の斑から全体が黒紫色になる。[111] 公望は刈り込まない自然のままに伸びる姿を好んだとのことであるが、『陶庵公影譜』九三頁の写真には、高さ一・五メートルほどの自然に伸びたクロチクが写っている［写真14］。クロチクの中でも背の低い栽培品種が選ばれ、さらには栽培上の工夫が行われることによって、自然のままでも背丈が低いクロチクに仕立てていたものと思われる。神谷千二の孫厚生の妻允子が、清風荘のクロチクを一本だけ他所に移植したところ、大きくなってしまったと話していることからも、[112] 肥料を入れ過ぎない、細くて大きくならない稈を選択的に残すなどの栽培上の工夫も重要であることがわかる（現在の管理方法については、本書「庭園管理の現場から――花豊造園（株）山田耕三氏へのインタビュー」を参照のこと）。なお、余談になるが、留守居役野内芳蔵の考案によって、玄関前のクロチクを軸に使用した鳩居堂製の毛筆が製作され、公望はその筆を愛用していた[113]（本書第3章を参照のこと）。

主庭の様子

さて、客間から見える庭園の風景について、一草亭は次のように描写している。

冬の日を一面に浴びた明るい障子を開け放すと、広々とした庭にかなり大きな池があつて、低い築山の間から池に落る水の音がきこえてゐる。築山を見越して東の方には東山の穏やかな峰続きと、大学の建物が少し許り見えてゐる。

此処は元公に縁故の深い、公の生家である徳大寺家の別荘か下屋敷で、庭に所々大

写真14　西園寺公望が使用していた頃の玄関前のクロチクの庭（『陶庵公影譜』九三頁、京都府立京都学・歴彩館所蔵より）

きな樹木が残つてゐて、池も昔の儘で、ほんの水際の石組みが少し変つた位な物である。「住友さんや末弘★さんは此処でお生れになつたので、能く此処へ遊びにいらつして、僕の小さい時分はあの池へ舟を泛かして遊んだ等といふお話が出ます」と年老つた留守居が話してゐた。(114)

広々とした芝生広場と池がまず目に入り、次いで築山の間から池に落ちる水音が聞こえていたという描写は、水音に対する印象がそれほど強くない現在の庭園の様子と異なっており、興味深い。高橋箒庵が一九一六（大正五）年に訪問した際にも「池辺の雪見燈籠に対して一道の飛泉戛々として石に激する風景筆舌の形容すべき所に非ず」(115)と描写しているが、「戛々」とは金属や石などの硬い物がふれあう音の形容であるので、当時は水量が多く、また周辺も静かであったため、水音が印象的な庭園であったようである。また、清風館庭園からの池の変化や樹木の継承についてはこれまでに述べてきた通りであるが、兄弟が遊んだことや、池に舟を浮かべて遊んだという話は新しい。清風荘に対する公望や友純の愛着の深さが察せられる。

なお、当時は周辺建築物の高さが低かったため、築山を見越して東の方に東山の穏やかな峰続きが見えていた［写真15］。

★末弘家を継いだ公望の兄の威麿のこと。

写真15　清風荘庭園の上空から見た東山の山並み ©TT

清風荘界隈の変化

同じく西川一草亭が、一九三九（昭和一四）年に出版した随筆『落花帚記』を見てみよう。七章「京洛名園記」の「二　清風荘」[116]に清風荘庭園の様子をうかがい知ることができる。文中に「囲の外を電車が走り」との記述があることと、京都市電今出川線の河原町今出川—百万遍間の開業が一九三一（昭和六）年であることを踏まえると、一九三一年から一九三九年頃に執筆されたと推測される。先ほどの『風流生活』の「清風荘の陶庵公」は一九一四（大正三）年頃の執筆であることから、その約二〇年後の清風荘の様子を描いている。

清風荘界隈の環境については、次のように描写している。

> 場所は出町柳の叡電から二三町東に行つた田中村にある。元は附近に麦畑や豆畑が有つて、其麦畑や豆畑の中に、鬱蒼とした庭木を囲つた刈込の生垣と、竹の建仁寺垣の囲ひとが一二町手前から見えて居たが、今その田中村が田中何とか町と云ふ町名に変り、囲の外を電車が走り自動車が飛んで、新開地のゴミ〳〵した街になつて仕舞つた。[117]

約二〇年前の農村風景の中の清風荘から一変し、市街化が進んでいる様子がわかる。

園池の様子

一草亭は、庭園の水辺の景色を特に細やかに描写している。

> 山縣さんの無鄰菴が、暗くて陰気なのに反して、此庭はいつ見ても明るい。庭の真中の左寄りに、石を伝つて幅一間位の水が滝の様に落ちて居るが、其水の上には楓も無なければ松も無い。青天白日の下に水がさらされて、露骨に石の上を走つて居る。袖をおほふて顔を隠す身だしなみを知らない女が、平気で衆人凋座の中に突立つて居る様な水である。それが他に見られない新らしい感じを与える。
>
> 　其代りそのすぐ川下には一叢の桧林が有つて、其暗い木立の前に水が来た時一寸陰鬱になる。其明暗の調子が此庭を引締めて、此水を生かして居る。
>
> 　水際に、夏になると高さ二三尺の蒲の様な青い草が水の中に繁つて居る。蒲でも無く蘆でも無いと思つて、近寄つて見ると真菰である。池の中に真菰を植ゑた庭も珍らしい。これも老公の好みであろう[118]。

当時、庭園の樹木は現在ほど大きく成長しておらず、東側の園池の滝の上を覆う樹木はなく、水は青天白日の下、石の上を流れていたことがわかる。一草亭は、その明るさや露骨さが他の庭園には見られない新しい感じを与えていると評価している。

また一草亭は、水が流れていき、ヒノキの木立の陰に入り、水が一瞬陰鬱になるが、その明暗の変化のリズムが庭園のアクセントとなって水を生かしていると讃えている。現在の庭園では、樹木が一様に大きく成長しており、このようなコントラストのついた明暗の変化には気づきにくくなっている。また、当時は、ヒノキの群植が重要な庭園の要素であったこともうかがい知ることができる。

さらに一草亭は、園池の中の植物にも着眼し、水際に高さ約六〇から九〇センチメートルのマコモが植えられていることに珍しさを覚え、公望の好みであろうと推測している。マコモ［写真16］は、湖沼やため池、河川などに生育する高さ一から三メートルになるイネ科の抽水植物である。(119) 花は地味なため、草姿を鑑賞するために植えていたのではないかと思われる。黒穂菌の感染によって肥大した茎はマコモタケと呼ばれる食材となるが、食用にするのであれば敷地内の他所に植えたであろう。一草亭が述べているように、園池にマコモのような野性味ある植物を水際に植えた日本庭園は珍しく、公望の好みが端的に表されているようで興味深い。

公望の庭園趣味

住友史料館所蔵「(書面) 田中村報告」からは、清風荘庭園が竣工した頃の一九一三（大正二）年五月二一日に「本日小川ヨリ雑魚弐貫八百目持参直ニ御上ニ御覧ニテ御池放流之事」とあり約一〇・五キログラムの雑魚が園池に放流されており、同年六月八日には「昨日小川ヨリ数百疋蛍献上之コト★夜□蛍御放チ相成候」とあって数百匹の蛍が庭園に放されたことがわかる。(120) 園池の魚に関して清風荘留守居役であった野内芳蔵は、「清風荘と陶庵公の想出」の中で、園池の雑魚が夕方水面に飛来する小虫をねらって飛び跳ねる光景を公望がひとしお興味深く眺めていたこと、一方で、鯉は水を濁したり、雑魚を餌にしてしまうという理由で公望が鯉を嫌っていたことを書き記している。(121) 築山のアカマツの下にモチツツジを選んで植えたことや、園池に雑魚を入れたこと、蛍を放したこと、クロチクは自然のままに伸びた姿を好んだこと、園池にマコモを植えたことはいずれも、より「自然

写真16　ヨシとともに群生するマコモ（二〇〇七年七月一日、京都盆地の南の旧巨椋池氾濫原にて）©JI

★原文ではコとトの合字。

な物」を好む公望の趣味が表れているように思われる。公望の築庭術については、高橋箒庵も同様に「人造を避けて成るべく天然に近づかしめんとしたる苦心のほの見えて(122)」と評している。公望は、従来の日本庭園の型にとらわれることなく、より自由な発想をもって、身近に見られる美しい自然や愛する自然を積極的に自らの庭園に取り込んだのではないかと考えられる。

鳥の飼育

公望は本を読むのに疲れると、庭に出て、築山の裏にあった野菜畑まで散策していたようである(123)。一九一六（大正五）年一一月二二日に清風荘を訪れた高橋箒庵は、築山の裏には花壇や芋畑、数畝の田んぼがあり、晩稲を刈り干す景色も見えて、都離れした田園の光景に接するようであったことや、公望が散策の際の休息所として田んぼに面した六畳敷の書斎を作らせていたことを記している(124)。この書斎については、富岡鉄斎の子、富岡とし子が一九一六年の鉄斎と陶庵公の再会以降の思い出をつづった随筆「父・鉄斎のこと」において、小さい田舎風の亭と描写されており、場所は西の隅の方で、前の田に稲が作ってあったと書かれている(125)。

また、清風荘庭園では鶴が飼われていた［写真17］。鶴舎は公望が一九一五（大正四）年五月一〇日に京都の大工・磯村彌太郎に建設を依頼したもので(126)、場所は清風荘敷地の東南角にあった［図2］。一九一六年に清風荘を訪れた高橋箒庵は、雌雄の鶴と一羽の雛とがたたずむ様子は一層優美に見えたとの感想を残している(127)。また、富岡とし子は、公望が鶴を人

写真17　西園寺公望が飼育していたタンチョウ（『陶庵公影譜』九三頁、京都府立京都学・歴彩館所蔵より）

からもらったことをきっかけに鶴を飼い始めたことや、鶴舎は小さな家ほどもある円形の金網で、その中に二羽の鶴が飼われていたことを回想している[128]。その後、一九三一(昭和六)年の都市計画道路敷設にともなって、鶴舎は築山の裏、土橋を渡ったところにあった藤棚の東隣りに移転された[129][図4]。鶴は町内の人々にも親しまれており[130]、鶴の声は出町柳あたりまで聞こえたという[131]。

写真18 西園寺公望が使用していた鳥籠 ©TT

二羽の鶴は、公望が没した後、一九四一(昭和一六)年一〇月二七日に京都市紀年動物園に寄贈され[132]、一九四五年と一九四七年に亡くなるまで動物園で飼われた[133]。

なお、公望は種々の小鳥を愛育していた。一草亭の『風流生活』には、公望が清風荘の書斎で五つ六つの鳥籠[写真18]を据えて、小鳥に餌をやっている様子が描かれている[134]。鶯[135]のほか、小燕や菊いただきが飼われていた[136]。

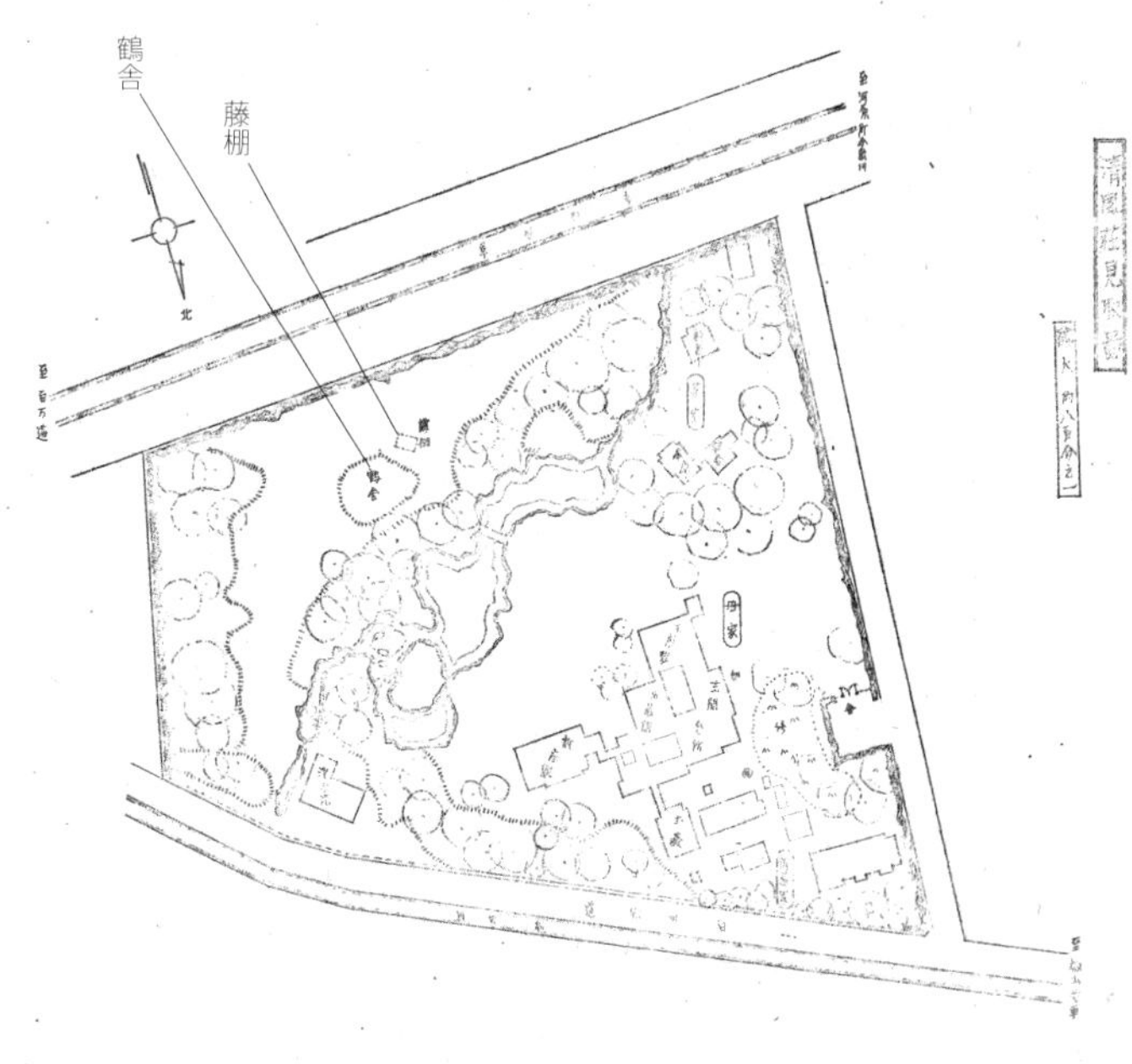

図4 神谷千二の筆跡による『清風荘』の案内書に掲載されている清風荘見取図(作成年不明、神谷家文書二一一一)

公望没後の清風荘庭園

公望が一九四〇（昭和一五）年一一月に没した後、清風荘は住友家によって保管されていた。神谷家に残されていた一九四一（昭和一六）年一月から翌年初めにかけての日誌[137]によれば、一九四一年の時点では、日常的な庭仕事をする者が住み込みで働いていた。神谷家の住む附属屋は二世帯住宅となっており、大半は神谷家が使用していたが、西側の一角は庭仕事をする者の宿舎に宛てられていた。また、それとは別に園遊会の直前などには、臨時で植木屋が雇われて、庭の手入れがされていた。この臨時雇いの植木屋は九代目小川治兵衛のもとの職人で、植治（七代目小川治兵衛）の作庭以来、小川治兵衛に庭園の管理が委ねられていたと考えられる。

一九四四（昭和一九）年に、京都帝国大学創設に文部大臣としてまた私人として支援した公望の遺徳を偲ぶため、清風荘は京都帝国大学に寄贈された。一九二四（大正一三）年から清風荘の執事を務めていた神谷千二は、清風荘の寄贈後も大学に雇われる形で清風荘の敷地内に住み、管理業務に従事した[138]。また、娘の節子（一九一五〜二〇一二）も一九四四年に大学に雇われ[139]、一九八五（昭和六〇）年に定年の七〇歳を迎えるまで、清風荘の敷地内に住んで管理業務に従事した[140]。節子の息子の神谷厚生の話によると、彼が二歳の頃（一九四〇年頃）に今出川通の南にあった住友の社宅から清風荘に転居し、大学時代まで清風荘の敷地内に暮らしていたという。厚生は、神谷が務めていた時は、清風荘には常に植木屋が入り、女の人たちが雑草を取って、庭の手入れをしていたことを記憶している。しかし、第二次世界大戦の戦時中は、庭の手入れはほとんどされていなかったという[141]。戦後

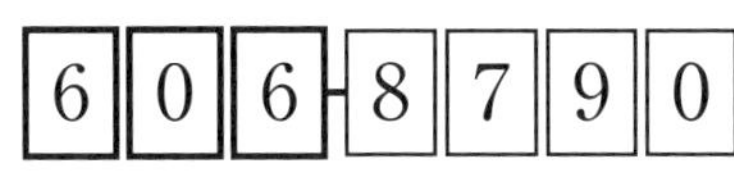

料金受取人払郵便

左京局
承認
1117

(差出有効期限
2021年9月30日
まで)

(受取人)
京都市左京区吉田近衛町69
京都大学吉田南構内

京都大学学術出版会
読者カード係 行

▶ご購入申込書

書　　名	定　価	冊　数
		冊
		冊

1．下記書店での受け取りを希望する。

都道　　　　市区　店
府県　　　　町　　名

2．直接裏面住所へ届けて下さい。

お支払い方法：郵便振替／代引　　公費書類（　　）通　宛名：

送料　ご注文 本体価格合計額　2500円未満：380円／1万円未満：480円／1万円以上：無料
代引でお支払いの場合　税込価格合計額　2500円未満：800円／2500円以上：300円

京都大学学術出版会
TEL 075-761-6182　学内内線2589 / FAX 075-761-6190
URL http://www.kyoto-up.or.jp/　E-MAIL sales@kyoto-up.or.jp

お手数ですがお買い上げいただいた本のタイトルをお書き下さい。

（書名）

■本書についてのご感想・ご質問、その他ご意見など、ご自由にお書き下さい。

■お名前

（　　歳）

■ご住所

〒

TEL

■ご職業

■ご勤務先・学校名

■所属学会・研究団体

■E-MAIL

●ご購入の動機

A.店頭で現物をみて　B.新聞・雑誌広告（雑誌名　　　）
C.メルマガ・ML（　　　）
D.小会図書目録　E.小会からの新刊案内（DM）
F.書評（　　　）
G.人にすすめられた　H.テキスト　I.その他

●日常的に参考にされている専門書（含 欧文書）の情報媒体は何ですか。

●ご購入書店名

都道府県	市区町	店名

※ご購読ありがとうございます。このカードは小会の図書およびブックフェア等催事ご案内のお届けのほか、広告・編集上の資料とさせていただきます。お手数ですがご記入の上、切手を貼らずにご投函下さい。
各種案内の受け取りを希望されない方は右に○印をおつけ下さい。　案内不要

もしばらくは荒れており、池の水もなかった。そのため、厚生が小学三・四年の頃（一九四六・一九四七年頃）には建物から池に向かって野球をしていたという。また、清風荘には近所の子が集まり、築山の裏の荒地でかくれんぼをしていたそうである。

　このように戦中から戦後にかけて一時的に清風荘庭園は管理が行き届かない時期があったが、大学においては、受贈後ただちに清風荘管理委員会が設けられ（本書第1章を参照のこと）、公の風格を永久に記念するための管理運用が行われてきた。(142) 一九五一（昭和二六）年には、従来の史蹟名勝天然紀年物保存法や国宝保存法等を統合、拡充して前年に制定されたばかりの文化財保護法に基づいて、清風荘庭園として国の名勝に指定された。名勝指定時の解説文は次の通りである。

> 清風荘は江戸時代に徳大寺家の別邸であったが、後西園寺家に移り修築せられたものである。故西園寺公望はここに生れる。庭園は明治時代の作である。建築の前面にやわらかく起伏する芝生を設け浅く流れる池をうがち一箇の中島を置き庭園の後部にある二箇の築山と樹林とは園の背景をなしている。広い芝生と水面とより生ずる明豁なる景趣は明治時代のひとつの特色とみることができ、この時代の代表的庭園と言ってよい(143)。

　当時はまだ研究が進んでいなかったため、現在明らかになっている事実とやや異なる点はあるが、清風荘庭園は当時を代表する庭園として高く評価されていたことがわかる。一九五一年といえば、作庭後まだ四〇年も経っていない時期であり、米国進駐軍の接収から免れることが動機の一つにあった(144)とはいえ、文化財庭園としては「新しい」ともいえる

写真19　侵食によって痩せた形状に変化していた築山と輪郭が不明瞭になっていた園路（保存修理事業前）

本庭園が国の名勝に指定されたことは画期的なことであった。国の重要文化財を所有している国立大学は複数あるが、国の名勝を保有しているのは京都大学のみであり[145]、清風荘庭園は京都大学を象徴する施設になっている。

名勝指定後、清風荘庭園は文化財として管理されるようになった。京都大学が専門的な庭園管理業務を委託してきた造園業者の変遷は不詳であるが、京都大学発行の旧パンフレット『清風荘（名勝清風荘庭園）』においては小林造園（三代目）が受託していることがわかり[146]、『名勝清風荘庭園保存修理事業報告書』においては二〇〇七（平成一九）年度以降は花豊造園株式会社が受託していることがわかる[147]。

清風荘庭園の管理の予算については、大学の厳しい財政事情により必要最小限の措置が行われ[148]、庭園を維持するための管理が行われた。通常、庭園の維持管理作業は、除草や清掃、散水、剪定などの日常作業と、数年サイクルで実施される軽微な毀損（きそん）箇所の修理などの不定期作業、そして、台風や地震などによって毀損した箇所を修理する緊急修理に終始することが一般的である。しかし、これらの維持管理を行っていても、経年変化により大きく毀損した個所の修理が定期的に必要となり、文化財庭園ではその周期は三〇年から五〇年といわれている[149]［図5］。

1．定期修理	30年～50年に1回		
2．恒常的維持管理			定期的に管理内容を見直し、経済的かつ効率的な管理計画を提案する
日常作業	通年	除草、清掃、散水、定期剪定など	
不定期作業	数年サイクル	竹垣や袖垣の更新、軽微な毀損箇所の修理、不定期な除伐・剪定など	
3．緊急修理	随時　随時　随時　随時	台風や地震などの自然災害や、人為的側面から起こる毀損箇所の修理	

図5　文化財庭園の維持管理サイクル（『名勝清風荘庭園保存修理事業報告書』四六七頁の図の一部を改変し、着色を施した）

写真20　修理後の築山と園路（保存修理事業後）（写真19、写真20とも『名勝清風荘庭園保存修理事業報告書』、修理写真二二頁より）

清風荘庭園でも、通常の維持管理作業では対処することのできなかった変化が経年的に蓄積され、庭園の様子は少しずつ変化して行った。

二〇〇五（平成一七）年頃には、東側の築山背後の高木が大きくなってしまい、庭園から大文字を望むことのできない状況になっていた[150]。また、庭園の外からシュロやクスノキ、ムクノキ、エノキなどの種子が鳥などによって運ばれ、植栽していない樹木の定着が多く見られるようになり、庭園内は暗く、見通しが悪い状況になっていた[151]。その他にも、日照不足によって地被植物が衰退し築山の表土が流出したり、樹木の根の成長によって構造物が傾いたり、園路が不明瞭になったり、園池の底にひび割れが生じたりと、庭園の毀損が多く見られるようになっていた[152]。このような状況を受けて、二〇〇六（平成一八）年度に名勝清風荘庭園整備活用基本計画が策定され、この基本計画に基づいて二〇〇七（平成一九）年度から二〇一三（平成二五）年度まで保存修理事業が実施された[153]。保存修理事業では、史料調査や考古学的調査、試験施工によって修理方針が十分に検討された上で、植栽、園路、園池、流れ、築山、建築物外部など清風荘庭園の全域を対象とした抜本的な修理が行われた［写真19、写真20］。

なお、修理は以前の姿に復元することが基本方針とされた

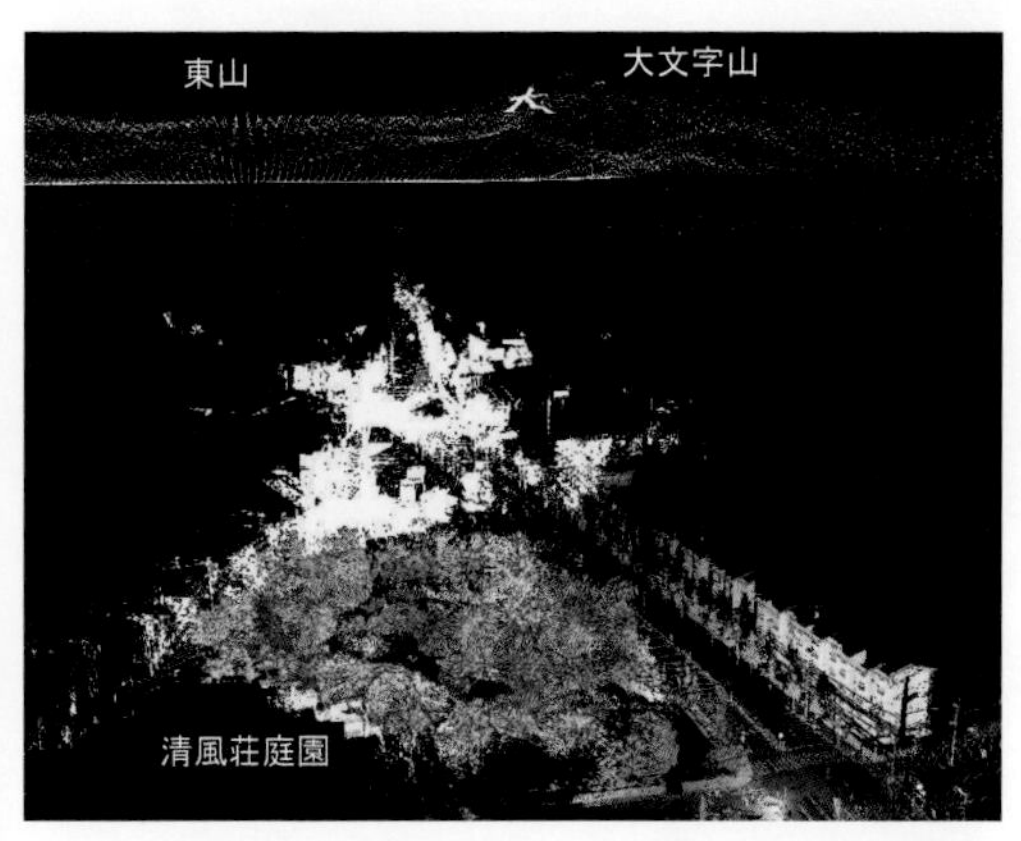

図6　レーザースキャナーで取得した清風荘庭園とその周辺建築物の形状データと国土地理院の測量による東山の標高データの合成（早瀬真弓・今西純一・中村彰宏・戸田健太郎・森本幸裕「地上型レーザースキャナを用いた庭園の借景復元に関する景観シミュレーション」『ランドスケープ研究（オンライン論文集）』2巻、2009年、62～66頁より）

写真21　景観シミュレーションのための庭園測量に用いたレーザースキャナー（2007年10月30日撮影）©JI

が、庭園をとりまく環境が当時と異なっていたため、状況に即した修理が行われた箇所もある。客間や芝生広場から大文字への眺望を確保するにあたっては、周辺の市街化が進んでおり、高木の切り下げによって庭園から隣接する建物群が多く見えるようになって、庭園の風趣が損なわれることが危惧されたため、事前にレーザー測量による景観シミュレーションが実施された[154]［写真21、図6］。その結果、東側の園池に近い視点からは高木を切

図7　東側の園池に近い視点からの大文字方向の眺望。清風荘庭園の高木によって隠されている周辺建築物や東山を手前に重ねて表示している

り下げすぎると大の字の右の払いが見えるはずの位置に周辺建築物の屋根が見えてしまうこと［図7、図8］、一方で客間に近い視点からは高木を切り下げて大の字全体を見せても周辺建築物の屋根が見えることはないこと［図9、図10］が明らかとなっ

図9　客間に近い視点からの大文字方向の眺望。清風荘庭園の高木によって隠されている周辺建築物や東山を手前に重ねて表示している

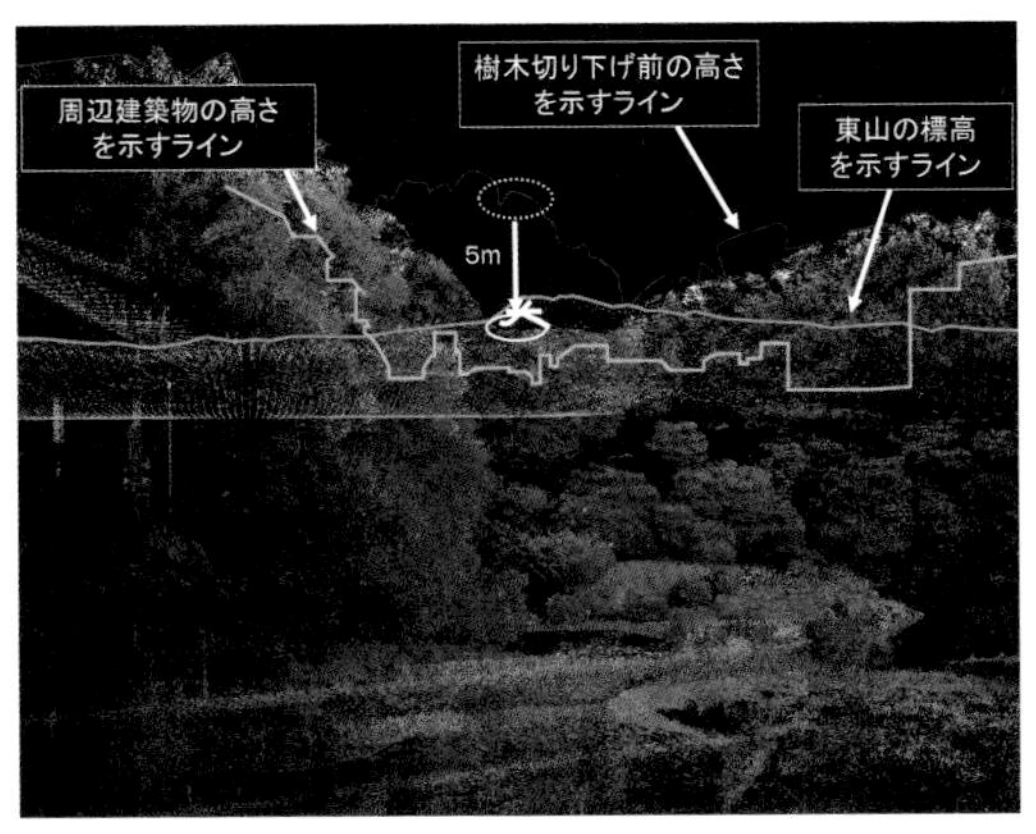

図10　客間に近い視点における高木の切り下げシミュレーション。図9のデータから清風荘庭園の高木のデータの一部を削除して、大文字方向の眺望景観をシミュレーションしている

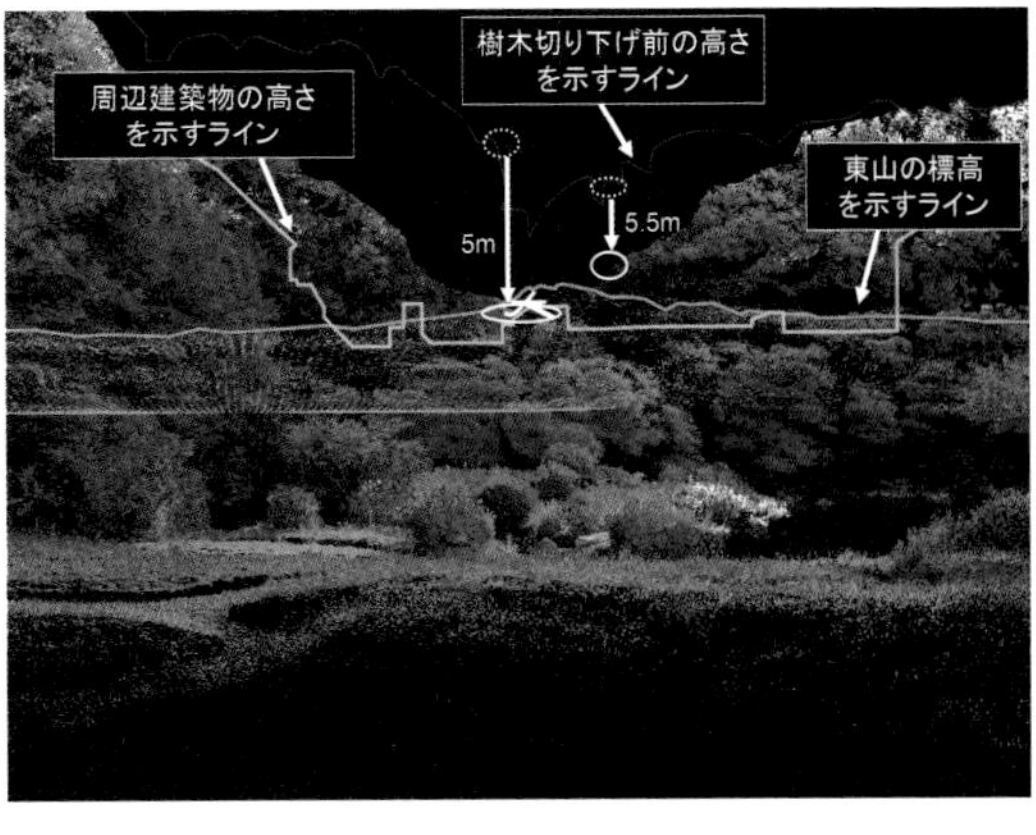

図8　東側の園池に近い視点における高木の切り下げシミュレーション。図7のデータから清風荘庭園の高木のデータの一部を削除して、大文字方向の眺望景観をシミュレーションしている

（図7～10はいずれも前掲「地上型レーザースキャナを用いた庭園の借景復元に関する景観シミュレーション」より）

た。この結果を受けて、客間に近い視点からの大文字への眺望を確保しつつ、園池に近い視点からは周辺建築物の屋根が見えないように、高木の切り下げを実施することになった［写真22、写真23］。

清風荘庭園は大学が所有、管理し、国の名勝にも指定されていることから、永続性という観点では非常に恵まれた存在である。一方で、大学の財政事情の中で、庭園管理の予算は十分ではない。保存修理事業が完了して美しい庭園が復元された今、これからどのよう

写真 22　成長した高木によって妨げられていた大文字への眺望（保存修理事業前）

写真 23　高木の切り下げによって確保された大文字への眺望（保存修理事業後）
（ともに『名勝清風荘庭園保存修理事業報告書』、修理写真二九頁より）

に庭園の質を維持するのかが課題になるであろう。特に、庭園の大きな毀損につながる変化の兆候を早期にとらえて、補修していくことは、長期的に見てトータルでの修理コストを低減しながら庭園の質を維持するための重要な作業になると思われ、そのための予算の確保が望まれる。

清風荘庭園をめぐる旅を振り返って

清風荘庭園は、漢籍など種々の芸術にたいして造詣の深かった西園寺公望や、作庭への関心の強かった住友友純の意向を受け、近代造園の先覚者である七代目小川治兵衛（植治）がその手腕を発揮して形づくった庭園である。本章では清風荘庭園に関して、従来の植治の視点に、公望や友純の視点を新たに加えることを試みたが、結果として、清風荘庭園には植治の庭園デザインの特徴がよく表れているだけでなく、身近に存在する美しい自然や愛する自然を積極的に自らの庭園に取り込んだ公望の趣味が多分に活かされていることを、考察することができた。本稿が清風荘庭園の新たな魅力を引き出し、清風荘庭園の継承の一助となるようであれば幸いである。

（1）財団法人京都市埋蔵文化財研究所編『京都市埋蔵文化財研究所発掘調査報告二〇〇九―一七 名勝 清風荘庭園』、財団法人京都市埋蔵文化財研究所、二〇一〇年、五頁。

（2）京都大学 名勝清風荘庭園整備活用委員会編『史料からみた清風荘の建築――建造物調査報告書』、京都大学名勝清風荘庭園整備活用委員会、二〇一一年、四頁。

（3）久保田謙次「〈懐かしの立命館〉西園寺公望公とその住まい 前編」立命館史資料センター〈http://www.ritsumei.ac.jp/archives/column/article.html/?id=100〉二〇一五年一二月一〇日更新、二〇二〇年七月九日閲覧。

（4）伊藤之雄『元老 西園寺公望――古希からの挑戦』、文芸春秋、二〇〇七年、二〇頁。

（5）前掲『元老 西園寺公望――古希からの挑戦』、二一頁。

（6）芳泉会編『住友春翠』（再版）、芳泉会、一九七五年（初版は一九五五年）、五一～五七頁。

（7）前掲『住友春翠』、一頁。

（8）前掲『住友春翠』、四七〇頁。

（9）前掲『住友春翠』、八一頁。

（10）京都大学編『名勝清風荘庭園保存修理事業報告書』、京都大学、二〇一四年、二三～二五頁。報告書では「天保二年（一八三一）頃に作庭が始まったと考えられる」（二三頁）と書かれている。

（11）「生垣の北を流れてゐる太田川の水を引いた林泉は本館の東南に広く展けてゐて」（前掲『住友春翠』、七四頁）。

（12）前掲『住友春翠』、七六～七七頁。

（13）前掲『住友春翠』、五〇六頁。

（14）前掲『住友春翠』、七四頁。

（15）前掲『住友春翠』、八八頁。

（16）前掲『住友春翠』、六八頁。

（17）前掲『住友春翠』、八七頁。

（18）前掲『住友春翠』、八三頁、八七頁。

（19）前掲『住友春翠』、八一頁。

（20）前掲『住友春翠』、一二二頁。

（21）前掲『住友春翠』、八七～八八頁。

（22）前掲『住友春翠』、九一頁。

（23）前掲『住友春翠』、九九頁。

（24）前掲『住友春翠』、九六頁。

（25）馬部隆弘「西園寺公望別邸清風荘の執事所蔵文書」『ヒストリア』第二四二号、八〇～八一頁。

(26) 藤棚については『西園寺公と湖南先生』にも記されている。「現在邸内の林泉南方には、徳大寺の昔を偲ぶ藤棚が残っている。」安藤徳器『西園寺公と湖南先生』、言海書房、一九三六年、一七九頁。

(27) 神谷千二『清風荘』、作成年不明、（神谷家文書 二―一一）。

(28) 前掲『住友春翠』、一一〇頁。

(29) 前掲「西園寺公望別邸清風荘の執事所蔵文書」、八四頁。

(30) 熊谷八十三『辛酸録』、一九四一年（熊谷八十三関係文書 六〇 国立国会図書館憲政資料室蔵）。

(31) 熊谷八十三『間ニ合ハセ帳』、一九四四年（熊谷八十三関係文書 六三 国立国会図書館憲政資料室蔵）。

(32) 京都大学『清風荘（名勝清風荘庭園）』、作成年不明、（神谷家文書 二―一四）。

(33) 前掲『住友春翠』、九八～九九頁。

(34) 前掲『住友春翠』、四七〇頁。

(35) 前掲『住友春翠』、四七一頁。

(36) 杉田そらん・今西純一・深町加津枝・森本幸裕・尼崎博正「七代目小川治兵衛による清風荘庭園の作庭過程と空間的特色」『ランドスケープ研究』七四巻五号、二〇一一年、三六九～三七四頁。

(37) 前掲『住友春翠』、五〇六頁。

(38) 「西園寺陶庵侯の隠棲」『京都日出新聞』、一九一三年三月二六日。

(39) 「閑雲に嘯く陶庵侯」『京都日出新聞』、一九一三年四月一三日。

(40) 高橋箒庵『東都茶会記』第四輯下、淡交社、一九八九年、二〇二頁。

(41) 張平星・深町加津枝・尼崎博正・柴田昌三「造園材料としての白川石および類似花崗岩の色彩的特徴の分析」『ランドスケープ研究』八一巻五号、二〇一八年、四六七～四七二頁。

(42) 前掲『史料からみた清風荘の建築――建造物調査報告書』、六〇頁。

(43) 神谷千二『西園寺公を偲ぶ』、一九六〇年（神谷家文書 二―一三）、一頁。

(44) 前掲『史料からみた清風荘の建築――建造物調査報告書』、四六頁。

(45) 前掲『史料からみた清風荘の建築――建造物調査報告書』、四八頁。

(46) 前掲『清風荘（名勝清風荘庭園）』（神谷家文書 二―一四）。

(47) 前掲『史料からみた清風荘の建築――建造物調査報告書』、四八頁。

(48) 「清風荘が都市計画のため、削られるやうになつたが、陶庵公は『公のためなら仕方がない。私へ御気嫌とりのつもりで、当局がこの事を申込まずにゐたと云ふのは、つまらないことです。邸の側を電車が走るやうになれば、すこしはやかましいだらうが、と云って邸を他へ移さうとは思はない。』と側近者に洩した」。前掲『西園寺公と湖南先生』、一九一頁。

(49)「池水ハ此頃上流デ友禅染屋ガ夫ヲ洗フノデ水ガ悉ク染マリ魚ハ死シ草モ衰フルモノアリ」。熊谷八十三『徹底日誌』、一九二五年（熊谷八十三関係文書 四四 国立国会図書館憲政資料室蔵）。

(50)「午後清風荘ノ池ニ入ル水ノ源ヲ遡リ見ル　友仙染屋ガザット六軒アリ　此等ガ夜間ハ洗ハヌコトニ成ツテ居ルガ昼間ハアニリンヤ糊ヲ洗ヒ流スノデ水ハ汚濁水路ハ埋マリ魚類ハ死滅ス」。熊谷八十三『徹底日誌』、一九二五年（熊谷八十三関係文書 四四 国立国会図書館憲政資料室蔵）。

(51)前掲『西園寺公と湖南先生』、一九一頁。

(52)「別邸の周囲に人家が建てこんで来た為に、泉水が濁る様になった。市長が疏水から直接引水しようとした時、公は私用の庭に公施設の水を使ってはならぬといって固く辞退せられた。」。前掲『西園寺公を偲ぶ』、四頁。

(53)小野健吉「七代目小川治兵衛」、白幡洋三郎監修『植治　七代目小川治兵衛――手を加えた自然にこそ自然がある』、京都通信社、二〇〇八年、七〜一二頁。

(54)尼﨑博正「近代造園の総合プロデューサー・小川治兵衛」、尼﨑博正編『植治の庭　小川治兵衛の世界』、淡交社、一九九〇年、一〇〜一三頁。

(55)小野健吉「京都を中心とした近代の日本庭園」『日本庭園学会誌』一四・一五、二〇〇六年、一〜六頁。

(56)前掲「七代目小川治兵衛」、七〜一二頁。

(57)前掲「京都を中心とした近代の日本庭園」、一〜六頁。

(58)前掲「近代造園の総合プロデューサー・小川治兵衛」、一〇〜一三頁。

(59)前掲「七代目小川治兵衛」、七〜一二頁。

(60)小野健吉「對龍山荘庭園における小川治兵衛の作庭手法」『造園雑誌』五〇巻五号、一九八七年、一三〜一七頁。

(61)「太田川は江戸時代に農業用水として高野川流域（現在の三宅橋下流辺り）に設けられた太田井堰から引かれた川で、高野・修学院・一乗寺・田中を灌漑して鴨川に注いでいたが、昭和三〇年頃に暗渠となって……」。財団法人京都市埋蔵文化財研究所編『京都市埋蔵文化財研究所発掘調査報告二〇〇八―一三 名勝 清風荘庭園』、財団法人京都市埋蔵文化財研究所、二〇〇九年、一六頁。

(62)尼﨑博正「植治のデザイン」、尼﨑博正編『植治の庭　小川治兵衛の世界』、淡交社、一九九〇年、二一五〜二二〇頁。

(63) 前掲「七代目小川治兵衛による清風荘庭園の作庭過程と空間的特色」、三六九〜三七四頁。

(64) 尼﨑博正『七代目小川治兵衛――山紫水明の都にかへさねば』、ミネルヴァ書房、二〇一二年、一五四頁。

(65) 呉初平・安藤信「京都市のマツ枯れ被害林における10年間の林分動態」『日本緑化工学会誌』三五巻三号、二〇〇九年、四四〇〜四四七頁。近畿中国森林管理局京都大阪森林管理事務所『世界文化遺産（京都）緩衝地帯の森林景観の回復・保全指針作成のための調査報告書』、近畿中国森林管理局京都大阪森林管理事務所、二〇〇三年、一〜六八頁。

(66) 前掲「七代目小川治兵衛による清風荘庭園の作庭過程と空間的特色」、三六九〜三七四頁。

(67) 前掲「近代造園の総合プロデューサー・小川治兵衛」、一〇〜一三頁。

(68) 前掲『七代目小川治兵衛――山紫水明の都にかへさねば』、一六七頁。

(69) 前掲『七代目小川治兵衛――山紫水明の都にかへさねば』、一六九頁。

(70) 前掲『七代目小川治兵衛――山紫水明の都にかへさねば』、一六八頁。

(71) 前掲『七代目小川治兵衛――山紫水明の都にかへさねば』、一七〇頁。

(72) 前掲「西園寺陶庵侯の隠棲」。

(73) 前掲「閑雲に嘯く陶庵侯」。

(74) 「庭前の芝生に下り立ち、池辺に沿ふて西南方に歩を移せば、コンモリしたる数寄屋庭の内に、四畳床附の茶席めきたる一構り、是れは主侯の父君の造られたるものなりとぞ、夫れより飛石伝ひして猶ほ奥深く前栽の間を穿ち去れば、茶会の中立に相応しき最と廣やかなる腰掛あるにぞ、暫く休息して東面を見渡すに、池尻より流れ出づる遣水は、一道の蛇光蜿蜿として樹石の間を迸り、見えつ隠れつ此方に向ひ来る光景得も言はれず、凡そ上手より流れ来る水を下手より眞直に見渡すは、従来日本の築庭上甚だ稀なる所にして、唯南禅寺無鄰菴の庭に此趣向を採用されたるを見るのみ、然るに主侯が何時の間にか其築庭術を会得して之を此處に利用したるは、何事に掛けても一段着眼の高きを観る可し」。高橋箒庵『東都茶会記』第四輯下、淡交社、一九八九年、二〇八〜二〇九頁。

(75) 前掲「植治のデザイン」、二一五〜二二〇頁。

(76) 尼﨑博正「五感で味わう庭――植治の感性表現と意匠」、白幡洋三郎監修『植治 七代目小川治兵衛――手を加えた自然にこそ自然がある』、京都通信社、二〇〇八年、一三〜一七頁。

(77) 前掲「植治のデザイン」、二一五〜二二〇頁。

(78) 前掲『七代目小川治兵衛――山紫水明の都にかへさねば』、一三一頁。

(79) 久保田謙次「〈懐かしの立命館〉西園寺公望公とその住まい 後編」立命館史資料センター〈http://www.

ritsumei.ac.jp/archives/column/article.html/?id=101〉二〇一五年一二月一〇日更新、二〇二〇年七月九日閲覧。

(80) 前掲『七代目小川治兵衛――山紫水明の都にかへさねば』、五九頁。

(81) 前掲「七代目小川治兵衛」、七〜一二頁。

(82) 前掲『住友春翠』、五五五頁。

(83) 前掲『住友春翠』、五一〇頁。

(84) 前掲『住友春翠』、五一七頁。

(85) 前掲『住友春翠』、五五五〜五五六頁。

(86) 前掲『住友春翠』、七一三頁。

(87) 前掲『住友春翠』、七一三〜七一四頁。

(88) 前掲『住友春翠』、七二六頁。

(89) 前掲『住友春翠』、五五四〜五五五頁。

(90) 前掲『住友春翠』、七二六〜七二七頁。

(91) 前掲「閑雲に嘯く陶庵侯」。

(92) 前掲『東都茶会記』第四輯下、二〇四頁。

(93) 前掲『住友春翠』、五三六頁。

(94) 前掲『住友春翠』、四七一頁。

(95) 前掲『元老 西園寺公望――古希からの挑戦』、一五一頁。

(96) 前掲「西園寺陶庵侯の隠棲」。

(97) 竹村房子「史料紹介：西園寺公望書翰――鳩居堂熊谷信吉（順行）宛」『史窓』五七号、二〇〇〇年、一三一〜一五〇頁。

(98) 前掲「〈懐かしの立命館〉西園寺公望公とその住まい 後編」。

(99) 前掲『西園寺公と湖南先生』、一七九頁。

(100) 前掲『西園寺公を偲ぶ』、四頁。

(101) 去風流「去風流について」去風流〈http://www.kyofuryu.com/about.html〉作成年月日不明、二〇二〇年九月一一日閲覧。

(102) 去風流「去風流に集った多くの人々」去風流〈http://www.kyofuryu.com/people.html〉作成年月日不明、二〇二〇年九月一一日閲覧。

(103) 前掲『七代目小川治兵衛――山紫水明の都にかへさねば』、一六三頁。
(104) 前掲「去風流に集った多くの人々」去風流。
(105) 西川一草亭『風流生活』、第一書房、一九三四年、九九頁。
(106) 前掲「西園寺陶庵侯の隠棲」。
(107) 前掲『風流生活』、九九～一〇〇頁。
(108) 「余嘗て志那の蘇州に遊びたる時、城内の可園と云ふに到りたるに、門内一面竹林にて其四方に瓦敷の廻廊を繞らし、来客をして一日此君なかる可からざる主人の風韻を領せしむるの趣向、甚だ面白かりければ、何時かは一度之を試みんと思ひ居たるに、料らざりき清風庵主が此処に此文人趣味の築庭術を採用せんとは、」。前掲『東都茶会記』第四輯下、二〇二～二〇三頁。
(109) 前掲『西園寺公を偲ぶ』、二頁。
(110) 前掲『清風荘』（神谷家文書二―一一）。
(111) 内村悦三『タケ・ササ図鑑』、創森社、二〇〇五年、四四～四五頁。
(112) 二〇一九年九月一八日に神谷厚生氏・允子氏のご自宅において実施した筆者今西純一、中嶋節子氏によるインタビュー調査。
(113) 前掲『西園寺公と湖南先生』、九一頁。
(114) 前掲『風流生活』、一〇〇～一〇一頁。
(115) 前掲『東都茶会記』第四輯下、二〇三頁。
(116) 西川一草亭『落花帚記』、河原書店、一九三九年、三七六～三七八頁。
(117) 前掲『落花帚記』、三七八頁。
(118) 前掲『落花帚記』、三七六～三七七頁。
(119) 角野康郎『ネイチャーガイド　日本の水草』、文一総合出版、二〇一四年、二二一頁。
(120) 『（書面）田中村報告』、一九一三年、②83および②125（住友史料館所蔵。史料整理番号（丸付き数字）と頁番号は、前掲『史料からみた清風荘の建築――建造物調査報告書』に基づく）。
(121) 野内芳蔵「清風荘と陶庵公の想出」、住友本社人事部厚生課編『井華』二号、一九四一年、七四～七九頁。
(122) 前掲『東都茶会記』第四輯下、二〇七～二〇八頁。
(123) 前掲『落花帚記』、三七七～三七八頁。
(124) 前掲『東都茶会記』第四輯下、二〇八～二〇九頁。

(125) 富岡とし子「父・鉄斎のこと」、富岡益太郎・小高根太郎・坂本光聡編『鐵齋大成』第二巻、講談社、一九七六年、三八二頁。
(126) 前掲『史料からみた清風荘の建築――建造物調査報告書』、四一頁。
(127) 前掲『東都茶会記』第四輯下、二〇九頁。
(128) 前掲「父・鉄斎のこと」、三八二頁。
(129) 清風荘見取図。前掲『清風荘』（神谷家文書 二―一一）。
(130) 前掲『西園寺公を偲ぶ』、四頁。
(131) 久保田謙次「〈懐かしの立命館〉西園寺公望公と清風荘の丹頂鶴」立命館史資料センター〈http://www.ritsumei.ac.jp/data.jsp?database=R168archivesBlog&id=51〉二〇一四年五月二一日更新、二〇二〇年七月九日閲覧。
(132) 前掲「西園寺公望別邸清風荘の執事所蔵文書」、八五頁。
(133) 前掲「〈懐かしの立命館〉西園寺公望公と清風荘の丹頂鶴」。
(134) 前掲『風流生活』、一〇三頁。
(135) 前掲「西園寺陶庵侯の隠棲」。前掲『西園寺公を偲ぶ』、四頁。
(136) 前掲『落花帚記』、四〇七頁。
(137) 前掲「西園寺公望別邸清風荘の執事所蔵文書」、八四～八五頁。
(138) 前掲「西園寺公望別邸清風荘の執事所蔵文書」、八〇～八一頁。
(139) 前掲二〇一九年九月一八日のインタビュー調査。
(140) 前掲「西園寺公望別邸清風荘の執事所蔵文書」、八一頁。
(141) 前掲二〇一九年九月一八日のインタビュー調査。
(142) 前掲『清風荘（名勝清風荘庭園）』（神谷家文書 二―一四）。
(143) 文化庁「国指定文化財等データベース」〈https://kunishitei.bunka.go.jp/bsys/index〉二〇二〇年九月二日閲覧。前掲『名勝清風荘庭園保存修理事業報告書』、一〇頁。
(144) 中根金作『京都名庭百選』、淡交社、一九九九年、四〇七頁。
(145) 前掲『名勝清風荘庭園保存修理事業報告書』、一頁。
(146) 前掲『清風荘（名勝清風荘庭園）』（神谷家文書 二―一四）。
(147) 前掲『名勝清風荘庭園保存修理事業報告書』、六頁。

(148) 前掲『名勝清風荘庭園保存修理事業報告書』、一頁。
(149) 前掲『名勝清風荘庭園保存修理事業報告書』、四六六~四六七頁。
(150) 高梨武彦「清風荘　植生状況と今後の管理(樹木を中心として)」『庭園学講座XII　近代庭園と煎茶』、京都造形芸術大学日本庭園研究センター、二〇〇五年、一〇〇頁。
(151) 前掲「清風荘　植生状況と今後の管理(樹木を中心として)」、一〇〇~一〇一頁。
(152) 前掲『名勝清風荘庭園保存修理事業報告書』、四八~七一頁。
(153) 前掲『名勝清風荘庭園保存修理事業報告書』、三頁。
(154) 早瀬真弓・今西純一・中村彰宏・戸田健太郎・森本幸裕「地上型レーザースキャナを用いた庭園の借景復元に関する景観シミュレーション」『ランドスケープ研究(オンライン論文集)』二巻、二〇〇九年、六二~六六頁。

居間から庭園を眺めながら ©TT

対談

庭園管理の現場から——花豊造園（株）山田耕三氏へのインタビュー

今西純一

庭園は、竣工時が完成形であるわけではない。例えば、庭園に新たに樹木を植栽する場合、老齢木は移植が難しく、若木を植えることが多いため、竣工時は木の大きさや枝ぶりなどが理想と異なることも多い。庭園に運び込んだ石についても、竣工時は石の表面が真新しいため、年月を経ないと侘び寂びを感じないということもあるだろう。

庭園は、季節ごとに変化するだけでなく、年々変化していく。樹木は成長し、光や水、養分を求めて競争し、あるものは衰退し、あるものは枯死する。また、庭園の外部からも種子が供給され、新たな植物が芽生え、定着することもある。庭園周辺が市街化することによって、庭園から見える外の景色が経年的に変化することもあるだろう。

このように変化し続ける庭園において、作庭者はその最初の姿を決めるという意味でもっとも重要な存在であるが、庭園管理者もまた竣工後の姿を形作るという意味で重要な存在である。竣工後百年を超える清風荘庭園では、庭園のみならず、その周辺環境も大きく変化しており、変化に対応した庭園管理が求められている。それでは、実際に清風荘庭園ではどのような管理が行われているのか。花豊造園株式会社の山田耕三常務取締役にたずねた（本インタビューは二〇二〇年九月一四日に清風荘において実施した）。

造園への関わり

今西　まず、山田様ご自身の造園との関わりについておうかがいしたいのですが、よろしいでしょうか。

山田　造園の仕事に関わって二五年になります。大学を卒業し、最初の四、五年は東京の造園会社で工事部に所属して、都市緑化や公園づくりに関わる仕事をさせていただきました。その後、縁あって国営公園を管理運営している（財）公園緑地管理財団（現在の（一財）公園財団）に転職しました。公園緑地管理財団では、イベントの企画・実施や、建物・工作物や緑地の管理などの仕事を経験させていただきました。そのような仕事の中で、皆で一緒に考えて作り上げるプロセスの大事さに気づくことができたことは、転機の一つとなりました。

今の仕事がしたいと思うようになったのは三八歳の時で、京都に戻って実家の花豊造園に入りました。子どもの頃から仕事を手伝ったりしていたこともあり、家業に対する想いはありました。花豊造園では一三年になりますが、主に庭園等に関わる仕事をしています。個人邸の作庭、清風荘などの文化財庭園の修復や手入れ、民間企業などの造園の仕事に携わってきました。庭園でも国営公園と同じで、仲間がいて初めて成しえることがあります。施主を含めて皆で考えて作り上げることが大事です。施主からヒントをいただくことも多々あります。施主に喜んでもらえた時の笑顔が、仕事の一番のやりがいになっています。

清風荘における庭園管理

今西　清風荘庭園にはいつから関わっておられるのですか。

山田　花豊造園に入った次の年の整備から関わっていますので、一二年になります。清風荘の修理工事は平成一九（二〇〇七）年度から始まり、平成二五年度に完了していますが、私は平成二一年度に実施された園池の修理から責任者として関わることになりました。会社としては奈良の旧大乗院庭園や京都の平等院庭園、西本願寺滴翠園などで保存・修復整備の実績がありましたが、私個人としては文化財庭園の仕事に責任者として初めて携わることになりました。清風荘庭園では、施主である京都大学様や文化財保護課の関係者らと連携をとりながら、多くの仲間と一緒に庭園管理に携わっています。

今西　清風荘庭園ではどのような管理作業をしておられますか。

山田　アカマツは春と冬に芽摘みなどの手入れをし、病虫害防除を随時行っています。

その他の高木の剪定は、毎年できると一番よいのですが、全体を一度にはできない予算状況ですので、三年に一回か四年に一回剪定するというように、ローテーションの形で行っています。ローテーションさせる場合は剪定したところと、していないところの見た目の違和感がついてしまいますので、周囲とうまくなじむように剪定を行っています。また、他のところもついでに剪定するなど、臨機応変に対応することで、美しい庭園の風景が保たれるように工夫しています。

芝生については芝刈りを行っていますが、年に何回もできませんので、管理人の奥田様が作業を補ってくださっています。中低木やクロチクについては年に一回、外周の生垣についても年に一回、剪定を行っています。

その他、苔については、作業員一名が年間二五日程度入り、灌水などの手入れを行っています。清掃は、作業員一名が一～八月は週二日、九～一二月は週三日入って作業を行っています。また、管理人の奥田様も日常業務として除草や清掃をしてくださっています。清風荘庭園を日常的に美しく維持するための芝刈りや除草・清掃など、奥田様の貢献は大きいと思います。

台風の後に倒木を処理したり、損傷した枝を処置したりする応急・緊急作業も随時行っています。

風でそよぐクロチクの庭

今西　玄関前のクロチクはどのように管理しておられますか。

山田　クロチクは「風でそよぐイメージ」に仕立てています。クロチクを普通に育てると大きくなってしまいますので、太くて背の高いものは根元から間引き、細くて柔らかく背の低いものを残すようにし、手前は低く奥は少し高くなるようにしています。自然な姿になるように、中芽（ちゅうめ）を打たないように（竹の節と節の間で剪定しないように）気をつけています。肥料はほとんど与えていませんが、色が悪い時には緩効性の有機質系肥料を適宜与えています。

玄関前のクロチクの庭（インタビュー当日撮影 ©JI）

今西　間引くことによって、西園寺公望も好んだ背丈の低い、自然のままの姿のクロチクの庭をつくっておられるのですね。

庭全体に自然な一体感を与える透かしの技術

今西　アカマツは日本庭園で特に重要な樹種ですが、どのような管理をしておられますか。

山田　アカマツは毎年必ず手入れするようにさせていただいています。何年かに一度は枝の差し替え(1)が適宜必要になりますが、柔らかく自然に見えるように仕立てています。主屋から望む築山が隠れすぎないように、注意して透かすようにしています。冬は葉むしりをして透かしますが、年々枝が下がってくるので、主屋の脇のアカマツは客間から庭園がよく見えるように、下枝を適宜調整して透かします。

今西　アカマツの下のモチツツジはどのように剪定しておられますか？

山田　築山のモチツツジは割り透かし(2)にして、自然らしさを出しています。

今西　大文字山の見える方向の高木はどのような管理をしておられますか？

山田　今西先生らによる景観シミュレーションの結果も参考にしながら、大文字山の大の字は見せながらも、清風荘の外の建築物は見えないように高さを気にして剪定しています。

今西　建物の二階に上がらないと見えなくなっていた大文字山への眺望が、保存修理事業によって庭園からもよく見えるようになりましたね。

山田　保存修理事業前はアカマツの剪定と芝刈り、建物に被さったり、敷地から大きく越境する支障木の剪定くらいしかできなかったとうかがっていますが、保存修理事業による修復剪定により、鬱蒼としていた庭園内が明るくなり、見違えるほど美しい庭園に修復されました。樹林の中も明るくなり、苔が生育できる環境に変わってきたので、今では築山の苔の生育も以前と比べて良好です。現在の庭園管理の基本形は、保存修理事業の現地指導を受ける中でできあがったものです。

今西　清風荘庭園を管理する中で、公望や春翠（住友友純）のことを意識されることはありますか。

山田　もちろんあります。例えば、公望が好んで使っていたという居間から、どういう風に見ていたのかを想像しながら庭の手入れをしています。また、春翠は清風荘を築庭するにあたり、

アカマツの透かし剪定の作業風景 ©TT

今後の手入れについて語る山田耕三氏（左）©TT

植治を連れて兼六園などを見に行ったそうですから、この庭園には春翠の強い思いが入っていると思います。

今西　清風荘庭園では今後どのような手入れをしたいとお考えですか。

山田　今後は、樹木をうまく透かして手入れすることで、主屋から見える築山の形を自然に見せるようにし、いくつもの築山が連なる景色を維持したいと思っています。一本一本の樹木を見せるというよりも、木々の連なりを大切にし、全体の自然な一体感を出したいと思っています。清風荘の来訪者に感動していただけるような庭園になるように手入れしていきたいです。

日本庭園の文化継承

今西　最後に、日本庭園を取り巻く社会環境が変化してきている中で、日本庭園の継承に関して現場で感じておられることがあれば、聞かせていただけませんか。

山田　日本庭園の見せ方の技法については、庭園をつくって初めてわかることがあります。理屈もあるのですが、感性による部分が大きいので、二〇歳代、三〇歳代の若い人たちに作庭に携わってもらい、感性を磨いてもらいたいと思っています。しかし、日本庭園をつくる機会は減ってきているように思います。昔は迎賓施設としての庭園の必要性が高かったようですが、今はそれが減っていますので、庭園をつくる機会が減っているのは当然です。日本庭園をつくる機会が増えるには、経済情勢による部分は大きいと思いますが、庭園で社交することの価値が見直されることが必要であると思います。

今西　迎賓施設として利用されている清風荘が、社交の場としての日本庭園の価値を見直す一つのきっかけになると良いですね。本日は、貴重なお時間をいただき、誠にありがとうございました。

今回のインタビューを通じて、庭園管理に携わっておられる方の思いを知るとともに、清風荘庭園が文化財庭園を後世に残すために必要な技術の伝承、研磨の場となっていることや、実際に清風荘庭園を社交の場として利用することが日本庭園の文化の継承にも広く貢献するということを、改めて認識することができた。

（1）　樹姿を整えることなどを目的に、古い枝を切り、代わりとなる枝の成長を促すことによって、古い枝のあった場所の枝の更新を図ること。

（2）　低木の枝ぶりがよく見えるように剪定すること。

column 2

茶道を通したリベラルアーツ──医学部茶道部と清風荘の歩み

京都大学医学部茶道部

1980年代の茶室周辺

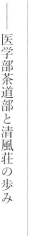

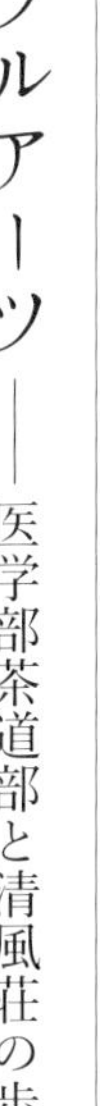

私たち京都大学医学部茶道部は毎年春と秋に大きな茶会を行っており、ありがたいことに清風荘にて開催させていただいております。医学部茶道部の四十年間の歩みを通して、茶道部と清風荘との関わりをご紹介いたします。

今では、清風荘は私たち部員にとって非常に馴染み深い場所となっています。しかし、学生が清風荘を使用することはほとんどなく、外からは塀で見えにくいため、飲食店が立ち並ぶ百万遍と出町柳の間にこの爽やかな空間があるとは誰も思いもしないでしょう。

私たちが清風荘をお借りできるようになったきっかけは、医学部茶道部の創部当初にまで遡ります。現在の清風荘では綺麗な庭園や風情のある建物を楽しむことができますが、創部から間もない一九八二年ごろは大変荒れていたと聞いています。雑草が胸の高さまでジャングルのように茂り、露地からは木が飛び出していたそうです。誰にも使われることはなく、「宝の持ち腐れ」とでもいうべき状況になっていました。そんな清風荘に創部当時の茶道部員が目をつけ、自分たちで掃除して茶会をしようと考えたのです。その頃の京大生は今よりもずっと自由奔放

池の前の小泉宗敏先生。背景の木々は現在より生い茂っているようです

過去の野点の様子

5周年のお茶会の様子

で、茶道部の先輩方も例に漏れず怖いものなしの行動力があったのでしょう。

先輩方は草を鎌で刈り、木を伐って道を開くことから始め、ゴミ袋数十袋にのぼる落ち葉拾い、どれだけ拭いても終わらない拭き掃除などの末に、放置されていた茶室を蘇らせました。茶室を使うのはなんと三十八年ぶりだったそうで、この頃の先輩方には頭が上がりません。今でも清風荘をお借りする際には必ず掃除の日を設け、部員総出で全ての部屋を掃除しています。「お借りする前よりきれいに」という茶道部の精神は代々受け継がれています。

創部当時に清風荘をお借りするにあたっては、掃除に加えてもう一つ問題がありました。それは、清風荘が学生にとって気軽に借りられる施設ではないということです。清風荘は現在でも海外の方の接待等に使われることが多く、京都大学の先生であっても私用では使うことができません。茶道部の活動を理解してくださった先生方が清風荘を使用する手立てを考えてくださったのですが、ただの「茶会」では使えませんでした。しかし、茶会だけでなく「学生の研究発表」という目的を盛り込むことでお借りできるようになったそうです。茶会と研究発表は一見すると結びつかなさそうですが、これが医学部茶道部の茶会のスタイルを決定づけることとなりました。

もともと、京都大学医学部茶道部は茶道を学ぶことだけにとらわれず、おもてなしを含む様々な経験を通して最終的に数寄者となることを目標に創部されました。数寄者とは、西園寺公望公のように茶道の後ろ盾となる力を持った人のことです。創部当時よりお世話になっている裏千家茶道教授の小泉宗敏先生は、「研究発表」と「数寄者の養成」を踏まえて、

茶会ごとにテーマを設けられたのです。現在に至るまで、このテーマを設定するスタイルは継承されており、部員の提案をもとに小泉先生とご相談して決めています。

茶会のテーマは聖徳太子や西園寺公望といった偉人や、創世記、ディズニー映画といった物語が多く、茶道には直接関係がないように思えるものがほとんどです。まず、私たちはそのテーマをとにかく深く幅広く調べます。インターネットでの検索だけでなく、様々な資料を読み、ゆかりの地に足を運んで有識者の方にお話を伺います。こうしてテーマのことを研究し自分たちなりに理解した上で、茶会の趣向や道具などを考えます。時には、一つのテーマで茶会を完成させるまでに二年間かけることもあります。そして茶会本番で、それまで準備してきたことを全て出し切ってお客様をもてなし、テーマについて学生なりに研究し理解したことをお話しします。

テーマを設けて研究する医学部茶道部独自の茶会は、創部当初から賛否両論あったといいます。お褒めの言葉をいただく一方で、茶道の定型から離れることがあるために違和感を持たれることもあります。確かに、単なる研究発表では自己満足になりかねません。しかし、茶道部ではあくまでもお客様に楽しんでいただくことを第一に考え、お客様と部員が一体となれるように努めています。また、部員にとっては「研究発表」という形で茶会にテーマを設けるからこそ学べることも多く、茶会やその準備を通して視野が広くなったという部員も多数います。

お客様に楽しんでいただく上で、歴史ある建物、美しい庭園をはじめ魅力あふれる清風荘は欠かせない舞台です。茶室、庭園、門、そして露地に至るまで、清風荘の全てを最大限生かすべく、茶会の前には清風荘を下見させていただいています。お部屋の雰囲気、見える景色、お客様の動線を実際に見ながら、どのようにお客様をおもてなしするか検討しています。そのため、茶会直前になって、道具の配置だけでなく道具そのものや茶席の場所を大がかりに変更することもしばし

袴付の円窓。桜をあしらいました

ばあります。

もちろん、部員だけで茶会を開催できているわけではありません。医学部茶道部はご縁のある全ての方々に支えられてきました。清風荘の現管理人である奥田昭彦様は、下見、掃除の日も含めた茶会の間を通して私たち部員にお力添えをくださり、大変ありがたく思っています。

奥田様をはじめとする周囲の方々のおかげで、これまで非常に多くのお客様にご来席いただきました。京都大学の総長は今も昔も茶会にお越しくださり、京都大学の学生として誇らしく思っています。特に、山極壽一先生は総長に就任されて以来、お忙しい中でも医学部茶道部の茶会に毎回来てくださいました。ゴリラの研究をされていることもあり、茶会のテーマに関連してゴリラにまつわる面白いお話をしてくださいました。それだけでなく、茶会で用いる茶杓の銘を付けてくださるなど、多大なご支援を賜りました。

茶の心を世界に伝えた岡倉天心がテーマ。外国の方でも親しみやすい立礼にて

現在の京都大学医学部茶道部があるのは、創部より続く清風荘との関わりのおかげと言っても過言ではありません。私たちにとって、清風荘は茶道を通しておもてなしをするだけに留まらず、「テーマを持った茶会」という研究発表の場でもあるのです。創部より培われてきた茶道部の精神が、清風荘とともに未来へと受け継がれることを願っています。

アラジンをテーマにした盆略席。点前座を絨毯に見立てて

京都大学医学部茶道部

三十八周年春茶会「えん」のご紹介

京都大学医学部茶道部では二〇二〇年の春も清風荘にて春茶会を開催するはずでしたが、新型コロナウイルス感染拡大により茶会が中止となってしまいました。この場をお借りして春茶会について紹介させていただきます。紙面上で茶会の全てをお伝えすることは難しいですが、趣向だけでもお楽しみいただければ幸いです。

京都大学医学部茶道部の春茶会では、一献席、濃茶席、薄茶席の三席でお客様をおもてなしします。茶会全体を通して一つのテーマを定め、その全体テーマに沿って茶席ごとのテーマを設けます。今回の春茶会では、全体テーマを「えん」といたしました。私たちは、密教において真理を表すとされる「曼荼羅」を二年間かけて調べ、私たちなりに考えてきました。「曼荼羅」は完全には理解できませんでしたが、宇宙や循環などを象徴する「円」、そしてつながりを意味する「縁」をかけてこのテーマを定めました。

一献席はお客様が最初に入られる席で、後の濃茶席や薄茶席のテーマに触れながら部員手作りの料理とお酒をお出しします。今回は蟹真薯の煮物椀をお作りしました。蟹

開門前の１コマ。準備万端です

裏方のお仕事シミュレーション

水屋での１コマ。チームワークでお茶会をサポートします

は海のあちこちを漂いながら、脱皮を繰り返して少しずつ成長します。その様を、悟りを追い求める密教の精神になぞらえました。また、真薯の上には三つ葉と山椒を添え、月桂樹の冠を模しました。こちらは薄茶席のテーマ「オリンピック・パラリンピック」にちなんだものです。

お酒は福井県・鯖江にある加藤吉平商店の「梵 艶」です。「梵」はサンスクリット語で「汚れなき清浄」「真理をつく」と訳され、曼荼羅と縁の深い言葉です。また、「艶」は「えん」とも読めることからこちらの銘柄を選びました。

軸は「今日もいいことありそうだ」、床飾りはストームグラスです。ストームグラスとは、気圧や温度に応じて中の様子が変わり天気を予想できるもので、楠の成分が用いられています。楠は濃茶席のテーマ「弘法大師空海」のゆかりのお寺でよく見られ、また京都大学のシンボルマークでもあります。

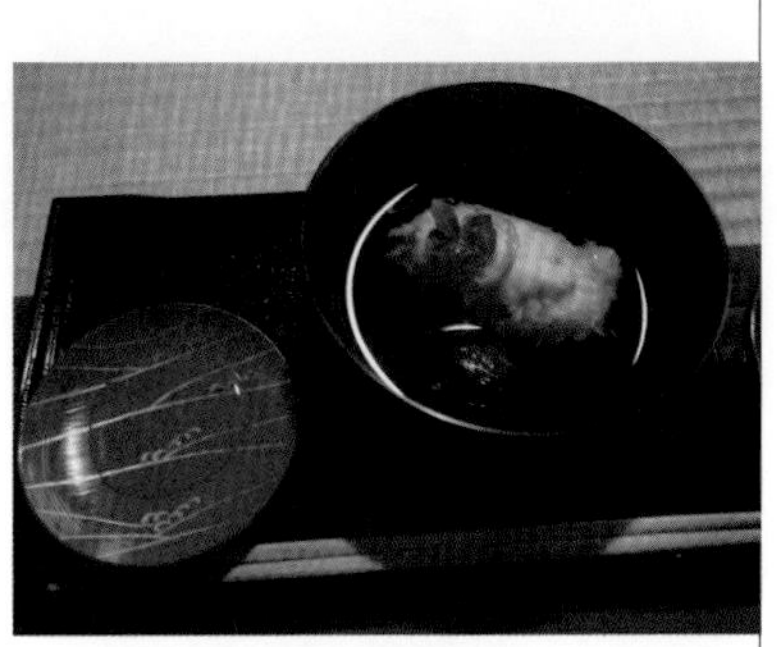

一献席の料理。真薯の煮物椀のレシピは部で受け継がれており、手作りにこだわっています

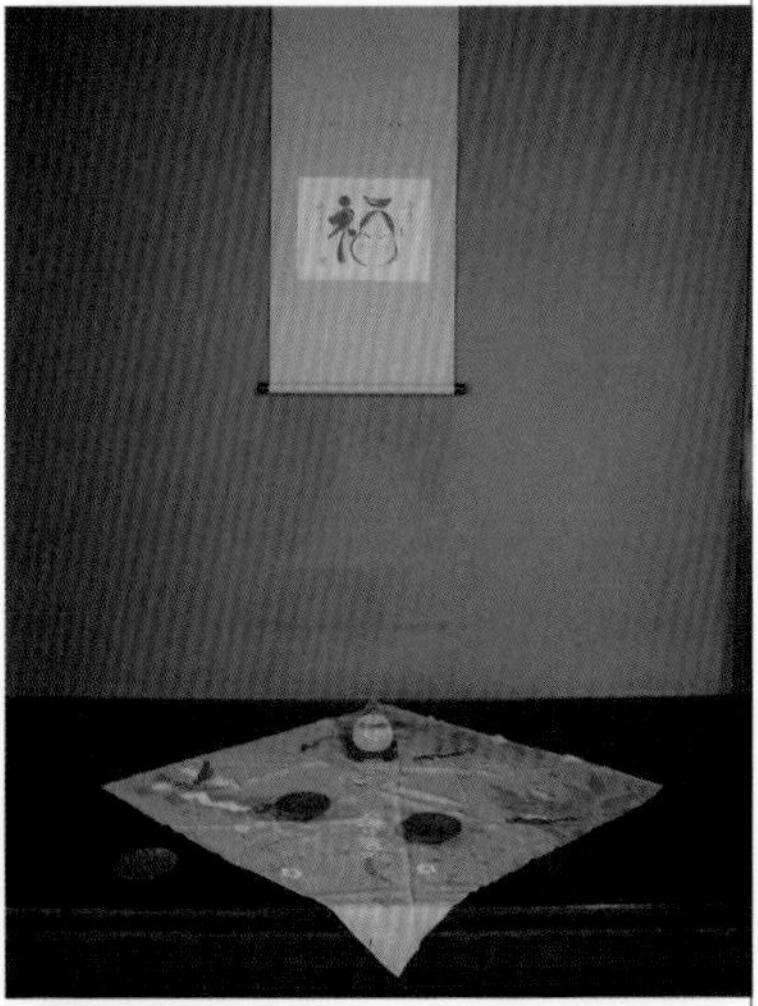

一献席の床。日本画家の上村淳之先生から頂いた風呂敷に、ストームグラスと杯を取り合わせました

本席の濃茶席では、畏れ多くも「弘法大師空海」を取り上げました。その偉大な人生やお教えから私たちなりに感じ取ったことを茶席の中に込めました。準備を通して弘法大師ゆかりの地を訪ね、多くの方々のお知恵、お力添えを賜りました。

お菓子の銘は「暁」、製は紫野源水です。若き日の空海が室戸岬の洞窟で修行をしていたところ、口に明けの明星が飛び込んできたという神秘的な体験にちなみました。この時、洞窟から空と海しか見えなかったことから「空海」と名乗ったと言われています。茶は優霧、詰めは茶来(さらい)です。これは以前の春茶会の準備を進める中で偶然出会った茶で、古来より自生している木の茶葉のみからつくられています。茶席の重要な要素の一つとして茶も本物をお出ししたいという考えから、医学部茶道部主催の茶会や呈茶にて使っています。

軸は「和敬清○」、空海誕生の地である香川県・善通寺の菅智潤管長猊下御染筆です。茶の湯の精神である「和敬清寂」には、調和する・互いに敬う・心身とも清らかにするなど、空海のお教えに通じるところがあるように感じました。しかし、「寂」は未熟な私たちでは理解が及ばず、これから先見つけていきたいという希望を込めて○（えん）に代えました。香合「阿吽」とそれに取り合わせた裂地は、どちらも東寺より

濃茶席の床。軸「和敬清○」をご用意いただいた善通寺、香合「阿吽」や裂地をご厚意でくださった東寺は、どちらも弘法大師ゆかりの寺院です

拝領したものです。この裂地は袈裟と前掛けの生地で袋状に作られています。花は空海が唐より持ち帰った密教にちなみ袖隠し、花入は一声です。

炉縁は高野の杉、結界は神護寺の木を用いて製作しました。釜は雲龍釜を天井から吊り、空海が修行を重ねて高野山に至り、そして昇り龍のように昇華する様を思いました。

空海は、修行を通して宇宙の真理へとたどり着きました。現代においては、物理学者によって「万物の理論」というものが研究されています。これは、宇宙のあり方から素粒子ど

濃茶席の点前座。袱紗、炉縁、結界は今回の茶会のために特別に作っていただきました。茶杓と茶入れも初使いのものです

薄茶席の点前座。立礼棚中央にあるのは桜の茶碗です。右のオリーブを模した蓋置や、左のワインクーラー（水差し）など、洋風の道具も取り入れました

うしのつながりまで、全てを説明できるという法則です。主茶碗は蘇山窯の青磁で、渦巻き模様が少しずつ異なるお茶碗を六つ作ってくださり、その中から一つを選ばせていただきました。茶碗の渦巻き模様で、全ての現象が繋がり一つにまとまる様を思いました。

茶入は、空海の唐への旅路にちなみ唐津のものにしました。中里重利の作で、唐物の影響を受けたと考えられる大振りの肩衝です。帰国後の空海の活躍には、三筆の一人としても有名である嵯峨天皇の支えも大きかったのではないでしょうか。袱紗は嵯峨天皇ゆかりの黄櫨染をもとにした染め物で、光に透かすと赤く変化することから「太陽を宿す」とも言われます。香は茶会の趣向に合わせて松栄堂に作っていただき、優れた人物を意味する「芝蘭（しらん）」という香名を付けました。

茶杓は「縁を授ける」とかけられる槐（えんじゅ）です。京都大学・山極壽一総長（春茶会当時）が本茶会の意図を汲み取ってくださり、「花嵐」という銘を付けてくださいました。現在、新型コロナウイルスが嵐のように世界中で猛威を振るっていますが、嵐のときこそ人々は協力し合い新たなご縁が生まれるのではないでしょうか。このことと、散り際の美しい桜を重ね合わせております。

続く薄茶席では「オリンピック・パラリンピック」をテーマとしました。清風荘の広い部屋（離れ）をスタジアムに見立て、海外のお客様のために創案された立礼式としました。

オリンピックは神に捧げる祭典として古代ギリシャで始まりました。古代オリンピックの第一回大会で選手にチーズケーキが振る舞われたといわれることから、お菓子はチーズにイチジクを添えました。花は聖火に見立てた赤い椿です。聖火は古代から現代まで灯されてきたことから、ギリシャで好まれた大理石の敷板と3Dプリンターで作った花入れを取り合わせました。他にもギリシャ製の香合やオリーブの蓋置を用いました。

軸は「平常心是道」、鵬雲斎大宗匠御染筆です。更なる高

みを目指して心身ともに鍛えるアスリートの姿を思いました。主茶碗は桜にいたしました。世界中から集結した選手を、咲き誇る花々に重ね合わせております。仕舞茶碗は竹で、竹は節を持つことで急成長できることから、オリンピックを節目に世界が大きく発展するようにと祈りを込めています。江戸切子の薄器や一位一刀彫の茶杓、桜の皮細工の建水など日本の伝統工芸品も多く取り入れ、和洋折衷の華やかな茶席を作り上げました。

薄茶席の床。椿を聖火に、3Dプリンターで作成した花入れを聖火台に見立てました

末筆ながら、寄稿する機会を与えてくださった山極壽一前総長と松田文彦先生（京都大学大学院医学研究科教授）に部員一同感謝申し上げます。

お客様を笑顔でお待ちしております

第3章 西園寺公望の別荘から京都大学の清風荘へ

――伝統と学知の継承

奈良岡聰智

ここまでの各章では、清風荘の建築・庭園がどのように変容してきたのかを見てきた。本章ではそれを踏まえ、清風荘利用の実態について明らかにしたい。清風荘は、江戸時代後期に徳大寺家の別荘として開設されて以来、一貫して学問や文化を愛好する人びとが集い、親交する場となってきた。その伝統は、元老として国政を指導した西園寺公望による利用を経て、京都大学にも脈々と受け継がれ、今日に至っている。本章では、かつて清風荘が誰に所有され、どのように利用されてきたのか、そこに誰が集い、どのような営みがなされてきたのかを、伝統と学知の継承という観点から考察していきたい。

清風荘の歴史を辿る上で最も基礎となる重要な文献は、『住友春翠』（「住友春翠」編纂委員会、一九五五年）である。同書は、荒廃していた実家徳大寺家の別荘清風館を復興し、今日の清風荘の基礎を築いた住友友純（春翠、一五代吉左衛門、一八六五～一九二六）の伝記である。住友家旧蔵の史料や徳大寺家歴代当主の日記の他、各種史料調査に基づいて書かれており、清風荘に関する基本的事実が記されている。建築・庭園に関しては、現状を含めて、京都大学によって行われた調査の報告書『史料からみた清風荘の建築――建造物調査報告書』（京都大学名勝清風荘庭園整備活用委員会、二〇一一年）、『名勝清風荘庭園保存修理事業報告書』（京都大学、二〇一四年）が詳細に明らかにしている。[1] もっとも、清風館を所有した最後の徳大寺家当主・実則の日記や新聞資料など十分に活用されていないものもあり、明治中後期の清風館の様子については不明な点が少なくない。本章では、「徳大寺実則日記」（宮内庁書陵部図書寮および国文学研究資料館所蔵）を丹念に読み解き、従来明らかでなかったこの時期の清風館利用の実態に迫りたい。

清風館は住友友純の手によって復興された後、一九一三年から西園寺公望の邸宅として利用された。清風荘と称されたこの邸宅を西園寺が利用したのは、政友会総裁を辞任し、政界の第一線を退いて以降であったが、彼は「最後の元老」として引きつづき重要な政治的役割を果したため、同邸には多くの政客が訪れ、重要な会談が行われた。また、西園寺は文人としても名高く、清風荘は彼が文人や学者との親交を深める場ともなった。大正・昭和戦前期、清風荘は西園寺の別荘として大変有名で、彼が入洛した際には清風荘の写真がしばしば新聞に登場したし、高橋義雄（箒庵）、小泉策太郎（三申）、原田熊雄、安藤徳器らがこの建物について興味深い事実を書き残している。しかし、これらの記録に基づいて建物の歴史を概観した著作はあるものの[2]、清風荘が実際にどのように利用されたのか、西園寺がここで誰とどのように親交を重ねたのかを詳細に検討した研究は存在しない。本章では、各種史料を用いて、こうした問題を検討していく。本章の分析を通して、清風荘の利用のされ方が時期によって異なっていたこと、その利用のあり方に西園寺の政治構想や人脈、趣味がよく反映していたこと、清風荘が時に日本政治を大きく動かす政治決定の場になっていたことなどが明らかになるであろう。

西園寺が死去した後、清風荘は住友家によって京都帝国大学に寄贈され、今日京都大学の施設として利用されている。京都大学は清風荘の保存と有効利用に努め、上述したとおり、近年は建築や庭園の調査にも力を入れている。しかし、京都大学に寄贈されて以降の清風荘の歴史については、『京都大学百年史』などで簡潔に紹介されているのを除けば[3]、これまでほとんど知られてこなかった。本章では、京都大学所蔵の各種資料を用いて、戦後の清風荘の歴史についても紹介する。★

★なお本章で史料引用を行う場合、旧字を新字に、算用数字を漢数字に直し、句読点を付し、明らかな誤記を訂正するなど、適宜表記を修正している。日付は西暦表記を原則としたが、旧暦時代の史料引用などの際には旧暦表記にした部分もある。また、引用文中の〔　〕は著者による追記を、〈　〉は原文書に印字されている文字であることを、［　］は割注の形で挿入されていることを、□は不読文字であることを示す。

徳大寺実堅・公純の別荘時代（幕末・明治初期）

徳大寺実堅と清風館開設

一八二九（文政一二）年に山城国愛宕郡田中村、すなわち現在の清風荘の地に初めて邸宅を構えたのは、西園寺公望の祖父にあたる徳大寺実堅（一七九〇～一八五八）であった。徳大寺家の本邸は御所の北（現在の烏丸今出川の北東附近）にあったが［図1］、鴨川の東側に位置する風光明媚の地に別荘を構えることで、自然に親しみ、茶事や和歌を楽しむ場として活用しようとしたのだと思われる。この邸宅は、清風館と命名された。幕末に京都で発行された地図には、この辺りを描いたものが少なくないが、管見の限り清風館が記載されたものは見当たらない。一八六二（文久二）年に発行された地図［図2］を見ると、百万遍知恩寺から西側には道路が伸び、その先に鴨川にかかる橋（出町橋、現在の出町橋と河合橋）があったことが分かる。この道路は現在の百万遍交差点から出町柳駅（京阪電鉄・叡山電鉄）につながる道にほぼ相当し、清風館はこの道の南沿いにあった。同地図からは、この頃まで清風館の周囲には、いくつかの寺を除けばほとんど大きな建物がなかったことも分かる。

実堅は生涯を通じて、学問や文化と深く関わった人物であった。彼は仁孝天皇の信任が厚く、天皇が学習院学問所設置の意向を示すと、武家伝

図1　「内裏図」部分（一部加筆）、1863年、国際日本文化研究センター所蔵

奏として江戸幕府と交渉し、一八四七（弘化四）年にその設置を実現した。(4) 公的な教育機関を設けることは公家社会長年の悲願であり、以後学習院学問所は、公家たちが儀礼や家芸に限られていた文化的風土を克服し、幕末以降に政治を担うために必要な見識を身に付ける上で、大きな役割を果たすことになる。(5) この翌年、実堅は家督を嗣子公純（一八二一～八三）に譲り、以後清風館で晩年を過ごした。茶事に熱心だった彼は、裏千家の四天王と称された深津宗味（生没年不詳）に師事した。安政二（一八五五）年三月九日の実堅の日記には、彼が宗味と千家一一世宗室の嗣子玄室を清風館に招いて、庭をめぐり、池に船を浮かべ、茶を習ったことが記されている。(6) 庭園内に作られた茶室は保真斎と名付けられ、現在に至るまで、この邸宅を訪れる人びととの親交の場として機能している。

図２「繁栄京都御絵図　文久改刻」部分（一部加筆）、1863年、国際日本文化研究センター所蔵。清風館は★印の位置にあった

徳大寺公純と明治維新期の清風館

実堅の嗣子公純も、学問や文化を愛好した人物であった。彼は青年期から若手公家の勉強会に熱心に参加し、学習院学問所で行われた講義にも積極的に通った。(7) また、父と同じく和歌をよくし、徳大寺家に出仕していた香川景樹（一七六八～一八四三）に師事した。(8) 公純はしばしば和歌の添削を香川に依頼しており、彼が亡くなった際には、日記に「近来歌学逸物天地間第一等人」という評価を記し、「嗚呼哀也哉」と嘆いた。(9)

公純の壮年時代は幕末の動乱期にあたり、徳大寺家も大きな変動に見舞われた。公純は一八五七（安政四）年に議奏（天皇への上奏を取り次ぐ職）となったが、幕府から反幕運動を画策していると見られ、一八六〇（万延元）年に辞任に追い込まれた。その後公武合体派の中心人物の一人として国事御用掛、内大臣を歴任したが、長州藩を中心とする尊攘派から圧迫を受け、一八六三（文久三）年七月には徳大寺家の家臣が襲撃されて重傷を負い、その妻が斬殺されるという事件が起きた。翌月には朝廷内での穏健派と尊攘派の対立が頂点に達し、後者の中心三条実美らが京都を逐われることになったが（いわゆる七卿落ち）、この時尊攘派に近い立場に傾いていた公純の長男実則（一八四〇〜一九一九）は、議奏を罷免されている。政争の渦中に巻き込まれた徳大寺家は、この頃一同で田中村の別荘に引き移った。翌年七月には、長州藩が京都に攻め上って禁門の変が勃発したが、徳大寺家はこの時も再び清風館に難を避けた。

禁門の変に際しては大きな火災が発生し、京都市中のほとんどが焼失したが、徳大寺邸は幸い戦禍を免れた。火災は鴨東（鴨川の東側にある吉田、白川、岡崎周辺を指す）には及ばなかったため、清風館も無事であったが、以前は静穏であったこの地にもこの頃大きな変化が生じていた。というのも、一八五三（嘉永六）年のペリー来航以来、京都は各藩の政治活動の拠点となっていたが、鴨東は各藩が新たに京屋敷を設置する場所として注目されていたからである。一八六二（文久二）年、京都守護職に任命された松平容保が、黒谷の金戒光明寺に会津藩の本陣を置き、一八六四（文久四、元治元）年には聖護院村（のち京都織物会社、現京都大学薬学部構内）に副邸も定め、練兵場として使用した。元治元年には、尾張藩が吉田（現京都大学本部構内）に[10]、慶応二（一八六六）年には土佐藩が白川（現京都大学北部構内）に屋敷を構えている[11]。前述したとおり、清風館は百万遍から鴨川に通じる道沿いにあったので、各藩から上洛した藩士たちが付近を闊歩することも少なくなかったものと思われる。土佐藩屋敷は陸援隊の本拠地としても使われたので、同隊隊長・中岡慎太郎はもちろんのこと、ひょっとすると同藩の坂本龍馬や岩崎弥太郎が周辺を訪れることもあったかもしれない。

禁門の変で敗れた長州藩は、その後幕府による第一次長州征伐や下関戦争でも敗れ、政治的劣勢に陥ったが、その後薩摩藩と結ぶなどして盛り返し、倒幕に動き出した。そして、その後の政治的変転により、一八六八年一月（慶応三年一二月）に王政復古が実現するに至った。公純は天皇親政を願っていたものの、薩長などの下級武士が実権を握ることに憤り、王政復古を前にして右大臣の職を去り、政治の世界から完全に離れた。彼は以後文明開化を拒絶し、時勢を嘆きながら晩年を過ごすことになる。一方、二八歳になっていた長男実則は、王政復古と同時に三職の一つ参与に任命され、間もなく上位の議定に転じた。一八六九（明治二）年の東京行幸にあたっては天皇に随行し、以後東京に転居して政府内で活躍した。次男の西園寺公望（一八四九〜一九四〇）も王政復古に際して参与に任命され、戊辰戦争では山陰道鎮撫総督、東山道第二軍総督などとして各地を転戦した。[12] 一八六八（明治元）年には新潟県知事に就任したが、その後フランスに留学した（後述）。

隠退後の公純は、一八八三（明治一六）年に死去するまで清風館に住み続けた。公家は原則として東京に居住することとされたが、彼は東京への移住を拒絶し、文明開化を推進する政府を厳しく批判した。そのため、一八七一（明治四）年一月から清風館内に幽閉され、夜は板囲を打った保真斎内で臥すことを余儀なくされた。公純は翌年に隠居を受け入れ、家督を実則に譲ることで、ようやく幽閉を解かれたが、その後も極度に洋風化の風潮を嫌った。同年に帰洛した実則と対面した際には、彼が断髪したことに憤り、「死罪」に相当することであると日記に記したほどであった[13]。清風館は、改暦後も太陰暦が使われ、諸行事も旧例の通りに行われるなど、周囲と隔絶された空間であり続けた。東京奠都後の京都は人口が激減し、寂しくなっていたが、鴨東でも幕末に建てられた尾張、土佐などの藩邸が破却され、畠や牧畜場になっており、清風館周辺も以前の静けさを取り戻していた。

公純は幽閉解除後、時勢を嘆きつつ、学問や文化に親しんだ生活を送った。清風館には、側室千世浦（次男西園寺公望、六男住友友純らの母親）やまだ幼い子供たちが公純と同居し続けた。公純はこのうち、六男隆麿（のちの住友友純）を特に愛し、自ら漢文の訓読を授け、『日本書紀』や『大日本史』を講読するなど、その教育に力を入れた。彼自身も、和漢書や歌集を数多く購入して読書に勤しみ、書家、篆刻家としても著名であった儒家小林卓斎（一八三一〜一九一六、千世浦の姉貞子の夫）と交遊した。茶道は深津宗味から指導を受けた。保真斎での茶事は月十数回に及ぶ時期もあり、一八七八（明治一一）年以降は、裏千家一二世の千玄室（一八五二〜一九一七）がしばしば保真斎に来訪した[14]。晩年は能楽にも関心を寄せ、能楽師の山崎一道、片山晋三や狂言師の茂山千五郎を清風館に招いた。隆麿の誕生日など祝事がある時には、邸内で歌舞音曲が催され、祇園から芸妓が呼ばれることもあった。

公純は生涯和歌に親しみ、隆麿や娘たちにも自ら指導した。次の歌は明治五年一二月八日に清風館内で詠まれたものであるが、この頃の庭園や周囲の情景が目に浮かぶようである。

白雪はふりにけれども松竹の千世のみどりはあらはれにけり
野辺みれば晩稲も早稲も刈り上げてただしろ妙の雪降りにけり

徳大寺実則の別荘時代（明治中後期）

徳大寺実則による清風館利用の実態

一八八三（明治一六）年に公純が死去すると、徳大寺家一同は東京に移住し、既に上京していた実則と合流した。[15] 清風館で働いていた下僕や侍女には暇が出され、以後留守居役二名のみが残され、徳大寺家の別荘として管理されることになった。

実則は、一八七一（明治四）年に侍従長・宮内卿に就任して以来、最側近の一人として明治天皇を支え続けていた。侍従長には、一時的に任を解かれた七年間（一八七七〜八四年）を除いて、明治天皇が亡くなる一九一二（明治四五）年まで在職した。宮内卿の任は一八八四（明治一七）年に解かれたものの、その後一八九一（明治二四）年からは三条実美後任の内大臣を兼職し、こちらも明治天皇が亡くなるまで務め上げた。実則は明治天皇から厚い信任を寄せられ、常時天皇を輔弼する任を負っていたため、京都に頻繁に来ることはできなくなり、清風館にも、法事による帰省や天皇の行幸に随行した際に時折立ち寄るのみとなった。

「徳大寺実則日記」および『東京朝日新聞』などの新聞記事の情報を総合すれば、明治二〇年代（一八八七〜一八九六年）に実則が京都に来訪したのは四回であった。このうち、明治天皇の行幸に随行して京都に滞在した一八九〇（明治二三）年四〜五月（二〇日間）[16]、一八九五（明治二八）年四〜五月（三三日間）[17]の二回は、清風館に宿泊している。他方で、亡父公純の墓参・法事と、泉州で病気療養中の実母竹島（永寿院）[18]見舞いのため京都に三泊した一八八九（明治二二）年一一月、大津事件後にロシアの皇太子ニコライを見舞うため、明治天皇に随行して京都に一泊した一八九一（明治二四）年五月には、それぞれ柊屋旅館、俵屋旅館に宿泊し、清風館を利用していない[19]。このように、多忙な実則はこの頃既に京都にあまり来なくなっており、稀に数週間滞在する時のみ清風館に滞在するようになっていた。

なお一八九〇年の行幸時、明治天皇はこの前年に大阪から京都に移転していた第三高等中学校を視察している。同校は、京都市に編入されたばかりの吉田（現京都大学本部構内）に位置していた。図3は、一八八九年に陸地測量部によって作成された二万分の一地形図の一部である。この地図は、当時の最新技術が駆使されてきわめて精度が高かったが[20]、かつて尾張藩屋敷があった吉田山の西麓には、移転したばかりの第三高等中学校（一八九四年に第三高等学校に改組）の建物も描かれている。同校の北西には、清風館の敷地、建物やその北から南西に向かって流れていた太田川の川筋もはっきりと描かれており、清風館の建物が、幕末と同様、百万遍から出町橋に通じる道路の南沿いにあったこともわかる。第三高等学校や京都帝国大学（一八九七年創立）の建物は当時かなり目立つ存在だったようで、一九〇二（明治三五）年発行の地図には絵入りで紹介されている［図4］。同地図に清風館は描かれていないが、その北西にあった愛宕郡役所の建物（一八八四年建設。一九一八年、京都府植物園前に移転）は確認できる[21]。

徳大寺実則から住友友純への譲渡

明治三〇年代（一八九七〜一九〇六年）に実則が京都に来訪したのは、三回であった。こ

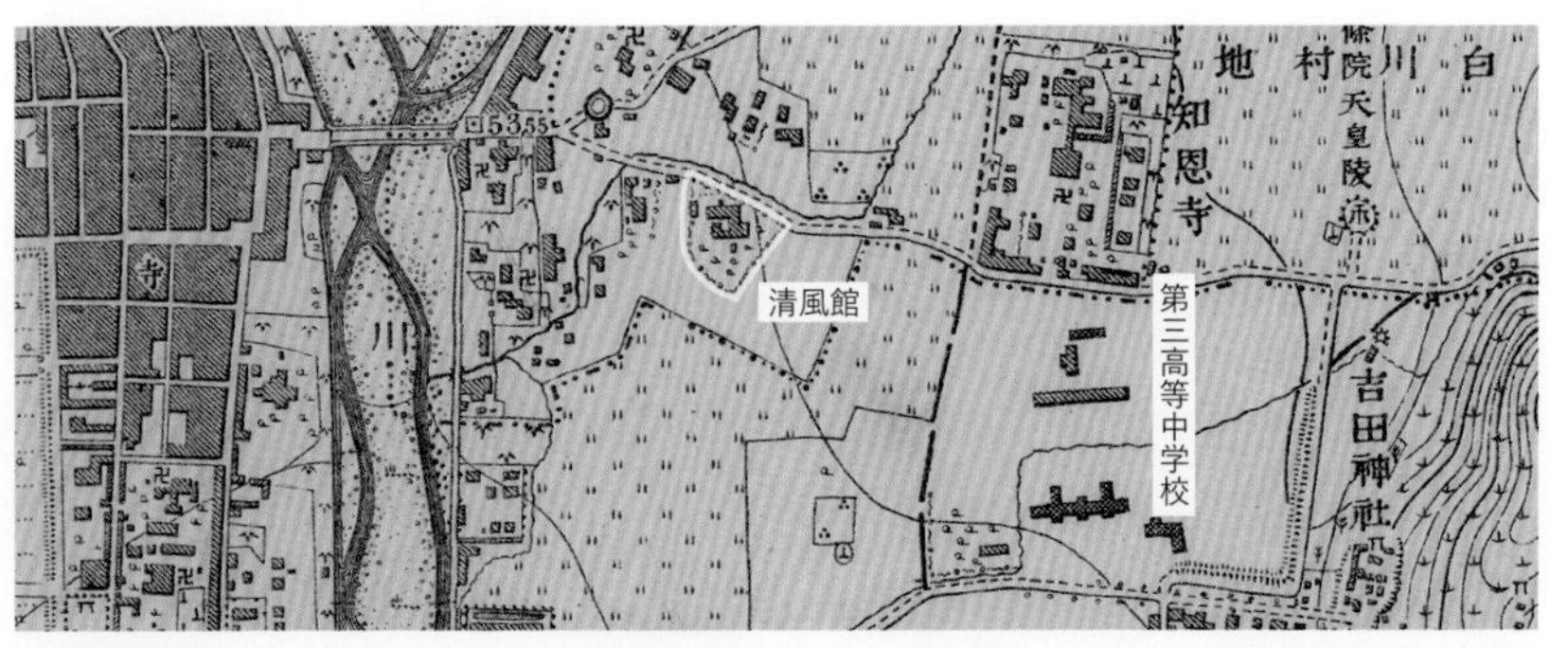

図3　「京都一五号　仮製二万分一」部分（一部加筆）、1889年作成、国際日本文化研究センター所蔵

のうち一八九七（明治三〇）年の滞在は、四月一八日から八月二二日までという長期間にわたった。この年一月に崩御した英照皇太后（孝明天皇の女御、明治天皇の嫡母）の百日祭挙行のため、明治天皇に随行するのが目的であったが、実則は天皇が五月四日に帰京した後も京都にとどまり、様々な業務を行った。もっとも、この時の滞在は休暇の意味もあったようで、実則は父公純や木戸孝允の墓参を行い、修学院離宮を参観するなど、比較的ゆっくりと時間を過ごした。注目されるのは、この滞在中に実則が清風館関係の情報を整理して、日記に記していることである。七月一八日の日記には「清風館蔵書類曝涼」と記され、その後に「和書、歌書、記録類、謄写本、漢籍、資治通鑑、続通鑑綱目自一号至百参拾号」という記述が続いている。実則は、曝涼（虫干し）をしながら清風館の蔵書の整理を行ったのであろう。この後には、「茶器類調度類未整理、机二台、文台［家紋付硯筥］、休息弐基［一上筆、金唐蒔絵］、太刀挂一、紙台、箪笥四個、軸物数種、壱箱、茶釜」とも記されており、書籍に限らず、さまざまな物品の整理も行ったことが分かる[23]。

実則は七月二四日には、田中村の戸長役場に使用人を遣わして、土地台帳に記載された清風館の情報を取り寄せ、それを日記に書き留めている[24]。この記述★（次頁）によれば、当時清風館の敷地面積は二四七九坪二合あった。さらに八月一〇日の日記には、所有している不動産、株券、公債、預金に関する情報を記載している[25]。こうして見ると、実則はこの時期身辺の整理を考えており、清風館についてもどうすべきか検討していたように思われる。実則は東京の神田区に本宅、千駄ヶ谷に別荘を構えて、安定した生活を営んでいた。他方で、既に述べた通り、長年京都に帰ることはほとんどできず、この先も清風館を積極的に利用できるようになる見込みは乏しかった。五七歳という当時としては老境に入っていた

図4　「第五回内国勧業博覧会紀念　京都及附近光景全図」部分（一部加筆）、一九〇二年、国際日本文化研究センター所蔵

ことを考えると、清風館の処分を検討していたとしても何ら不思議ではない状況にあったが、実則は軽々には動かなかった。それは、父祖二代が愛好した由緒ある邸宅を処分するのは忍びなかったからだと推測される。そのことを明確に示す史料は残されていないが、一九〇七（明治四〇）年以降に加筆されたと思われる「徳大寺実則日記」一八九七年三月二八日条には以下のような記述があり、実則の心事が窺われる。[26]

当家所有地現時如左記

〔中略〕

山城国愛宕郡田中村田中別荘
総坪弐千四百七拾九坪二合
四十年八月住友吉左衛門譲与ス。予実弟也。
右天保十年後正桂院殿民有地買取
之に住居、次後禅光院殿［公純公］殿住シ給フ由緒ノ地也。

その後一八九九（明治三二）年一一月五日に公純の一七回忌を開催した際、実則は前後一週間京都に滞在し、清風館に宿泊した。[27] 一九〇三（明治三六）年四〜五月には、天皇の行幸に随行して再び京都に来訪しているが、残念ながらこの時の宿泊場所は不明である。[28] 一九〇九（明治四二）年一〇月五日には、徳大寺家の菩提寺十念寺（寺町鞍馬口下がる）で公純の二七回忌法要が営まれ、実則、公望、友純ら親戚一同が参集した。[29] この後実則は清風館を訪問したが、日記によれば宿泊先は俵屋で、[30] 公望も新聞で沢文旅館に宿泊したと報じられており、[31] いずれも清風館には宿泊しなかったようである。[32] 実則が最後に京都を訪問し

前頁★日記の記述は次の通り。
「京都別荘田中邸戸長役場台帳
字関田第六番四等下
東京神田錦丁壱丁目
徳大寺実則
一、畑反別壱反廿六歩
此地価五拾六円三拾銭八厘
同地租四拾銭八厘
明治廿三年特別地価修正
字関田第七番四等下
一、宅地反別六反弐畝十八歩
此地価参百六拾七円七拾参銭
同地租九円拾九銭
字関田十九番
一、畑反別八畝廿四歩
此地価四拾六円拾九銭弐厘
同地租壱円拾五銭五厘
合計　弐千四百七拾九坪二合」

たのは、一九一二(大正元)年一一月であった。明治天皇崩御後の百日祭に参列するためで、京都に滞在したのはわずか三日間であった。実則は公務終了後黒谷にある公純の墓を詣でているが、清風館に立寄ったかは不明である(宿泊先は俵屋)[33]。このように、一八九九年を最後に実則は清風館に宿泊していなかった可能性が高い。少なくとも清風館が積極的に利用されていなかったのは間違いなく、この間に荒廃が進んでいたのではないかと思われる★。

こうして清風館の将来が問題になる中で、一九〇七(明治四〇)年春までに、徳大寺実則、住友友純の間で、実則が友純に清風館に譲渡するという合意ができたようである。同年四月二一日、実則は大阪から上京していた友純と面会し、清風館の譲渡について具体的確認を行った。この日の実則の日記には、以下のように記されている[34]。

> 廿一日　安息日　住友吉左衛門入来。京都別邸同氏へ譲渡ノ内約ス。価格五万円。余六月二十日過迄土地譲渡村役場エ申出之事猶予依頼承諾ス。

これに続く日記には関連する記述が見当たらず、譲渡手続きがどのように進められたのかははっきりしないが、『住友春翠』には同年八月に徳大寺家の家扶の手によって登記が完了したと記され、前述した実則の日記にも、友純に譲与されたのは八月だと記されているので、清風館が徳大寺家から住友家に譲渡されたのはこの年八月で間違いない。

『住友春翠』は、一九〇七年春に、清風館を「西園寺公望の上洛時の控邸」に充てることで、実則、公望、友純の話がまとまったと記しているが[35]、実際のところ、この時点でそこまで決まっていたかはよく分からない。西園寺は、のちに自伝の中で以下のように語っており、当初は友純自身が活用することを検討していたようでもある[36]。

★清風荘建築以降に書かれた史料の多くが、明治末期には清風館は荒廃していたと記している。

清風荘は、もと徳大寺の家の別荘で、天保年代の建築で清風御殿といった邸趾であったが、一旦住友が買ったが、金持の別墅としては狭いというので、おやじも、じいも彼処で死んだのだから、わたしに持たんかといわれ、持つのもよいが金はいらぬだろう、勿論ですというようなことで、これを貰い受けた。

ともあれ、清風荘の建設工事は一九一一（明治四四）年に始まっているので、遅くともそれまでの間に、住友家から西園寺の別荘として提供することが決まっていたはずである。当時大物の政治家や実業家は複数の別荘を持ち、静養、避寒避暑や各種政治目的のために利用するのが常だったが[37]、西園寺はそれまで湘南（神奈川県大磯町）に一つ別荘を持つのみであった。実則、公望、友純の三兄弟は、清風館を西園寺の別荘にすることで、彼の政治活動の幅を拡げるための場を創ると共に、父祖ゆかりの邸宅を有効に活かそうとしたのだと思われる。

こうして徳大寺家三代の別荘として使用されてきた清風館は、西園寺公望の別荘清風荘として再生されることになった。そのための費用は、全額友純によって賄われた。彼は、清風荘のみならず、東京駿河台の西園寺家本邸（一九〇〇年竣工）、晩年に西園寺が住んだ静岡県興津町の別荘（一九二〇年竣工）の建築費用も全額負担し、西園寺に提供している。友純は一六歳年上のこの実兄を心から敬愛しており、兄の活動を支えることを自らの使命だと考えていたようである。なお友純自身も、上京するまで暮していた鴨東の地には強い愛着の念を抱いており、一九一三（大正二）年に清風荘からさほど遠くない鹿ヶ谷の地に土地を取得し、別荘有芳園を建築している（一九二〇年竣工[38]）。二人の親交は友純が

一九二六（大正一五）年に死去するまで続き、西園寺が有芳園を訪問することもあった。(39)

清風館から清風荘へ

幼少期の西園寺公望

一九〇七（明治四〇）年に徳大寺家から住友家に譲渡された清風館は、一九一一年からの工事を経て、一九一五（大正四）年初頭に新たな建物に生まれ変わった。この間西園寺公望は、一九一三年三月にこの邸宅に入り、居住を始めた。この新居は、西園寺自身によって清風荘と命名された。(40)以下では西園寺の政治的キャリアを概観した上で、彼が清風荘に住み始めた経緯について詳しく見ていくことにしよう。

西園寺は、嘉永二（一八四九）年に徳大寺公純の次男として出生した［図5］。出生地は徳大寺家の本邸でも清風館でもなく、同家に仕えていた堀川久民の邸宅であった。(41)その後二歳の時に西園寺家の養子となったため、住まいは堀川邸から蛤御門附近にあった西園寺邸［図1］（現白雲神社の辺り）に移った［写真1］。表1は、幕末・明治初期に西園寺が関係した京都の邸宅の一覧である。(42)西園寺がどの時期にどこに居住していたか、詳しいこ

図5　徳大寺家・西園寺家・住友家略系図

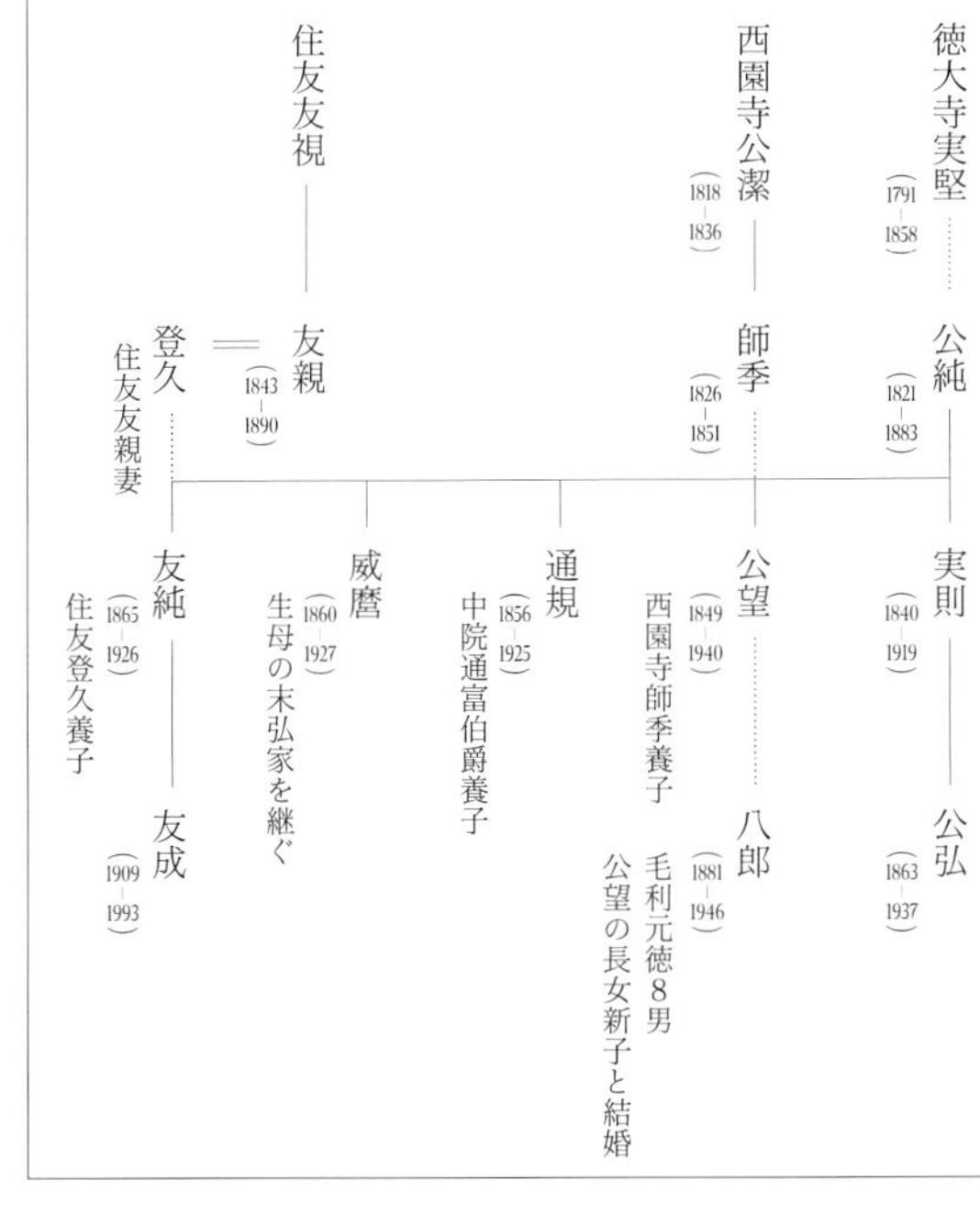

とは分からないが、[43]二歳の時に養父・師季が死去していたため、実父公純の強い影響のもとで成長したと言われており、[44]当然清風館を訪れることもあった。普段着でくつろいだ公純が、西園寺を馬に乗せて庭園を漫歩したという話も伝わっており、[45]西園寺自身、「実父が馬がすきで、わたしを乗せて、のそのそとあるいたことなどおぼえている」と語り残している。[46]また、西園寺が幼少時池に舟を浮かべて遊んだという話、[47]西園寺が幼少の頃木登りをして遊んだとされる楓の大樹が昭和期まで残っていたという話も伝わっている。[48]

私塾立命館と京都帝国大学の創設

西園寺は若い頃から学問を好み、学習院で学んだ後、古義堂の伊藤輶斎に師事する一方で、福沢諭吉の『西洋事情』を読むなどして世界情勢にも関心を持った。明治政府に出仕した後は、東京や長崎でフランス語を学ぶ傍ら、一八六九(明治二)年に京都の西園寺家本邸で私塾立命館を開設した。一八七一(明治四)年からのフランス留学に伴って同塾は閉鎖されたが、同塾賓師の江馬天江、富岡鉄斎、谷口藹山らから受けた知的刺激は大きかった。西園寺の学問や教育への情熱は、後年京都帝国大学や立命館大学の創設、文人や学者との交流につながっていく。

西園寺は約一〇年間のフランス留学を経て、一八八〇(明治一三)年に官界に入った。当初は海外勤務が長く続いたが(伊藤博文の憲法調査随員、オーストリア＝ハンガリー公使、ドイツ公使などを歴任)、一八九一(明治二四)年に帰国した後は、国内で文相、外相などの要職を歴任した。この間文相として、京都帝国大学創立を実質的に決定している(開校は一八九七

写真1　白雲神社に参詣する西園寺
神谷厚生氏所蔵

年)。この決定を行った意図を伝える資料は残されていないが、西園寺が新しい帝国大学に並々ならぬ期待を寄せていたのは間違いない。西園寺は、同大学初代総長にフランス留学経験を持つ木下廣次を、初代書記官(事務局長)には腹心の中川小十郎(一八六六~一九四四)を任命している。また、法科大学開校準備のために留学を命ぜられた法学者四名を自邸に招き、親しく激励したという逸話も伝えられている。[49] このうちの一人織田萬は、帝国大学法科大学出身の行政法学者で、同郷の先輩本野一郎(西園寺の秘書官)に西園寺を紹介され、初の著書『日本行政法論』を評価されたことから留学生に選抜された。[50] 留学先はヨーロッパだったが、ドイツに留学するとややもすれば「桀狗堯に吠える(暴君の飼い犬が意味も分からず聖王に吠えかかるという意味)」ような輩ができるので困る」、「今日の日本にはもっと自由な空気を入れなくては、立憲有終の美を済すことが覚束ない」という西園寺の言葉を聞き、四年間の留学期間の多くをフランスで学んだ。織田はフランス留学中、折から滞在していた西園寺と親交し、帰国後は予定通り法科大学教授に就任すると共に、一九〇〇年に中川が創立した京都法政学校でも教鞭を執った。

立憲政友会への参加と「風流宰相」

一九〇〇(明治三三)年、伊藤博文が立憲政友会(以後、政友会と略記)を創立した。これに共鳴した西園寺は同会に入党し、一九〇三年には伊藤の後

表1 西園寺公望の邸宅(幕末・明治初期) 筆者作成

	邸宅	場所	面積	用途
徳大寺家	徳大寺家本邸	烏丸今出川東北		徳大寺家の本邸
徳大寺家	徳大寺家別邸(清風館)	田中村	土地・畑 合計 2479坪(1907年8月)	徳大寺家の別邸 1829(文政12)年、実堅(公望の祖父)が建設 幕末、公純(公望の父)が本邸から転居
徳大寺家	堀川久民邸	西無者小路町		生母末弘斐子が公望(美麿)を出産 堀川は徳大寺家諸大夫
西園寺家	西園寺家本邸	御所公家町(蛤御門東南)	土地 1881坪 建物 331坪	西園寺家の本邸、現白雲神社周辺 1854(嘉永7)年、火災で焼失 1872(明治2)年、邸内に私塾立命館を開設 1874(明治7)年に消滅
西園寺家	西園寺公望別邸(萬介亭)	等持院村		1865(慶応初)年頃、公望が創建
西園寺家	芦田兵庫助邸	聖護院村		1854(嘉永7)年、本邸焼失時に仮寓 芦田は西園寺家諸大夫

を継いで第二代総裁に就任した。この後西園寺は、一九〇六〜〇八（明治三九〜四一）年、一九一一〜一二（明治四四〜四五）年の二度にわたり、政友会を与党とする内閣を組織した。この時期日本では政党政治を求める声が高まっていたが、西園寺内閣はこれに応えて、自由主義的政策と「積極政策」を標語としたインフラ整備を推進した。日露戦後に政党政治が発展したのは、真のリベラリスト西園寺の的確な政治指導によるところが大きい。

文学を愛好していた西園寺は、首相在任中の一九〇七（明治四〇）年六月に、森鷗外、田山花袋、幸田露伴、大町桂月ら文士を駿河台の本邸に集め、雨声会と命名した雅会を開催している。[51]首相が文士を集めた会合は、日本ではこれが初めてだったと言われている。この会を企画する火付け役となったのは国木田独歩で、彼は友人竹越與三郎（三叉、政友会代議士、一八六五〜一九五〇）の周旋により、一九〇一年から翌年にかけて駿河台邸で西園寺と同居し、文学談義を交わした仲であった。この会合は大いに話題を呼び、以後一九一六（大正五）年までの間に東京で七回開催され、西園寺は「風流宰相」と称された。[52]

日露戦後、西園寺はしばしば京都を訪問し、風流を愛でる生活を送った。一九〇八年七月に第一次政権から退いた直後には、約一か間京都に滞在した。西園寺は当初上木屋町の旅館大可楼に宿泊していたが、やがて二年坂近くの自楽居という建物に移り、親交のあった三人の俳句の宗匠、すなわち松浦雨洲、峯岸浅水、藤井培屋を招いて、俳句三昧の生活に入った（後述）。[53]この間、弟友純も加わり、琵琶湖の粟津方面で俳句を詠む旅も行っている。[54]翌年一〇月には、父公純の二十七回忌法要出席を機に約一週間京都に滞在し、[55]村井吉兵衛の別荘長楽館で開催された雅会に、弟友純と共に出席した（兄実則は病気のため欠席）。出席者は、宗重望伯爵、政友会代議士の岡崎邦輔、画家の鈴木松年、陶芸家の高橋道八らであった。西園寺は邸内でフランス風の室内装飾法を語り、鈴木と画談を交わすなど、風流人ぶりを発揮した。また主人の吉兵衛に乞われて、宗伯爵が長形の瓶に竹の絵を描くと、西園寺はその横に「不可一日無此君（一日もこの君無かるべからず）陶庵」と書した。また吉兵衛が松年筆の祇園夜桜の焼物を引き寄せて、もう一つをと請うと、西園寺は「月の色薄う見せたり夕桜　不読」と認めた（不読は西園寺の俳名）。会は、午後五時から一一時まで続く盛会となった。こうした経験は、この後西園寺が退隠生活を京都で送ることを決意する一つのきっかけになったのかもしれない。

西園寺の政友会総裁辞任と清風荘への退隠

一九一二（明治四五）年七月、明治天皇が崩御した。以後陸軍の軍拡に対する主張が尖鋭化し、この事態を収拾できなかった西園寺内閣は、一二月に総辞職を余儀なくされた。後任首相には陸軍大将の桂太郎が就任したが、世論は「陸軍の横暴」だと猛反発し、護憲運動（憲政擁護運動）が発生した。これに対して、桂首相の画策によって、大正天皇から混乱を収拾するようにとの勅語が西園寺に出された。西園寺は政友会員の説得を試みたが、桂内閣や陸軍に対する反発はかえって強くなり、結局桂内閣は二か月もたずに総辞職に追い込まれた。その後成立した第一次山本権兵衛内閣で、政友会は与党になったが、西園寺は違勅（天皇の勅語に背いたこと）への責任を取る形で、政友会総裁辞任を表明した[56]。西園寺は政治への意欲を失ったわけではなかったが、世論やメディアが力を持つ新しい事態が出来したのを目の当たりにして、党首としての限界を感じ、政党指導からは身を引くことを決意したのであった。

こうして政界の第一線から引いた西園寺は、一九一三（大正二）年三月二一日に東京から京都に移り、しばらく清風荘に隠棲することにした。★清風荘の主屋はちょうど前年末に完成したところであった。西園寺は同日朝八時半に新橋駅を出発し、村上執事、侍女二名と共に午後七時三二分に京都駅（七条停車場）に到着した。駅では大森鐘一知事、藤崎虎二警務部長、西本願寺法主代理らが出迎えていたが、西園寺一行は直ちに自動車で移動し、沢文旅館（三条麩屋町）に投宿した。翌二二日、西園寺は実弟住友友純、鳩居堂店主の熊谷信吉の訪問を受けた後、自動車で田中村に移動し、さっそく庭石の据え付け、樹木の配置などについて指揮をした。西園寺はこの日も旅館に泊まったが、主屋内の設備や装飾などは既に整っていたため、二三日から清風荘での生活を開始した。(57) 以後西園寺は、一九一九（大正八）年に静岡県興津町に本拠を移すまで、清風荘に最も長く居住した。西園寺は、東京駿河台や神奈川県大磯町にも邸宅を持ち、一九〇二（明治三五）年以来本籍は大磯に置いていたようだが、(58) この間は実質的に清風荘の方が本邸であったと見ることができるだろう。

政友会における西園寺の威望はきわめて高く、党内では総裁留任を求める声が強かった。そのため、三月から四月にかけて、杉田定一（総裁留任勧告委員、三月三一日）、村野常右衛門（幹事長、四月一五日）、野田卯太郎（前幹事長、四月一九日他一回）ら政友会幹部が相次いで清風荘を訪問し、総裁留任を要請した。(59) しかし西園寺は、身体虚弱、老齢や政治的才能がないことを理由として、留任を謝絶した。西園寺は彼らと面会した際、自ら親しく庭園を案内したが、(60) それ以後は政友会幹部が訪問しても面会を断り、何か用事があるなら書面で承りたいと伝えていたようである。(61) 東京や大磯に住んでいれば、ひっきりなしに彼らが嘆願に来

★西園寺は、元老との会談や政友会幹部との一連の協議を終え、山本内閣の成立を見届けると、二月二一日に東京を去って大磯の別荘、次いで沼津の川村純蔵別荘で静養していた。

て、こうはいかなかったであろう。敢えて東京から離れた京都に滞在し続けたのは、西園寺の固い辞意の表れであった。

西園寺が頑なに総裁留任を拒んだ背景には、体調の問題もあった。三年前に還暦を過ぎていた西園寺は、持病の神経痛（リューマチ）で手が震えるようになっていた他[62]、この年には胃腸や肺の調子も崩していた[63]。体調不良は面会謝絶の口実に使われる面もあったが、実際この頃西園寺は健康の衰えが目立ってきており、しばらく静養して健康の回復に努めたいというのは、偽らざる本音であっただろう。政友会総裁に就任してから約一〇年間、西園寺は政界の第一線に立ち続けてきた。西園寺がこの時期京都に退隠したのは、この間に溜まった疲労を癒やすためでもあった。西園寺は、翌年六月に政友会総裁を辞任するまで、大正天皇の見舞いのための一時上京（一九一三年五月）、伊香保への避暑とその前後の東京滞在（同年七〜一〇月）を除き、京都に滞在を続けることになる。

この間の西園寺の清風荘での生活は、どのようなものだったのだろうか。京都滞在中、西園寺が政友会幹部の原敬（一八五六〜一九二一）に書き送った書簡が残されているので、それをもとに、やや詳しく見ていくことにしよう。

西園寺が三月三一日に、杉田定一ら政友会幹部と清風荘で面会したことは前述した。西園寺はただちに原敬（西園寺内閣・山本内閣内相）および松田正久（西園寺内閣・山本内閣法相、一八四五〜一九一四）に書簡を送り、面談の顛末を伝えると共に、山本内閣の政策への支持を表明し、激励した[64]。四月六日には原に再び書簡を送り、西園寺が管理してきた政友会の資金の大半を原に引き継ぐことを打診した[65]。この経緯から、既に西園寺の辞意が固かったこと、西園寺が原と松田に後事を託すつもりであったことが分かる。その後西園寺は、五月に大正天皇の見舞いのため上京した際原と会見し、再度辞意を伝えている。[66] この時西園寺は東京に四泊、大磯に一泊したのみで、すぐ京都に戻った。[67]

七月一日、西園寺は村上執事らを伴い、鳥打帽に和服の軽装で、自動車による東海道旅行を開始した。京都を出発した一行は、草津、桑名、名古屋、静岡、沼津などを経て、七日に大磯に入った。[68] 西園寺が原に書き送ったところによれば、この頃西園寺は胃腸の調子が悪く、運動を要するためこの旅行を企画したが、格別の効能はなかったという。[69] その後西園寺は一五日に帰京して原や松田と会談し、政友会総裁の座をいずれかに譲る意思を改めて示した後、[70] 一九日から九月一三日まで二か月間、群馬県の伊香保温泉に滞在した。滞在先は木暮武大夫の貸別荘であった。西園寺は引きつづき胃腸の調子が悪いことを理由に、八月に東京で行われた明治天皇一年祭を欠席したが、[71] この頃たまたま伊香保で近所に滞在し、語り合う機会のあった高橋箒庵によれば、体調がひどく悪いというほどではなかったらしい。高橋は、後にこの時の西園寺との面談に関して、「公は聡明にして博識、多趣味多方面にして、何事に関しても応答響の如く、其談話中には、或は粛然として襟を正すべきものあり、或は清風腋に生ずる者あり、さうかと思へば軽快飄逸、人の頤を解く者あり」と振り返っている。[72]

西園寺は伊香保での避暑を終えると、再び大磯に滞在した。そして一〇月二五日に東京で原、松田と会談し、改めて総裁辞任の意思を伝えると、二七日に京都に戻った。[73] これに先だって西園寺は原に書簡を送り、大磯であれば原に来訪してもらっても構わないが、「京都にては不可能と存候」と記し、京都での面会は謝絶する意向を伝えている。[74] 実際この後、西園寺は書簡で原の相談に乗ることはあったものの、[75] 一二月に原が橿原神宮参拝のため京都を通過した際にも、面会することはなかった。[76] これより以前から、西園寺は大磯、沼津など暖地で冬を過ごすのを常としており、この冬も同様の予定であったが、[77] 取りやめている。

一九一四（大正三）年二月の新聞報道によれば、西園寺は年末に風邪にかかり、持病の神経痛も発症したため、主治医である京都帝国大学の中西亀太郎教授の指導により、面会はもちろんのこと、諸方から来る書簡すら見せないという措置が取られた。[78] 三月には健康が回復し、調子が良い時には俳句の本などを読むことができるようになったが、万が一に備えて、看護婦が清風荘に常駐した。[79] 三月一七日に西園寺が原に書き送った書簡によれば、西園寺は前年から清風荘二階の一室に閉居していたという。[80] 書簡執筆の時点では既に病は去ったとしつつも、医師からは、彼岸を過ぎるまでは庭の歩行すら許されず、執筆も禁じられていたというから、体調が思わしくなかったのは事実であった。この時は山本内閣がシーメンス事件で総辞職するかどうかという瀬戸際であったが、政情を内報してきた原に対し、西園寺は、目下世間から隔離されて実状に疎く、申し上げるべき卑見もないと述べている。この頃、小池靖一（政友会前代議士）、加藤恒忠（貴族院議員）、奥繁三郎（衆議院議長）など清風荘を訪問する政客は少なからずいたが、ことごとく玄関払いをされ、西園寺に面会できたのは住友友純などごく少数の近親者のみであった。[81] 山本内閣は三月二四日に総辞職し、その後首相後継者を決定する元老会議が開催されたが、西園寺は元老会議に参加していない。この時西園寺に元老としての召集があったかは不明だが、たとえ参加を求められていたとしても、上京はできなかったであろう。[82] 結局後継首相は大隈重信に決まり、立憲同志会が与党として大隈内閣を支えることになったため、政友会は野党に転落した。

野党になった政友会は、政権復帰を目指すため、いよいよ西園寺総裁の辞任問題に決着をつける必要に迫られた。三月に松田が死去しており、後継総裁候補は事実上原一人に絞られていたが、西園寺の留任や集団指導体制への移行を望む党員もいたため、原への総裁継承をいかにスムーズに行うかが課題となった。[83] こうした中で幹部の話し合いが行われ、五月一四日に奥田義人ら三名の政友会相談役が清風荘を訪問し、留任を要請することになった。これに対して西園寺は明確に謝絶し、病気なので留任は難しく、後任は原に譲りたいと述べた。会談後原に書き送ったところによれば、西園寺はこの頃右肺に少し気息の漏れるところもあったという。[84]

原は西園寺の心事を理解し、総裁を引受ける覚悟も持っていたが、西園寺の人望や一部幹部の自分への反発を考えると、謙譲の意を示して、西園寺の留任のため最大限の努力を行う必要があった。そこで原は、西園寺に京都を訪問して会談を行いたいと申し入れた。西園寺は原に返信を送って、肺の不調に加え、神経衰弱も甚だしいので、総裁復帰は難しいとした上で、原が京都に来てもいたずらに世間の批評を招くだけなので止めるよう述べた。また、原に総裁を引受けてもらわなければ、前途憂慮に堪えないとも記した。[85] 西園寺は京都での会談を望んでいなかったが、結局この問題にけりをつけるため、六月の党大会開催に先立って、原および政友会幹部が清風荘を訪問することになった。[86]

六月九日、入洛した原は祇園の旅館杉の井に宿泊し、翌朝九時過ぎに自動車で清風荘を訪問した。西園寺と原は、二人で政局全般や政友会の将来について語り合った。[87] 原は一種の集団指導体制（総務員制の採用）を提案したが、西園寺は原の総裁就任を主張して譲らず、午後になって京都市内に控えている政友会幹部三名（杉田定一、元田肇、永江純一）を招いて話し合いに参加させることになった。午後三時頃に彼らがやって来ると、西園寺は自分の総裁復帰は不可能であり、原に後継総裁を譲りたいと明言した。これに対して原は再度総務員制の採用を提案したが、三名はいずれも党の結束を守るため、西園寺の意思に従うべきだとした。実は元田は原の総裁就任を快く思っておらず、それまで原を牽制する言動を取っていたが[88]、西園寺を前にしてそのような策動を行うことはできず、彼はむしろ総務員制に「絶対に反対」の意を表明した。

翌一一日、新たに三人の政友会幹部（高橋是清、大岡育造、奥繁三郎）が合流し、杉の井の二階で原を囲んで会談が持たれた。議題は昨日に続いて総裁問題であったが、奥が総務員制に賛意を示したのみで、それ以外の幹部は全員原の総裁就任を主張した。一同は昼食を共にした後、三台の自動車に分乗して再び清風荘を訪問した。会談は二時四〇分から始まったが、西園寺は再び持説を述べ、原に総裁就任を強く勧めた。結局原は、自分が失敗した時には西園寺が再度総裁に復帰することなどを条件として受諾し、他の幹部も皆これを受け入れた[89]［写真2］。この結論はその場で作成された覚書で確認され、六月一八日の臨時党大会で承認を得ることになった。

こうして一年四か月の間宙に浮いた状態だった政友会総裁問題は、二日間にわたる清風荘での幹部会で決着した。ここまでの経緯を振り返ると、西園寺が総裁辞任の意思を明確に示すことができたのは、京都に住まい続けたがゆえという部分が大きい。もしこの間東京や大磯に居住を続けていれば、絶え間なく政客が押しかけ、政局や政友会と距離を取ることは難しかったであろう。また、後継総裁の最終決定の局面では、清風荘という周囲の雑音がない空間に、ごく少数の政友会幹部が会することで、真剣かつ真摯な話し合いが行われ、遺恨なく原の総裁就任が確定したと言えるのではないだろうか。清風荘ではこの後

写真2　『京都日出新聞』一九一四年六月一二日。西園寺らとの会談を終え清風荘を出る原敬

何度か日本政治史上重要な決断や会談が行われることになるが、この時の政友会幹部の会談はその最初の一つとして数えることができる。

清風荘の命名はいつ行われたか

西園寺がこの邸宅を清風荘と命名したことは前述したが、実は命名がいつなされたのかははっきり分からない。前述した京都大学の調査報告書『史料からみた清風荘の建築』によれば、住友史料館所蔵の清風荘建築関係の史料の中で、「清風荘」という名称が初めて登場するのは、一九一二（大正元）年と推定されるガラス障子展開図とのことであるが、[90]命名の時期や由来をはっきり示す史料は確認されていない。清風荘には、親交のあった中国人学者羅振玉（一八六六～一九四〇）によって「清風荘」と書かれた扁額が掲げられていた［第1章写真7-1］。泉屋博古館にはこの扁額の原書と思われる書が所蔵されているが、年月の記載がないため、いつ書かれたかは不明である［写真3］[91]。管見の限り、この扁額が掲げられていたことが確認できる最も古い資料は、高橋義雄（箒庵）『東都茶会記』で、一九一六年一一月二二日に彼が清風荘を訪問した際、「門には清風の二大字と羅振玉の名を刻みたる扁額あり」と記されている。[92]現在残されている扁額の写真は全て「清風荘」となっているので、この記述は、扁額の中に「清風」という二文字が含まれていたという意味だと解すべきであろう。もっとも高橋は、この後に「閑居の名を清風庵とや名け給ひけん」「余は清風庵の客間に案

写真3　羅振玉書「清風荘」扁額、泉屋博古館所蔵（猪口公一撮影）。清風荘に掲げられていた扁額の原書と考えられる

内されぬ」とも記しており、果して邸宅が「清風荘」と呼ばれていたのかは判然としない。

なお羅振玉は、京都帝国大学の中国史学者である狩野直喜（一八六八〜一九四七）らの招きにより、一九一一（明治四四）年一二月から一九一九（大正八）年五月まで京都で研究を行っていたので、扁額の文字はこの滞在中に書かれたものだと考えられる。昭和期に刊行された西園寺の評伝や新聞記事には、清風荘正門にこの扁額が掲げられていたことが分かる写真がいくつかあり［写真4］［写真5］、昭和期には既に「清風荘」という名称が有名になっていたことが分かる。昭和期に西園寺の番記者をしたジャーナリスト北野慧によれば、西園寺はこの扁額を大層気に入っており、普段は坐漁荘の洋室応接間に掲げ、東京や御殿場の別荘に転地する際にも携行していたという。[94]

西園寺は清風荘在住中、小林卓斎や桑名鉄城（一八六四〜一九三八）から指導を受けて印刻の趣味を覚え、「清風荘」「清風」という言葉の入った印章も作成していた。[95]安藤徳器編『陶庵公影譜』には二五点の印譜が掲載されているが、そのうち一点は「清風荘」というものである。[96]また、竹越與三郎『陶庵公』所収「陶庵公印譜抄」に掲載されている一二点の印譜の中には、「明月清風我」および「清風荘」という文字が刻まれた桑名鉄城作の印章の印影が収められている［写真6］[97]。このいずれかの印章に関する相談なのかは分からないが、一九一六（大正五）年二月に西園寺が「清風荘」という文字を入れた印章を鉄城に作成してもらうため、鳩居堂の熊谷信吉に書き送った書簡も残

写真4　『京都日出新聞』一九三二年一〇月一二日。西園寺を訪問した松岡洋右全権を清風荘門前で撮った写真。門に「清風荘」と書かれた扁額が掲げられているのが分かる

写真5　一九三二年一一月八日。清風荘を出て興津に向かう西園寺。門に「清風荘」と書かれた扁額がかすかに見える。この時が西園寺が清風荘に滞在した最後の機会となった。朝日新聞社提供

されている[98]。この書簡には、鉄城に依頼している印章に「清風荘とか陶庵とか申文字を入れ」たほうが良いのではないかと記されており、この頃既に「清風荘」という名称が使われていたらしいことが分かる。もっとも、「清風荘」が邸宅の正式名称だったかどうかは明確ではない。

「清風荘」の命名時期を明記した史料としては、西園寺死去後間もない一九四〇（昭和一五）年一一月二五日に発行された『京都日日新聞』の記事が存在する。同記事は、西園寺が「清風荘」と名づけたのは一九一七（大正六）年七月のことで、その時の喜びを「永仰鴻儀」と表現した書を、物加波執事に与えたという事実を紹介している[99]。同記事によれば、この書を額装したものが、翌年一〇月に清風荘の学区内にある養正小学校に寄贈され、以後同校ではこれを生きた教材として大切に掲げていたという。残念ながらこの新聞記事には写真が掲載されておらず、扁額の実物も現存していないが、後述するとおり写真や関連資料が残されており、この新聞記事の信憑性は高い。ただし、一九一七(大正六)年七月に「清風荘」と命名したという話は他に伝わっておらず、誤伝である可能性も完全には否定し切れない。

写真7は、昭和六〇年代に京都市教育委員会によって撮影された写真（当時はまだこの扁額は養正小学校に現存していた）で、「永仰鴻儀」という文字と「大正丁巳七月」という年月（大正丁巳とは大正六年のこと）が記されている。「公望」と署名されており、筆蹟や落款からしても、西園寺の書で間違いない。文字と年月が一致するので、これこそが上記新聞記事で紹介されていた書であろう。この書が戦前に同小学校内に掲げられていたことは、同校に残されている写真からも確かめられる［写真8］。新聞記事では講堂に掲げられているとさ

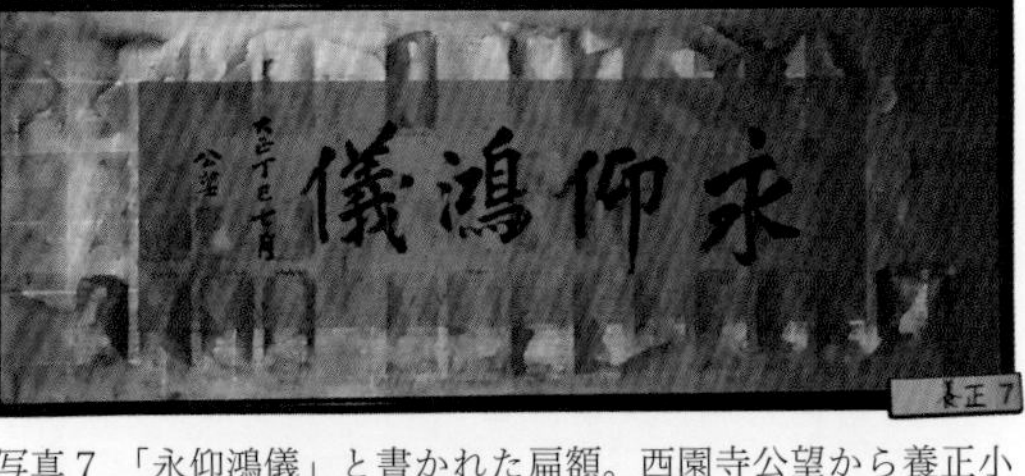

写真７ 「永仰鴻儀」と書かれた扁額。西園寺公望から養正小学校に寄贈されたもの。京都市学校歴史博物館所蔵

写真６ 「陶庵公印譜抄」九頁、一五頁（竹越與三郎『陶庵公』叢文閣、一九三三年）

れていたが、この写真では作法室のような部屋に掲げられ、大切にされていた様子が窺われる。養正小学校に残されている日誌には、「〔大正七年〕拾月一日（公爵）西園寺公望閣下より「永仰鴻儀」の扁額を受け之を掲ぐ（九月御依頼し置けり）」と記された記事があり[100]、上記新聞記事および写真の年月とも一致する。

試みに一九一七年七月以前の新聞を調べて見ると、管見の限り、西園寺の別荘を「清風荘」と表現している記事は見当たらなかった。例えば、西園寺が京都での生活を始めた一九一三（大正二）年三月および翌月に、京都日出新聞社は西園寺邸内の取材を許され、執事にインタビューも行っているが、西園寺邸は「田中村の新別邸」「洛北田中村字百万遍の別邸」と表現され、「清風荘」という名前は登場していない。これは以後の報道でも同様で、以後数年間は「田中村の別邸」（『京都日出新聞』大正三年六月一一日）、「洛北田中町の矯居」（『東京朝日新聞』一九一五年六月二九日）などと表現されるのが一般的であった。

当時京都にあった別荘としては、山県有朋の無鄰菴、村井吉兵衛の長楽館が有名であったが、両者は新聞紙上で頻繁にその名を報じられていた[101]。その他の別荘でも、例えば稲畑勝太郎の和楽庵については、一九一七年に西園寺が訪問した際にその名前が新聞で報じられていたことが確認できる[102]。著名な人物の邸宅に名称が付けられている場合、新聞でその名称が報じられるのが普通であったことを考えると、「清風荘」という名称は、一九一七年七月以前は一般には知られていなかったと見るのが妥当であろう。ただし、前述した『東都茶会記』の記述と熊谷信吉宛の西園寺公望書簡から、それ以前に西園寺が「清風荘」という名称を使っていたのも確かである。以上の事実を考え合わせると、①西園寺が京都の邸宅に居住し始めた頃から「清風荘」という名称は使われていたと思われるが、当初は従

写真8　「永仰鴻儀」と書かれた扁額が養正小学校に掲げられていた様子。戦前に撮影されたものと考えられる。京都市立養生小学校所蔵

来通り「清風館」や「清風屋敷」「清風御殿」などと呼ばれていた可能性もある、②西園寺は、遅くとも一九一六年一一月までには「清風荘」という名称を使用し、門前にその扁額も掲げるようになっていた、③ただし、正式な命名は一九一七年七月であった可能性もあるというのが、現時点で確実に言えることとなろう。[103]いずれにしても、後述する通りこの頃清風荘周辺はまだ自然が豊かで、野鳥も多く飛び交っていた。西園寺はそのような雅趣に富んだ場所を父祖から受け継いでいることへの感慨を「永仰鴻儀」と表現したのであろう。

新聞報道では、一九一七年七月以降もしばらく「清風荘」という名前はあまり登場しない。例えば一九一八（大正七）年四月から五月にかけて、京都に滞在していた西園寺と山県はお互いの邸宅を訪問し合っているが、『東京朝日新聞』は山県の別荘を「無隣庵」と表現しているのに対して、西園寺邸については「洛北田中村なる西園寺邸」と記している。[104]一方『京都日出新聞』は、この時期一部記事ではまだ「田中村の別墅」「田中村別第」などと表現していたが、[105]同年五月に山県や原が西園寺のもとを訪問した際には「清風荘」という言葉を使用している。[106]おそらく西園寺が「清風荘」と命名したという事実を周囲に広く語ることがなかったため、この段階ではその名称はごく近い人にしか伝わっていなかったが、次第に知られるようになりつつあったのであろう。「清風荘」という扁額が正門に掲げられ、これを目にした訪問者や新聞記者によって名称が広まったということも考えられる。

「清風荘」という名称が広く一般に知られるようになるのは、第一次世界大戦後のことである。一九一九（大正八）年一～八月、西園寺は全権としてパリ講和会議に参加するため日本を不在にしたが、帰国後の一一月に京都に初めて戻った際には、『東京朝日新聞』『京都日出新聞』ともに、西園寺が「田中の清風荘」に到着したと報じている。[107]この後、西園寺が「最後の元老」として政界での存在感を増していくこともあって、「清風荘」の名前は次第に有名になっていき、新聞報道でも見出しで大きく書かれたり、特集記事が組まれたりするようになっていく。一九二八（昭和三）年発行の「改正新案最新京都地図」には、「清風荘」とは書かれていないが、「西園寺邸」がはっきりと記載されており、清風荘という存在自体が有名になっていたことが窺われる［図6］。

西園寺公望の本邸・別荘時代（大正・昭和初期）

清風荘周辺の様子

西園寺が清風荘に住み始めた一九一三（大正二）年頃、清風荘周辺ではまだ古くからの田園風景が見られた。現在の東大路通、今出川通や百万遍の交差点はまだできておらず、知恩寺の北側や東側には一面の畠が広がっていた。周辺では狩猟も行われていたようである。西園寺は松茸など京都の名産をしばしば知人に贈呈していたが[108]、近所で捕獲された小鳥を贈ることもあった。次の文章は、西園寺が一九一三年一二月一三日に田中須磨子（元駐仏公使田中不二麿の未亡人）に送った書簡の一節である[109]。

私事も近頃少々不出来にて京都に静養仕居候。扨小鳥少々、右は此地にて捕獲候に付呈厨下候。御叱留被下度候。

ジャーナリストの北野慧によれば、西園寺は駐独公使時代、しばしばベルリンからパリに

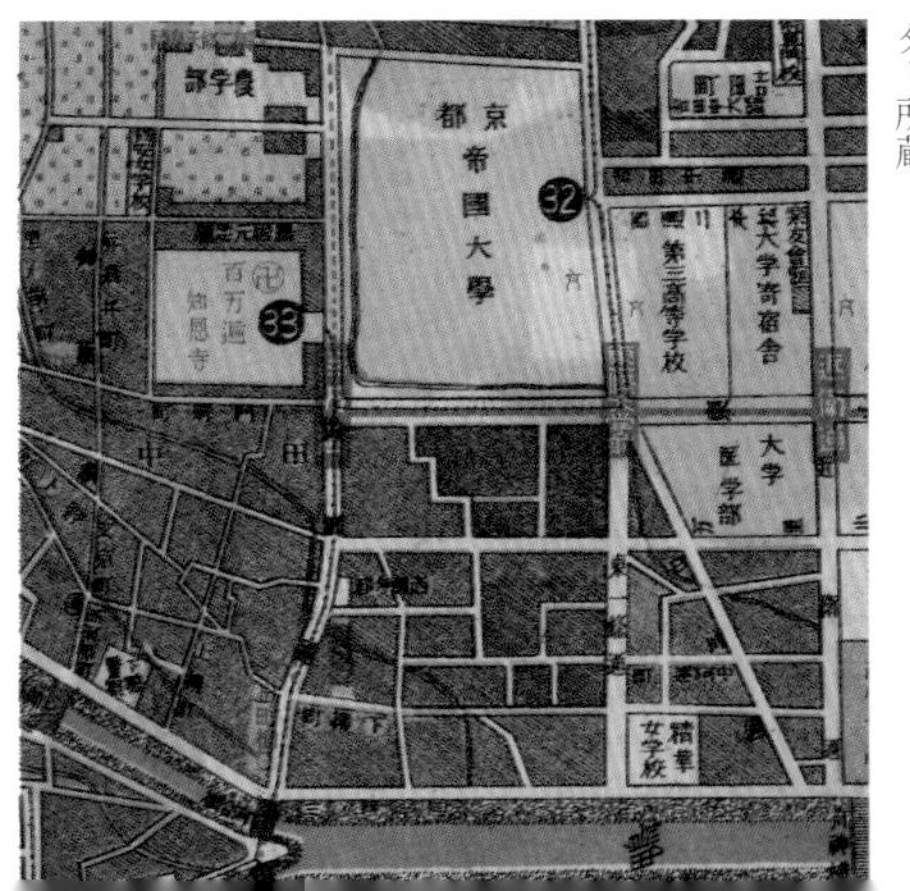

図6　「改正新案最新京都地図」部分、一九二八年、国際日本文化研究センター所蔵

遊びに行っていた。その際、よく田中駐仏公使を訪問し、須磨子夫人から日本料理の饗応を受けるのを楽しみにしていたという。西園寺はこの温情を忘れず、不二麿が一九一〇年に亡くなった後も親交を保ち、大正期以降、京都で捕獲された小鳥を須磨子に定期的に贈呈するようになった[110]。上記書簡は、そのきっかけが清風荘への退隠であったことを示している。西園寺が須磨子に送った書簡は二八通現存するが、「京都近郊の小鳥」などと記し、どこで捕獲されたのかはっきり示していないものもある。しかし中には、「小鳥少々此節京都別荘近辺にて盛に捕獲候に付可差上申遣し置候」などと、清風荘近辺で捕獲した鳥であることを明記しているものもある[111]。なお須磨子夫人の方は、年末に決まって故郷愛知県知多の名産海鼠腸（このわた）を西園寺に贈り、西園寺は好んで食していたようである[112]。

西園寺は一九一三年一一月に、原敬にも贈呈品を送っている。その際に添えられた書簡の文面は、以下の通りである[113]。

野味少々、右はあまり少々に候得共、昨夕捕獲に付呈厨下候。御叱留被下度候。

猪などその他の動物の可能性もあるが、東京に大きな獲物を贈るとは考えにくいので、これもおそらく小鳥であろう。このように西園寺が清風荘周辺で捕獲された獲物を贈答品として贈っていたことから、大正期の清風荘周辺にはまだ豊かな自然が残っていたことが分かる。

もっとも、第三高等中学校の移転以来、清風荘周辺は学生街として発展しており、急速に市街地化が進んでいた。田中村に隣接する吉田村は既に一八八九（明治二二）年に京都市に編入されていたが、京都帝国大学、第三高等学校をはじめとする学校の校舎が建ち並んでおり、周囲には学生用の下宿などが増えていた（一九二〇年の状況は第1章の図1を参照）。清風荘は、京都帝国大学と鴨川にかかる出町橋をつなぐ道の南側にあったが[114]、その道沿いにも既に多くの建物ができていた。清風荘のすぐ北西には、一九一八年に移転するまで愛宕郡役所もあったので、上賀茂、修学院など郡内各地からも人びとがやって来ていたことだろう。

　明治末期、西園寺は京都市内の移動に人力車を用いていたようだが[115]、大正期に入ると、京都駅（七条停車場）に到着後、自動車で移動するのを常とした。上述した道路状況を考えると、清風荘ができた頃は、市内中心部から出町柳まで出た後、出町橋を渡り、東進して邸内に入るのが自動車で清風荘に入る唯一のルートであった[116]。内閣統計局の調査によれば、一九一三年三月時点で、京都府にある自動車はまだわずか二一台であった。東京府ですら三〇四台であり[117]、道路舗装もまだ行われていなかった当時、京都を基本的に自動車で移動していた西園寺は、きわめて特別な存在であったと言える。西園寺は清風荘での生活を始めるにあたって、イタリア製の自動車（ピアス型、四五馬力、価格一万五千円）を新調し、東京から輸送していた[118]。西園寺は自動車が好きで[119]、前述した通り一九一三年夏には東海道を自動車で旅行している。興津に転居してからは、ドライブが健康法の一つだったという評もあり、自動車もキャデラック、パッカード、リンカーンなど外国製のものを何度か買い替えている[120]。西園寺が老いてなお壮健で、新しいものへの興味を失っていなかったことが看取できよう。

　清風荘を訪問した客のうち、政治家や官僚の多くは自動車でやって来た。彼らは東京など各地から入洛すると、京都市内に宿泊し、清風荘訪問の前後に、桃山御陵の参拝、京都市内での講演や会合への参加など、他の用務をこなすのが普通であった。表2は、一九一三〜一四年に、清風荘を訪問した主な政治家たちの宿泊場所と清風荘までの移動手段をまとめたものである。これをみると、まだ人力車が使われるケースもあったが、この頃京都に来た要人の移動手段としては、既にかなり自動車が使われるようになっていたことが分かる。公務またはそれに近い形での来訪の場合、宮内省や京都府が自動車を提供する場合もあった。

その後、清風荘周辺の環境は激変した。一九一八（大正七）年、鴨川に架かる出町橋が、葵橋（現出町橋）と河合橋の二橋に分割された（有名な「鴨川デルタ」が整備されたのはこの時である）。一九二八（昭和三）年には熊野神社から百万遍までの道路が拡幅され、市電が百万遍まで延伸し、翌年には百万遍から銀閣寺道まで市電が延伸した。また一九三一（昭和六）年には鴨川に新しく加茂大橋ができ、同橋以東に今出川通と市電が延伸された（第1章の図2を参照）。この時、清風荘の元の敷地が今出川通によって分断されたことは知られているが、清風荘への来訪ルートが変わったかどうかはよく

表2　清風荘の主な訪問者（1913年3〜4月、1914年6月）　筆者作成

訪問者	肩書き	訪問日時	滞在時間	宿泊・滞在先	移動手段
1913年					
住友友純	住友家当主	3月22日	不明	不明	不明
熊谷信吉	鳩居堂店主	3月22日	不明	京都在住	不明
杉田定一ら9名	代議士（政友会）	3月31日	2時間以内か	沢文	人力車？
戸水寛人ら3名	代議士（政友会）	3月31日	2時間以内か	大阪宿泊	人力車？
野田卯太郎	代議士（政友会）	4月15日	不明	不明	不明
村野常右衛門	代議士（政友会）	4月15日	1時間余	沢文	人力車
安藤新太郎	代議士（政友会）	4月15日	1時間余	沢文	人力車
野田卯太郎	代議士（政友会）	4月19日	不明	沢文	不明
1914年					
原敬	代議士（政友会）	6月10日	7時間半	杉の井	自動車
杉田定一	代議士（政友会）	6月10日	2時間半	柊屋	人力車
永江純一	代議士（政友会）	6月10日	2時間	亀屋	人力車
元田肇	代議士（政友会）	6月10日	2時間弱	旅館藤岡	自動車
原敬	代議士（政友会）	6月11日	4時間	杉の井	自動車
奥繁三郎	代議士（政友会）	6月11日	3時間半	京都在住	自動車
杉田定一	代議士（政友会）	6月11日	3時間余	柊屋	自動車
永江純一	代議士（政友会）	6月11日	4時間	亀屋	自動車
元田肇	代議士（政友会）	6月11日	4時間	旅館藤岡	自動車
高橋是清	貴族院議員	6月11日	3時間半	京都ホテル	自動車
大岡育造	代議士（政友会）	6月11日	4時間	大阪宿泊	自動車

【典拠】『京都日出新聞』『大阪朝日新聞』『大阪毎日新聞』など

分からない。しかし、鴨川の東に延伸した今出川通が広いことを考えると、それまで出町柳経由で北から来ていたのが、今出川通経由で南から正門に来る形に変わった可能性が高いのではないだろうか。現在清風荘に自動車で行く場合は、後者のルートを使うことの方が多いと思われるが、そのような形に徐々に変わっていったということなのかもしれない。

西園寺の蔵書と趣味

清風荘への退隠当初、西園寺は読書に耽る時間が多かったようである。[122] 前述した通り、西園寺は青年期から学問を好み、多くの和漢書を読んでおり、晩年に至るまでその博覧強記ぶりは夙に知られていた。[123] 生前に刊行された安藤徳器著の伝記『西園寺公望』では、西園寺が読書している写真が冒頭で使われ〔写真9〕、書物に向かう心事を詠んだ西園寺作の下記漢詩が掲載されていた。[124]

案頭書冊取次新
不対佳人対古人
曾説蠹魚成我性
誰知蜂蝶是前身

明治末期から西園寺に接し、その人となりをよく知る竹越與三郎は、その読書傾向について以下のように述べている。[125]

西園寺公は〔中略〕読書の嗜好、年とともに深く、古今和漢の書、読まんと欲すると

写真9 西園寺公望（安藤徳器『西園寺公望』白揚社、一九三八年）

> ころのものは、探求して必ず得ずんばやまぬといふ風であった。その嗜好は歴史詩文から詩余、小説にまでおよび、十七八才のころ、すでに有名な難解の小説などを読んで味はうやうになった。今日において支那の小説を読み得る人は少くはないが、当時にありては、珍しい方なので、人、その舎利弗のやうな夙成に驚いたものであつた。

西園寺の旧蔵書は、現在立命館大学「西園寺文庫」、京都大学「陶庵文庫」になっている。前者は、一九二五（大正一四）年に立命館文庫（立命館大学図書館の前身）開設を記念して洋書一八〇冊が寄贈されて以降、西園寺が亡くなる一九四〇（昭和一五）年までに寄附されたもので、総数約七〇〇〇冊（和漢書約六八〇〇冊、洋書約二一〇冊）に及ぶ（中川小十郎から寄附されたものも含む）[126]。和漢書は、文学にも造詣の深かった公望の嗜好を反映し、近世堂上和歌御会関係資料を中心とする歌書が古典籍の基幹をなしており、西園寺家伝来の宮中儀式書や楽書も一部所蔵している。後者は、清風荘が寄贈された後、京都帝国大学との特別な関係を考慮して、西園寺の嗣子八郎によって一九四四（昭和一九）年に同大学に寄贈された八〇四六冊（うち洋書が二〇七冊）である[127]。和漢書は、稀覯本には乏しいものの、多種多様なものを含んでおり、漢籍は経子史集をカバーしている。

大正末期から昭和初期に西園寺に接した小泉策太郎（政友会代議士）は、西園寺が漢籍やフランス語の書籍をよく読んでいたとして、次のように証言している[128]。

> 仕事でもあり、同時に娯しみでもあるのは読書である。
>
> 四五年前までは主として支那の本ばかり読んでおられた。それは漢籍だと文字も大きいし、持つのに軽い。好みは大体考証学めいたものにあるやうだ。

所が極めて最近は、主としてフランスの本に興味を持たれている。

『どうも支那の本は六ヶ敷くて、気疲れがしていけない。そこへ行くとフランスの本は気らくに読める。』

といはれる。

公の漢籍及び仏語の造詣がどんなに素晴らしいものであるかは、語るだけ野暮であらう。

また竹越は、洋書では特に文学に親しんでいたとして、下記のように述べている[129]。

〔西園寺公は〕その後、フランスに留学するやうになつてからも、その交遊は政治家のみに止らず、芸苑の人にも多くあつたので、自ら文藻を増し、ルイ王朝の盛時を飾つた古典文学には、余り親しみを有たなかつたが、近世の著作はなかなか多く読誦したものである。

西園寺がフランス文学に造詣が深かったのは、間違いない。奥村功氏の調査によれば、「西園寺文庫」には一八七〇年代刊行の脚本一八点（デュマ・フィスなど）、一八八〇年代から一九一〇年までに刊行された台本一〇点（ジュディット・ゴーチエなど）の他、小説（エミール・ゾラなど）、辞典類、ヨーロッパを深く知るための教養書が含まれており、西園寺が語学力や教養に磨きをかけ、座談の種を見つけていた様子が窺われるという[130]。ただし、西園寺旧蔵の洋書が文芸書ばかりに偏っていた訳ではない。「西園寺文庫」には、第一次世界大戦前から戦中にかけてヨーロッパで発行されていた外交関係の英仏書も少なからず含まれており、パリ講和会議の準備のために活用されていたものと推察される。

また、「陶庵文庫」に含まれる洋書は一九一〇～二〇年代のものが中心で、その内容は社会、国際情勢、歴史、文芸、芸術、社交の心得など多岐にわたっている。国際情勢に関するものの一例を挙げれば、ウィンストン・チャーチル『世界の危機』全四巻（一九二五～三一年）、ウィルソン米大統領の腹心ハウス大佐の『内密文書』（一九三〇年）、ドイツの元宰相ビューローの回想録全四冊（一九三〇～三一年）、フランスの首相で西園寺の旧友でもあったクレマンソー関係の著作五冊、トロツキー『わが生涯』第一巻（一九二九年）といった具合である。[131]奥村氏は、蔵書から、列強をめぐる国際情勢とヨーロッパの為政者の事績が、西園寺の関心の中心であったと指摘しているが、妥当な評価であろう。

これらの蔵書が元々西園寺のどの邸宅にあったものなのかは特定困難であるが、関東大震災で駿河台邸が焼失していることを考えると、清風荘に置かれていたものが相当数あると考えて良いだろう。一九二五年四月二七日から五月一九日まで清風荘に滞在した熊谷八十三執事は、滞在中土蔵に保管されていた洋書を調査し、目録作成を行っている。[132]日記には「寄贈書目の洋書」と記されているので、[133]これは立命館大学に寄贈する洋書の整理であったとみて間違いない。熊谷は、西園寺没後にも清風荘や坐漁荘に残された西園寺の遺品や蔵書の整理に携わり、一九四二～四五年に立命館文庫長、西園寺文庫長を務めることになる。[134]

摂家に次ぐ家格であった西園寺家には、中世以来の様々な貴重な記録が伝わっていた。伝統的な公家文化を青年時代には嫌悪していた西園寺は、これらの記録に比較的冷淡だったとも言われるが、[135]老境に入ると、これらの史料を保存、継承しなければならないという意識が強くなったようである。彼は西園寺家に伝わる文書を一部立命館大学に寄贈すると共に、一九三八年には「管見記」と称される古記録のコロタイプ版複製を作成し[136]、帝国図書館（現国立国会図書館）、各大学、華族、住友関係者などに配布した[137]。原本は、嗣子八郎によって一九四二（昭和一七）年に宮内庁に寄贈されている[138]。

実はこれ以外にも、歴代西園寺家の職務、教養・文芸、土地・経済などに関する文書が残されており[139]、西園寺の死後住友家の別荘有芳園で保存された後、一九九六（平成八）年に学習院大学へ寄託されている。有芳園以前の来歴は不明であるものの、史料を包むのに使われた新聞紙が大阪で発行された一九二五（大正一四）年五月のものであること、この時期西園寺が清風荘に滞在していたこと、西園寺のものらしき記載のある付箋が付けられていることから、清風荘で西園寺自身によって整理されたのではないかと見られている[140]。これらの記録は、西園寺によって仮整理された後引きつづき清風荘で所蔵され、西園寺の死去ないし京都大学への清風荘寄贈の際に有芳園に移されたのではないかと思われる。

西園寺は数多くの和漢書を所蔵・購入していたが、しばしばその装丁や修復を、京都寺町姉小路にある書画用品の老舗鳩居堂に頼んでいた。西園寺が鳩居堂九代目熊谷信吉に送った書簡が七四通残されているが[141]、清風荘に居住する以前から、「詞譜」の表紙の取替え、「白石先生書巻」や「唐本」の帙（書物を保護するための覆い）の作成を依頼していたことが分かる。清風荘居住以降も、谷口藹山の画帖の箱作成、『楚辞』などの帙作成を依頼した書簡が残っている[143]。ただし、それらの書簡は西園寺が須磨や興津から出した書簡で、清風荘から依頼したものではない（そもそも上記書簡は、大半が京都以外から出されている）。おそらく西園寺は、清風荘滞在時にも同様の依頼を行っていたが、その場合はわざわざ書簡を出さずに、直接熊谷を清風荘まで呼ぶか、使いの者を送って依頼していたに違いない。

熊谷は珍本を見つけると、わざわざ西園寺に知らせることもあった。一九一三（大正二）年一月に『永楽大典』について知らせを受けた時、西園寺は購入の希望がない旨返事をしたが、熊谷の厚意は多とし、書簡の中で「猶珍本出現の際は御注意願上候」と述べている(144)。この時熊谷は、実際その後別の本（『宋槧九経』）を西園寺に知らせているが、西園寺は再び謝絶している(145)。西園寺は、熊谷から本を購入するのではなく、一部閲覧のために借用することもあった(146)。

このように西園寺は、古典籍に造詣が深く、収集意欲を持っていたようであるが、漢籍に関しては、徳富蘇峰（一八六三〜一九五七）、内藤湖南（一八六六〜一九三四）といった著名な蔵書家にはとても及ばないという自覚を持っていた。次の文章は、西園寺が小泉策太郎に語ったものである(147)。西園寺の深い教養を持つがゆえの謙虚さが滲み出ており、興味深い。

> わたしは支那の古書に多少の趣味を感じたが、蘇峰、湖南などの門にも及ばず、ほんのとば口でやんだ。あの人々は堂に上るに止まらず、奥の院から更にその先きをきわめようとするのだから、とても我々の及ぶところではない。書籍の愛好収集にもいろいろの差別あり、珍本、珍籍と称するものにも自らそれぞれの畑がある。
>
> 古籍を渉猟するのには、比較研究の必要もあり、その研究には趣味もあるが、わたしにはそこまでふみこむ力がないのです。

西園寺は書物のみならず、書画の購入や表装も熊谷にしばしば依頼していた(148)。特に富岡鉄斎の画については、少なくとも三点の表装を依頼しており、その画風を好んでいたことが分かる[149]。熊谷は、絵画でもこれはと思うものは西園寺に率先して知らせていたようである。西園寺から熊谷に送った書簡の中には、「瀑布図」という掛物を住友友純に見せたが「落第」となったので、書留で送り返すと知らせたものもある[150]。西園寺は書画についても謙虚で、書画との関わりについて次のように述べている[151]。

書画もろくなものは持っていない。先祖伝来のものは云うに足らず、自分には買いたくても貧乏だから、自然に道楽領には入れないのだよ。

おそらくこれは、やや謙遜が過ぎる自己評価と言うべきであろう。確かに西園寺は、富豪のように書画を自由に買うことはできなかったかもしれないが、独自の鑑識眼、趣味の良さと人脈によって、自らの好む書画を入手していたように思われる。

西園寺は「書く」という行為に強いこだわりをもっており、熊谷に机[152]、硯[153]、紙[154]、筆、印章、朱肉[155]なども注文していた[156]。このうち西園寺が印章に強い関心を持っていたことは前述したが[157]、筆にも西園寺の好みがよく反映していた。西園寺は青年期に京都西郊等持院の辺りに別荘を持ち、萬介亭と称した[158]。萬介とは竹のことで、西園寺はここに好きな竹を植え、自らの雅号も竹軒としていた[159]。西園寺が竹を好んだ理由は定かではないが、中国の水墨山水画が古来竹を好素材とし、竹とともに発達してきたとも言われることを考えると[160]、竹の愛好は、漢学趣味の一環だったようにも思われる。西園寺は、清風荘の正門を入ってすぐの辺りに黒竹を植え、鳩居堂にその竹を用いて自分専用の筆（陶庵用筆）を作らせていた。現存する熊谷宛の西園寺書簡では、一回に一、二〇本または二、三〇本の陶庵用筆製造を依頼しており[161]、この筆を日常よく使っていたものと思われる［写真10[162]］。西園寺が竹を愛好し

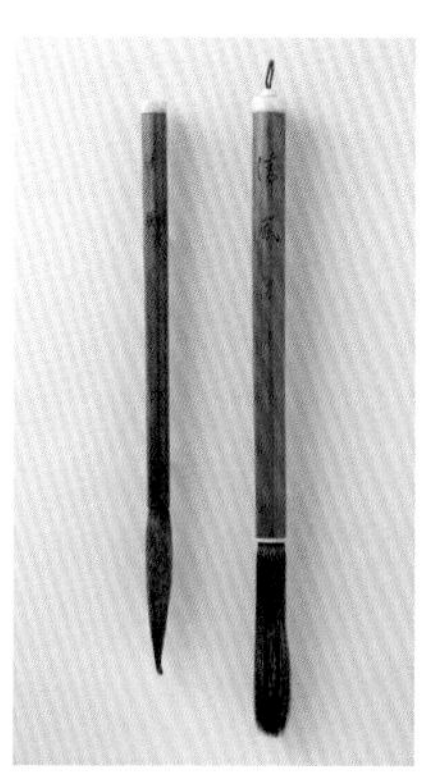
写真10-1　西園寺公望所用鳩居堂製竹管筆、銘「清風」。木村陽山コレクション、筆の里工房所蔵

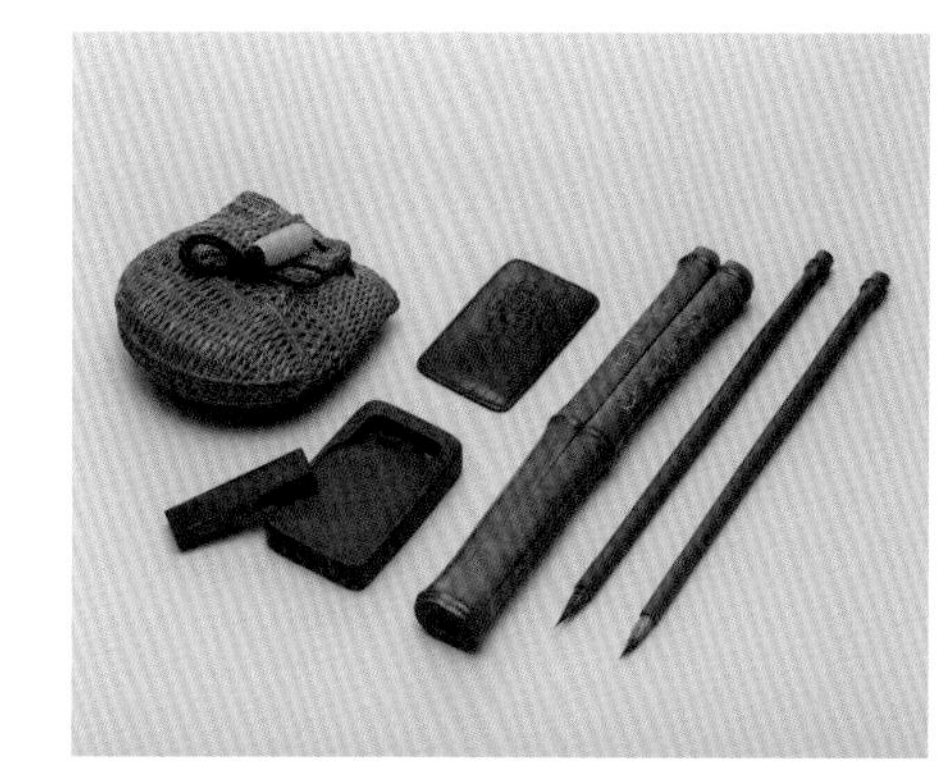
写真10-2　西園寺公望所用矢立。木村陽山コレクション、筆の里工房所蔵

ていたことは、清風荘の家屋内に竹を用いたデザインがいくつか使われていることからも窺われる［29・33頁の写真参照］。

このように西園寺は熊谷と非常に親しく、時に無理をお願いすることもある関係だったため、熊谷に頼まれた揮毫はよく引受けていた。現存する熊谷宛の西園寺書簡には、西園寺が揮毫と一緒に送付したものが何通かある。[163] 他方で西園寺も、様々な書画を所蔵していた。大正初期に清風荘を訪問した高橋箒庵、西川一草亭は、客間に頼山陽の「窓納晨光簾影斜　洗硯抜毫試塗鴉　朝来嬉事君知否　新種冬蘭抽一花」という七言絶句が飾ってあったと証言しているが、[164] 長年清風荘に勤務した野内芳蔵によれば、客間には主に「鉄斎物」、居間の床には「山陽、竹田物」が常に掛けられ、時に香川景樹などの「国風もの」も見受けられたというから、[165] 時期や季節によって、好みに応じて掛け替えていたのであろう。西園寺が小鳥を飼っていた奥の新座敷（離れ）には、一草亭によれば木下逸雲（一八〇〇～六六）の画、[166] 野内によれば「呉昌碩の弟子が公爵を達摩の姿に画いてそれに呉氏が讃をした軸」を掛けてあったという。[167] これらの書画は、今日清風荘には残されていない。現在清風荘には、以下の西園寺自作・自筆の漢詩の掛け軸が残され、客間に掛けられている[168]［11頁の写真参照］。

【原文】

八月潮高海気豪
一搏健鶻半空翱
扁舟載酒軽如葉

【書き下し文】

八月の潮は高く海の気は豪なり
健鶻一搏して半空に翱ける
扁舟酒を載せて軽きこと葉の如し

踏破狂風捲怒涛　　狂風を踏破せんとして怒涛を捲く
泛海即興 陶庵公望　　海に泛(うか)びて即興

ちなみに立命館大学にも、京都大学所蔵のものと同じ自筆の漢詩の掛け軸（こちらは一九一六年作）が残されている。(169)また、安藤徳器『西園寺公望』には、この漢詩と一文字違い（「鶻(こ)」（はやぶさのこと）が「隼」となっている）のもの（峰岸浅水所蔵）が収録され、一九〇〇（明治三三）年頃大磯で詠まれたものだと解説されている。(170)西園寺は主義として独自の詩作を書にすることはなかったようだが、この作は自作の詩で、気に入っていたので、複数の作品が残されたのであろう。

清風荘サロン

西園寺は、清風荘で文人や学者と交流するのを好んだ。その中核メンバーは、京都帝国大学教授の内藤湖南、狩野直喜（君山）、臨済宗相国寺派管長の橋本独山、篆刻家の小林卓斎、桑名鉄城、画家の富岡鉄斎、書道家の長尾雨山、鳩居堂店主の熊谷信吉らで、住友友純が加わることもあった。清風荘は当代一流の文人や知識人が親しく交わる場となり、「清風荘サロン」とも言うべき知的・文化的空間が存在していたと見ることができる。この集まりは、西園寺が東京で開催した雨声会のように、広く声をかけ、定期的に行ったものではなく、インフォーマルで、より濃密なものであった。京都という空間ならではであったと言えよう。土屋和男氏は、この空間のあり方に関して、彼らは「中国の古典に対する知識を共有し、江戸時代以来続いてきた文人といわれる知識人の系譜の最後に属する人物たち」であり、「中国の文人たちに倣って書、詩文、南画、篆刻そして煎茶などを共通の嗜みとしていた」と要約している。[171]

中核メンバーの中で西園寺とのつき合いが最も古かったのは、おそらく富岡鉄斎（一八三六〜一九二四）である。[172] 鉄斎は、西園寺が一八六九（明治二）年に開いた私塾立命館の賓師の一人で、その後画家・儒学者として大成していた。[173] 両者は、一九一六（大正五）年一〇月二四日、京都の八坂倶楽部で行われた北京翰文斎書画即売会の場で、偶然五〇年ぶりに再会した。西園寺が橋本独山と一緒に来ているのを見た鉄斎が、傍に行って「西園寺様ではござりませぬか」と話しかけたのがきっかけだったという。[174] この再会は西園寺にとってよほど嬉しいものだったようで、翌日早速書簡を送り、数日以内に帰京するものの、翌月また京都に戻った際に訪問したいとの意向を伝えた。実際西園寺は、一一月一六日に富岡の住まいを訪問している。翌年六月に富岡が帝室技芸員に任命されると、西園寺は桑名鉄城から指導を受けて「現居士身」という印を自作し、一二月七日に富岡の長男謙蔵（京都帝国大学講師）に持たせて贈呈した。[175] これを喜んだ富岡は一〇日に清風荘を訪ね、「邵子安楽窩之図」を進呈している。

おそらくこの日のことと思われる鉄斎の清風荘訪問の様子を、同行した娘のとし子が書き残している。[176] 当日西園寺は焦茶色の無地大島の和服を着ており、簡単な挨拶が済むと、話はすぐに和漢の文人墨客に及び、二人は興の尽きるのを知らない有様であった。西園寺が一切側近を退けて、自ら秘蔵の頼山陽の掛物などを床に掛けて見せるので、見かねたとし子は代わりに幅を掛け、巻いた。話題は時に五〇年前の維新期に及び、梅田雲浜、頼三樹三郎などの思い出話に花が咲くと、二人の老顔が若く輝いたという。鉄斎は相好を崩して「なあ御前はあの頃は大きな髷を結うて、美少年であらしゃった」などと言って、本当に楽しそうであった。五〇年の時を経て、功成り名を遂げた二人がこのような形で旧交を温めることができたのは、奇跡的であったとさえ言えよう。

その後西園寺が入洛した際には必ず鉄斎が清風荘に来訪し、西園寺もまた鉄斎を訪問するのが常になった。西園寺の訪問の際には朝電話があって、自動車または人力車で、ただ一人気軽にやって来た。だんだん話が弾んでくると、「まあ一度画室に」となり、書物や紙片を寄せて膝を入れることになった。鉄斎は蘇東坡が好きで、西園寺との談話でもその詩文に触れることが多かったようである。他方で、会話で政治に触れることはほとんどなかった。ただ一度、パリ講和会議から戻った際には、西園寺が「日本は腰が弱いと新聞などで攻撃するが、何もかも分っている世界の舞台で、いくら空威張りをしてみても、向こうで相手にする者はない」という意味のことを漏らしたことがあったという。一九二二(大正一一)年、鉄斎が自宅の画室を新築すると、西園寺は鉄斎からの依頼により、画室に掲げる「無量寿仏堂」の書を書き送っている[写真11]。実際に鉄斎がこの書を画室に掲げていた写真も残されている[写真12]。

西園寺が興津を本拠とするようになってからも、両者の親交は続いた。西園寺は高齢の鉄斎の健康を案じ、秋には葡萄、冬には毛布や首巻き、正月明けには鯛などを、こまめに贈呈している。これに対して鉄斎は、書籍や虎屋の菓子などを贈っている(177)。鉄斎は興津に送った年賀状の中で、西園寺を「国家之重鎮」と讃えているが(178)、権力者として遠慮していた様子は見られない。彼は西園寺宛書簡の中で、京都堀川の古義堂や頼山陽の山紫水明処の保存計画があることを知らせ、喜びを分かち合ったり(179)、内藤湖南や長尾雨山の様子を知

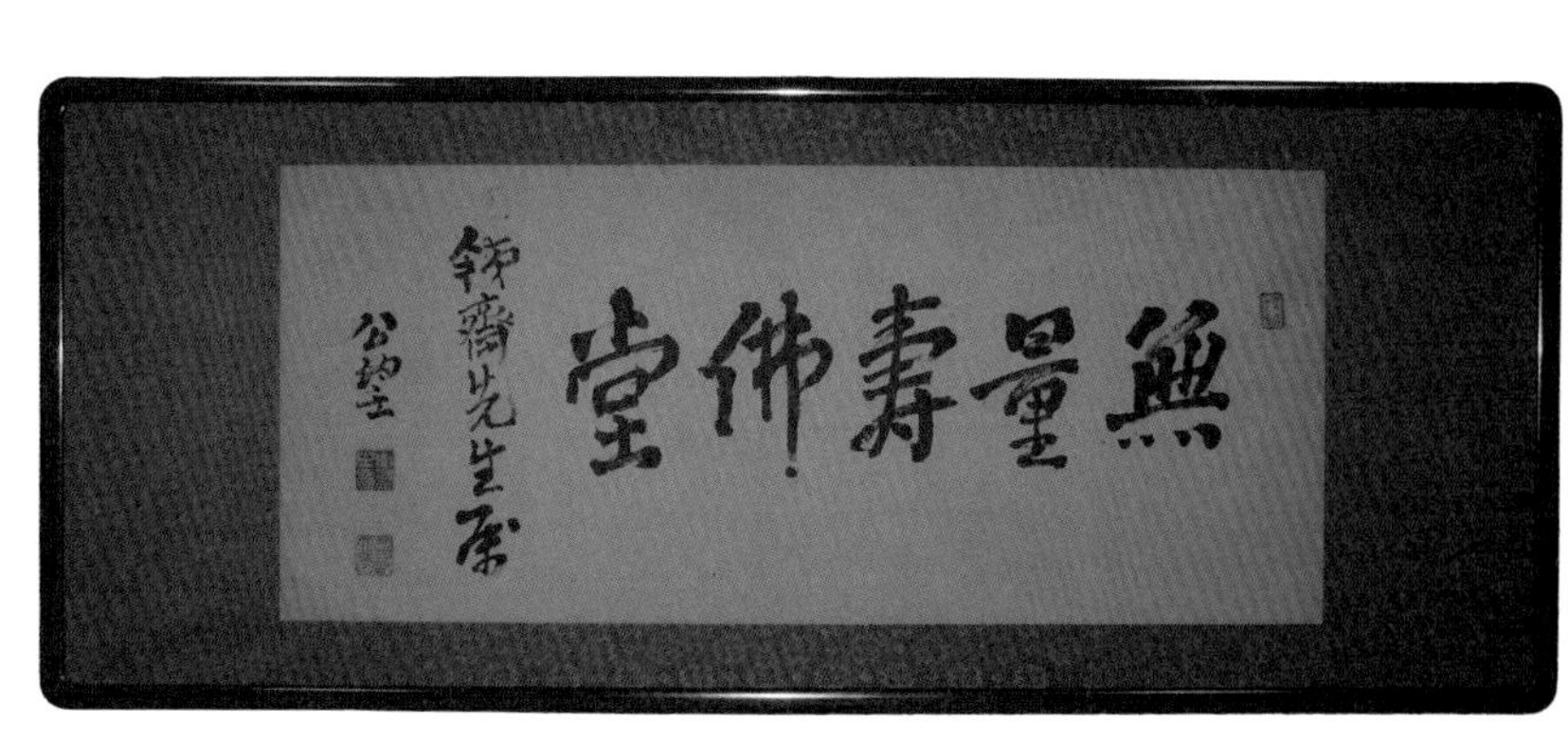

写真11　西園寺公望が書いた「無量寿仏堂」の扁額。清荒神清澄寺 鉄斎美術館所蔵

らせたりしている。[180]

鉄斎は、西園寺に再会する以前から内藤湖南と深い関係を持っていた。一九一三（大正二）年が、王羲之の有名な「蘭亭序」が書かれてから二六回目の癸丑の年（ちょうど一五六〇年目）に当たることから、京都で盛大な蘭亭会が開催された。[181] 湖南はこの会を成功させたプロデューサー的存在で、鉄斎も二六人の主唱者の一人として参画していた。この京都蘭亭会のために南禅寺天授庵に集まった湖南、鉄斎、桑名鉄城、橋本独山らは、記念に「印友」の印影を集めた印譜を作成しているが、この印譜には西園寺の印影も掲載されている。[182] この年に刊行された鉄斎の画集『鉄斎画賸』には内藤が序文を寄せているし、[183] 鉄斎死後に刊行された鉄斎の印譜『無量壽佛堂印譜』の表紙には「内藤虎敬署」と記されている。[184] 彼らの親交が厚いものだったことが窺われる。

鉄斎は息子謙蔵（一八七三〜一九一八）を学校に入れず、自ら教育した。[185] 謙蔵は長じて歴史学者・考古学者となり、同志社女学校（現同志社女子大学）、浄土宗第五教区宗学教校（現東山中学校・高校）などで教えた。鉄斎に代わって中国に赴き、書画を収集するなど、富岡家の事務の切り盛りも行った。一九〇三〜〇四（明治三六〜三七）年には京都帝国大学附属図書館からの嘱託で和漢目録の編纂を担当し、一九〇八（明治四一）年には文科大学講師に就任し、中国金石学と宋代史の講義を受け持っている。謙蔵は、一九一〇（明治四三）年に発見後まもない「敦煌文献」の調査のため、内藤湖南、狩野直喜、小川琢治、濱田耕作らと共に中国に渡るなど、京都学派の一翼を担う存在に成長したが、一九一八（大正七）年一二月二三日に惜しくも癌のため夭折した。まだ四六歳であった。

西園寺は同年一一月に鉄斎に送った書簡の中で、謙蔵への見舞の辞を記した。鉄斎はこ

写真12　一九二二年秋に新築完成した富岡鉄斎の画室「無量寿仏堂」。右が八七才の鉄斎、左が妻春子。後方に西園寺が書いた扁額が掲げられている。清荒神清澄寺 鉄斎美術館所蔵

れに対する返信で、「追々吉報」に運んでいるとしつつ、「頗大患」で全癒まで日数を要するとも述べ、省慮を願った(186)。謙蔵が死去した時、西園寺は興津に滞在していたが、すぐに弔電を打ち、東京の駿河台邸経由で供物を贈った。鉄斎はこれに対する礼状で、西園寺の「御雅量」「御自愛」には、故人はもちろん葬儀への会葬者も感激したと述べ、葬儀は内藤湖南、狩野直喜ら大学関係者の助力によって滞りなく終了したと報告した(187)。その後鉄斎が清風荘を訪問した際、西園寺は「本当にどんなに力を落しておられるかと思い、幾度筆を執ってもどうしても手紙が書けなかったが、あの香典返しの袱紗に描かれた筆力といい、桃花流水杳然去の詩を題せられた心境を思って、ほっと安心した」としみじみと語ったという(188)。

西園寺、鉄斎、湖南が古典籍を探究するにあたって欠かせない存在だったのが、京都寺町の古書店彙文堂で、彼らはよく同書店で書物を購入していたという(189)。西園寺は興津に転居後も彙文堂から本を購入しており、一九三一(昭和六)年に同書店から『春秋疑義』『困学紀聞注』『蛾術堂全集』『歴代詩余』を納品したことを知らせた葉書が残されている(190)。三高出身で、京都の古書事情に精通していた脇村義太郎(東京大学教授、経済学者)によれば、同書店の主人は東京の中国書専門店文求堂で奉公した後(191)、しばらく独立して営業していたが、一九〇七(明治四〇)年に京都で開店したという。前年の京都帝国大学文科大学の開設が、刺激となったようである(192)。同書店は、今日に至るまで内藤湖南筆の「彙文堂書荘」という扁額[写真13]を掲げて営業している(現在地は当時から五〇メートル東に移転している)。

西園寺が清風荘に退隠してから印刻を習い始め、五〇年ぶりに再会した鉄斎に自作の印章を贈呈したことは前述した。西園寺は師の一人桑名鉄城によく書簡を送り、自らの印章作りの状況を報告したり、助言を仰いだりした。鉄斎、湖南も印刻・印章に造詣が深く、

写真13　内藤湖南が書いた「彙文堂書荘」の扁額。現在彙文堂の入口に掲げられている ©SoN

西園寺は鉄城宛の書簡の中で、しばしば両者への伝声をお願いしたり[193]、一緒に夕食に誘ったりしている[194]。鳩居堂から必要な品を購入することに関しても、連絡を取り合っている[195]。西園寺は、京都帝国大学の教授陣の中でも内藤湖南、狩野直喜の二人とは、特別深く親交を重ねた。ジャーナリスト北野慧が伝えるところでは、西園寺は清風荘に赴けば、湖南、狩野、長尾、橋本などを呼んでは趣味の清談に一夕を過ごすことを楽しみとしていたが、狩野などにはまず使者を差し向け、約束の時間には必ず玄関まで出迎え、帰る時にはまた必ず送って出るほど、礼を厚くして遇していたという[196]。狩野の教え子細川護貞（一九三六年京都帝国大学法学部卒、一九一二〜二〇〇五）は、狩野が西園寺と会談した時の話をしばしば聞いた。狩野は、西園寺は会食の際羽織、袴をつけて威儀を正しており、風邪気味の際には、わざわざ襟巻をしたままでの同席のお許しを頂きたいと断ったので、かえって客の方が恐縮したと語っていたそうである[197]。狩野は羅振玉を中国から招聘し、田中の自宅で自ら世話したこともある間柄なので[198]、羅振玉が西園寺と交流を持ち、清風荘の扁額を書くまでになったのは、狩野との関係によるところが大きいと思われる。

清風荘に勤務していた神谷千二いわく「別格扱い[199]」、安藤徳器（歴史家）いわく「木戸御免」（木戸銭なしで自由に出入りできること）だったのが内藤湖南で、西園寺との親交の深さは格別であった。安藤は、西園寺が内藤に送った書簡など多くの史料を博捜して、両者の親交を明らかにした著書『西園寺公と湖南先生』を出版している。同書によれば、西園寺は湖南の依頼を受けて、満州国建国後に参議府参議などの要職に就いた羅振玉のため、何事か政府と連絡を取ることさえもあった[200]。湖南との交流に関しては、西園寺の秘書原田熊雄（一八八八〜一九四六）も印象深いエピソードを伝えている[201]。湖南がある日、夕食の最中に、借りていた本を返却しに清風荘に来訪した。西園寺は、湖南自身が来ていると聞いて、すぐに箸を置き、自ら玄関に出て行ったが、その後戻って来ると、めったに見られないほど不機嫌な顔つきになっていたという。原田が理由を尋ねると、正門を閉め、湖南を戸外に立ったまま待たせていたことに立腹しており、以下のように述べたという。

一体、華族とか、大臣とか、住友あたりの重役とかいふと、閉めてある門までわざわざあけるし、玄関は勿論のこと、取次ぎもせずに、勝手に座敷へ通してしまったり、大騒動をするくせに、学者や芸術家、……そうでなくっても、並の人だと、こんな、非礼も甚しい扱ひをする。華族だらうが、乞食だらうが、自分を訪ねて来た限りは、独り客に対する侮辱だけではない、主人をも軽んずるものだ。誰だ、今夜の当番は。

これを聞いた原田も腹を立て、担当の者を怒鳴りつけようと言うと、西園寺の気も収まり、静かに言って聞かせるということで済んだというが、西園寺がいかに学者に敬意を持って接していたかを示す逸話である。もっとも格式張ったつき合いをしていた訳ではなく、湖南が吉田泉殿町に借家住まいをしていた頃、西園寺が人力車に乗って突然同邸を訪問し、家人を驚かせたこともあった。[202]

この他にも西園寺は、京都帝国大学の学者たちと親交を持った。京都に退隠して間もない頃には、澤柳政太郎総長らを、大森鐘一京都府知事と共に清風荘に招待している。[203]一九二九（昭和四）年九月には、内藤湖南、狩野直喜、長尾雨山、新城新蔵（理学部教授、京都帝大総長）と共に、清風荘で晩餐を共にしている。[204]新城は天文学者で、西園寺はその著書『東洋天文学史研究』（弘文堂、一九二八年）を「消夏の霊薬」とまで述べて、激賞していた。[205]

法科大学開学前にフランス留学を勧めた織田萬との親交も続いており、彼も清風荘に招かれ、学理的なことや文学上のことについて会合が催されたこともあるという[206]。織田は上梓したフランス語版『日本行政法原理』(一九二八年)を西園寺に献呈しているが、献辞にはフランス語で「西園寺公　深甚なる敬意と心よりの忠誠のしるしに　織田萬」と記されている[207]。織田はこの後、立命館大学名誉総長も務めている。

西園寺が自らキャンパスに足を運ぶことがあったのかは分らないが、京都帝国大学が清風荘の近くにあることは、西園寺にとって種々利点があった。医科大学教授の中西亀太郎(内科医)は、長年西園寺の京都滞在時の主治医を務めた。西園寺が一九一四(大正三)年に大病した時には、清風荘に特に頻繁に通い、病状が落ち着いた後も看護婦を常駐させる措置を取った[208]。

原田熊雄は、西園寺は「風流人」というよりもむしろ「科学する心」を持っていた人であったとし、自分が間に入って西園寺が京都帝大の教授から最新の学説を聞くことがあったことを、著書の中で紹介している。西園寺が相対性原理とは何かを知りたがり、原田に尋ねたことがあった[209]。原田はぼんやりとしたことを説明する訳にはいかないと思い、翌日恩師西田幾多郎(文学部教授、哲学)を訪問して教えを乞うた。原田はなかなか理解できなかったが、西田の話をノートに取り、パンルヴェ『空間と時間』という書物を借りてきて、西園寺に供した。話を聞いた西園寺は「お蔭でよい学問をしました」と大変喜んでいたという。ちなみに西田は西園寺の謦咳に接したことはなかったが、西園寺を「一種の見識と風格とを有する人」と見て、きわめて良い印象を持っていた。西田は、原田が西園寺について語った著書『陶庵公清話』を出版した際、この印象を序文で述べている[210]。原田は同書の中で、西園寺が清風荘の蛍を見て、その光が熱を伴っていないことについて研究が進んでいるか問うたというエピソードも紹介している。[211] この時も原田は、翌日京都帝大に専門家を訪ね大略の説明を聞いて、西園寺に報告したところ、西園寺は大層喜んだという。

西園寺は作歌にはあまり興味を示さなかったが、俳句は嗜んだ。西園寺の俳名は、「不読」であった。俳句を「読む」のに「読まず」とは奇妙であるが、東京府大森不入斗(いりやまず)に本宅を置いていた頃、不入斗転じて入不読(いりよまず)を縮めて俳名とした。[212] 西園寺は東京在住時、名古屋の俳人杉浦羽州、羽州の弟子筋に当たる埼玉の俳人峰岸浅水(伝三郎)、京都の俳人藤井培屋などと交流を持っていた。駿河台の本邸にある茶室侵春亭で、森山茂(貴族院議員)、渡辺昇(貴族院議員)、末松謙澄(枢密顧問官)なども交えて、俳諧歌仙の会を催すこともあった。[213] 清風荘に退隠し始めた頃、西園寺は宗匠を相手に俳句を作ることを日課としていたというが、[214] 誰が清風荘に招かれていたのかははっきりしない。西園寺自身の回顧によれば、杉浦と清風荘で俳諧を談じたことがあるというが、[215] いつの時期なのかは不明である。[216]

残念ながら、西園寺が清風荘で詠んだことが確実な俳句は確認できない。俳句の趣味は中絶したとされているので、[217] 清風荘で句を詠むこと自体が少なかったのかもしれない。ただ、京都で詠まれたものはいくつか残っている。以下の句は、西園寺が一九〇八(明治四一)年九月に京都に三人の宗匠を招いて、俳句三昧の生活を送った頃に詠んだとされるものである。[218]

島原

畑中やくるわをぬけて京都の人

義仲寺にて

芋くれる隣もありてけふの月

前者は、幕末まで広大な畑に囲まれていた島原の花街に、京都から人びとが通う様子を詠んだものである。花柳界にも通じていた粋な西園寺らしい句であると言えようか。ちなみに清風荘には祇園からしばしば舞妓や芸妓が呼ばれており、一九一四（大正三）年二月の新聞記事では、西園寺馴染みの芸妓として川勝、歌蝶といった名前が挙げられている。(219) 後者はこの滞在時に琵琶湖畔の粟津に遊びに行っているので、その時の情景を詠んだものと思われる。粟津には松尾芭蕉ゆかりの義仲寺があり、西園寺は同寺無明庵主人の瀬川露城にも師事していた（ただしこの時露城に会ったかは不明）。こちらの句からは、西園寺の歴史への関心と素朴な日常風景への観察眼が感じられる。この時には次のような句も詠んでいる。(220)

木屋町にて

病客も肌寒からず京の月

自楽居に移りて

引越しの宵からきくや秋の声

自楽居とはこの時に滞在した建物で、秋の到来を詠んだものである。西園寺が清風荘に滞在するのは、毎年決まって春か秋であった。彼が京都の秋の雰囲気を好んでいた様子が窺われる。

高橋箒庵、西川一草亭など、西園寺の人柄や生活態度に敬意や共感を覚える文化人にとって、清風荘訪問は大変印象深いものであり、彼らはその訪問記を書き残している。他方で、「清風荘サロン」に関心を示さない、あるいは違和感を覚えていた人物も存在した。代表的なのが、夏目漱石（一八六七〜一九一六）である。かつて漱石は、西園寺から雨声会（第一回）への誘いがあった時、参加を断っている。表面上は多忙のためということであったが、真の理由は政府や官僚の権威主義に対する批判的姿勢にあったと考えられている。[221] よく知られたこのエピソードには、実は後日譚がある。一九一五（大正四）年三月一九日から四月九日にかけて、漱石は人生四回目の京都旅行に出かけている。[222] 漱石は京都に到着して三日目に、旧知の西川一草亭から電話を貰い、富小路御池の彼の自宅を訪問した。後日一草亭からこの時の様子を聞いた作家の薄田泣菫によれば、清風荘によく花を生けに行っていた彼は、この機会に二人を引き合わせようと思い、漱石に清風荘訪問を勧めた。しかし「皮肉な胃病持ちの小説家」漱石は、じろりと一草亭の顔を見て、二人の間で以下のようなやり取りが行われたという。[223]

「西園寺さんに会えっていうのかい、何だってあの人に会わなければならないんだね」

「お会いになったら、きっと面白い話があるでしょうよ」

「何だって、そんな事が判るね」

この話を聞いた泣菫は、「この二人が無事に顔を合わせたところで、あの通り旋毛曲りの人達だけに、二人はまさか小説の話や俳諧の噂もすまい。二三時間も黙って向き合った末、最後に椎茸や高野豆腐かの話でもしてその儘別れたに相違なからう」と想像した。もし二人の面談が実現していたらどうなっていたか、興味深いところではある。

外国人訪問客

西園寺はフランスに長期間留学した経験を持つが、フランスからの来日者は多くなかったし、それ以外の国の政治家や外交官との接点もあまりなかった。そのため、清風荘に来訪した外国人客はごく少ないが[224]、いくつかの訪問例を確認できる。

一九一八年四月三〇日には、中国の政治家唐紹儀（一八六二〜一九三八）が来訪している。当時中国は、北京政府と南方の革命派が抗争を続けていたが、彼は南方の外交代表として南北調停を日本に働きかけるため、三月に来日していた[225]。唐は四月二八日に東京で原敬政友会総裁と面談し、翌日京都に入った。京都では都ホテルに宿泊し、三〇日午前中に自動車で大原を観光した。午後は、洛北の料亭平八で昼食を取った後で清風荘を訪問し、西園寺と「支那の時局談を交換」したという[226]。唐は、夕方四時から祇園歌舞練場で都をどりを観覧し、民間主催の晩餐会に参加した後、神戸に向かった。

一九二二年四月二八日には、イギリスの皇太子エドワード（のちの国王エドワード八世、一八九四〜一九七二）が清風荘に来訪している[227]。この訪問は、前年イギリスに外遊した皇太子裕仁親王への答礼の意味もあって、世界周遊の途中で立寄ったものであった。この年のワシントン会議で日英同盟が廃棄されることが決定していたため、日本ではイギリスとの友好関係を維持するため、エドワードの来日を歓迎する風潮が強かった。エドワードは四月二八日から五月四日まで京都に滞在したが、京都市民から熱烈な歓迎を受けた。エドワードの宿舎は大宮御所であったが、滞在初日の夜には約三万人の市民が御所周辺で提灯行列を繰り広げ、エドワードは高台からこれを眺め、熱心に答礼していたという[228]。

提灯行列が終わると、エドワードは午後一〇時半頃、随員と共に清風荘を訪問した[229]。清風荘訪問が実現した経緯は不明だが[230]、上述の通り同盟廃棄後の日英関係に対する懸念が存在する中で、政府から西園寺に対して、接遇の打診があったのかもしれない。この時西園寺は興津にいて不在だったが、エドワード一行は客間に迎えられ、玉露を飲み、庭園の情緒を楽しんだという。その後祇園万亭（一力）から芸者が駈け附け、一二時頃まで宴席が催された。『京都日出新聞』は、「この春の夜は美しく賑やかに更けて行く花と美人に彩どられる古き都の尽きせぬ情趣は、この一夕の御清遊に如何ばかり打解けさせられた事であらう」と報じている。

一九二四年五月二二日には、フランス領インドシナ総督のマーシャル・アンリ・メルラン（一八六〇～一九三五）が、親善訪問のため来日した[231]。メルランは京都滞在中、夫人、駐日大使ポール・クローデル（一八六八～一九五五）夫妻と共に清風荘滞在中の西園寺を訪問している。この時西園寺は、自ら丁重に出迎え、客間で四方山話に興じた。会談は三〇分ほどで終了し、一行は午後三時頃に辞去したが、この訪問はクローデル大使に強い印象を残した。彼は本国に送った外相への報告書の中で、以下のように記している[232]。

> 総督はいたるところで、通常は君主にしか与えられないような敬意のこもった歓迎を受けました。（中略）高齢の元老、西園寺公爵みずからが、この人は原則としていかなる国の大使も招待しない人なのですが、私たちを例外として扱い、二度にわたり招待してくれました。一度目は新内閣の組閣人事の推薦で多忙なときだったので、列車のなか。二度目は彼の京都の別荘です。

学生と近所の人びと

西園寺が清風荘を本邸としていた頃、華族の子弟が少なからず京都帝国大学に在籍していた。近衛文麿（公爵、一九一七年卒、一八九一〜一九四五）、木戸幸一（侯爵、一九一五年卒、一八八九〜一九七七）、橋本実斐（伯爵、一九一七年卒、一八九一〜一九七六）、織田信恒（子爵、一九一五年卒、一八八九〜一九六七）、原田熊雄（男爵、一九一五年卒）らである（いずれも法科大学、括弧内は父親の爵位）。このうち原田熊雄は、父豊吉（地質学者）がドイツ留学中西園寺と懇意にしており、両者とも大磯に別荘を持っていた縁もあって、大学入学前から西園寺の面識を得ていた。原田が二回生の時清風荘が竣工し、それ以来彼は時折西園寺を訪問するようになった[233]。後に原田は、西園寺の姪（吉川英子）と結婚し、私設秘書として元老西園寺の政治活動を支えていくことになるが、両者の信頼関係は清風荘で育まれたと言ってよいかもしれない。

橋本は、父実頴が病弱のため西園寺家で養育され、西園寺にとっては家族同然の存在であった。そのため西園寺は、一九一三年に彼の京都帝大入学が決まって以来、親身になって世話を焼いた。西園寺は、橋本が将来国家に貢献できる人間になるため、京都では政治的活動には近づかず、西洋人のもとに下宿して、「厳正なる学者」の監督のもとで生活すべきだと助言した[234]。その結果彼は、入学当初デビスなるアメリカ人宗教家のもとに下宿することになったが、三回生になるまでに北白川の日本人の下宿に転居した。橋本はこの年清風荘に書生として住むことを申し出、西園寺も東北にある新屋（離れのことと思われる）以外はどこで起臥しても良いと肯定的に応じたが、実際に住んだのかは不明である[235]。原田、橋本は親しく交際し、西園寺も原田が橋本の面倒を見ることを期待していた。[236]

近衛文麿は、原田から一年遅れで、一九一二年末に京都帝大に入学した。近衛が原田に「自分はまだ親しく西園寺侯爵にお目にかかったことがない、今度君の伺ふ時に誘ってくれないか」と話したので、原田は前もってそのことを西園寺に伝えたが、どういうわけか近衛は一人で西園寺を訪問したという。[237] 近衛の回顧録『清談録』によれば、[238] 文麿の父篤麿は西園寺の政敵で、近衛家と西園寺家は古来極めて縁の薄い間柄だったので、西園寺と面識はなかった。しかし、護憲運動を機に政治に多少興味が出てきて、政治家としては桂太郎よりも西園寺の方が何となく好きだったため、ある日ふと西園寺に会ってみたくなり、清風荘を訪れたのだという。紹介状を持っていなかったが、西園寺は面会に応じた。[239]

『清談録』によれば、この時の近衛の西園寺に対する印象は「すこぶる悪かった」という。学生服を着ているにもかかわらず、西園寺が「閣下閣下」と言うので、近衛は「ムヅかゆい様な気」がして、「人を馬鹿にしているんじゃないか」とすら思った。そのため、その後大学を卒業するまで、近衛は西園寺を訪問しなかったという。ここには、初対面の時に近衛が抱いた西園寺に対する違和感が率直に表現されている。

もっとも、この違和感は強調され過ぎている可能性がある。同書が出版されたのは一九三六年八月で、二・二六事件を経て、それまでかろうじて維持されてきた議会政治、欧米列強との協調外交は、風前の灯火の状況であった。このような中で、近衛は従来の自由主義的秩序に反発を強めており、西園寺の政治指導にも批判的になっていた。上述の回顧談では、こうした当時の心情が反映されて、西園寺との距離が実際よりも拡大されて表現されているように思われる。近衛は別の機会に木村毅(評論家)に対しては、初対面の後「京都在学中は、時々お訪ねしてはいろいろな御教示を蒙った」と述べたという[240]。また原田も回顧録の中で、近衛が西園寺に一人で面会した後は、「一緒の時もあり、別々の時もあり、我々は可なり繁々と清風荘へお邪魔に出るやうになった」と記している[241]。実際には京都帝大在学中、近衛は原田らと共に清風荘を何度か訪れていたと見るべきであろう[242]。

西園寺は京都帝大在学中から近衛に期待し、橋本にしばしば「此頃近衛はどうしてる」と尋ねていたらしい[243]。大学卒業後も近衛に目をかけ、パリ講和会議全権としてフランスに赴いた時には、近衛を随員に加えている。一九二〇年代になると、近衛は貴族院議員として積極的に政治に関わるようになり、政府と貴族院の間を調整するため、清風荘にもしばしば来訪している[244]。一九二七（昭和二）年四月の政変の際には、近衛はわざわざ西園寺から呼び出され、清風荘に移動する西園寺と静岡で合流して、一緒に京都に向かっている[245]。大正期には両者の間で少なからぬ書簡のやり取りも行われており、近衛が内藤湖南の詩巻を西園寺に送り届けることもあった[246]。昭和期以降近衛は西園寺と肌合いが合わなくなっていくが、もともと清風荘で出会って以来、両者の関係は少なくとも表面上悪くはなかったのである[247]。近衛が一九三七（昭和一二）年に東京荻窪に新邸を入手すると、西園寺は翌年この邸宅に荻外荘と命名し、扁額を贈っている［写真14］[248]。この頃、前年に勃発した日中戦争は泥沼化の様相を呈し、西園寺は首相の近衛に失望を深めていたが、なお期待するところがあったのだろう。扁額はその表れのように思われる。

なお、原田、近衛と親しかった木戸幸一は、西園寺には原田に連れられて一度会いに行った程度で、清風荘は特別印象を残さなかったようである。戦後木戸は、西園寺と近衛は「お公卿さん同士」なので、西園寺からすると「近衛は可愛くてしょうがないんだよね、理屈

写真14　西園寺公望が書いた「荻外荘」の扁額。杉並区立郷土博物館所蔵

ぬきで」と回顧している。それに対して木戸は「野武士」なので、西園寺とはそのような関係にはなれなかったという[249]。かつての公家文化は、このような形で大正期の清風荘にないお息づき、公家以外の者を峻拒する雰囲気があった訳である。

華族にとってすら身近な存在でなかったとすれば、一般学生にとって清風荘は、非常に縁遠い存在だったはずである。大正中期に三高に在籍し、三年間を京都で過ごした脇村義太郎は、下鴨神社近くに下宿し、いつも歩いて学校に通っていた。通学途中に清風荘の門前を過ぎ、それが「西園寺公が京都に来られたときに住まわれる家」だということは新聞の消息などで知っていたが、住友家が建てて西園寺に寄贈したものであること、元は徳大寺家の別荘で、明治維新後逼塞していた公純ゆかりの地であることは知らなかったという[250]。おそらく大方の学生は、その程度の認識だったのではないかと思われる。

学生に比べれば、田中に住む地元住民は、清風荘に親近感を持っていたようである。神谷千二によれば、清風荘で飼われていた丹頂鶴は町内の人びとにも親しまれていたという。西園寺が時々散歩に出た時には、護衛を極度に嫌ったため、警官は私服で離れて尾行していたというから、西園寺が地元住民と挨拶を交わすようなこともあったと思われる。西園寺の扁額が地元養正小学校に寄贈されたのも、このような良好な関係の結果であろう★。とはいえ、管見の限り、西園寺が亡くなった後を除けば、大正・昭和戦前期に学生や地元住民が清風荘に入ったというエピソードは皆無で、基本的には清風荘は周囲から隔絶された空間であった。

★ちなみに、養正小学校という名前は、狩野直喜によって命名されたものである。

西園寺は一九一三（大正二）年以降清風荘を本邸としたが、政治的用務がある時などにしばしば上京し、その前後に大磯に滞在することもあった。また、彼は夏冬の気候が厳しい京都に一年中滞在することを好まず、毎年ほぼ必ず避暑、避寒を行った。一九一三〜一八年の避暑地は、群馬県の伊香保温泉（一九一三、一五、一六、一七、一八年）、兵庫県の有馬温泉（一九一四年）であった。また同期間中の避寒地は、兵庫県の須磨温泉（一九一四〜一五年）、神奈川県の湯河原温泉（一九一五〜一六年）、静岡県興津町（一九一六〜一七年、一七〜一八年、一八〜一九年）であった（一九一三〜一四年のみは京都に滞在）。一九一三年以前は静岡県沼津町で避寒することが多かったが、冬の砂塵に嫌気が差し、[251]数年間の模索の後、興津町の旅館水口屋で過ごすようになった。[252]西園寺は気候が温暖で、風光明媚な興津の地をすっかり気に入り、一九一七年には大磯の別荘を処分している。

この間西園寺は、一九一六（大正五）年から政治活動を再開し、同年に寺内正毅内閣が成立する過程で、元老として認められるようになった。[253]一九一八年九月、米騒動の政治的混乱により寺内内閣が倒れると、西園寺は政友会総裁の原敬が後継首相になるよう、元老会議で力を尽くした。この二か月後、約四年間続いていた第一次世界大戦が終結した。原首相は、西園寺にパリ講和会議全権への就任を依頼した。西園寺は並々ならぬ覚悟でこれを引受け、[254]無事この大役を果たした。この功績により、西園寺の爵位は侯爵から最高位の公爵へと上がっている。

西園寺は、講和会議参加前から、興津に本拠地を移すことを決めていた。そのため、一九一九年一月にパリに向けて出発するに際して、興津の農林省園芸試験場の石原助熊に別荘地選定を託していた。検討の結果、住友友純によって清見寺の土地が買収されることになり、まもなく別荘の新築工事が始まった(255)。西園寺は同年八月二三日に帰国（神戸に上陸）したが、建物は翌月二一日に竣工した(256)。西園寺は、さっそく同月に数日間下見を行った(257)。そして、一一月一四日から京都に滞在し、清風荘で準備を整えた後、一二月一〇日に再び興津に移動した(258)。こうして西園寺の坐漁荘を本拠とした生活が始まった。以後西園寺は、興津を本邸とし、京都には春と秋の季節の良い時のみ滞在するようになった［表3］(259)。

表4は、この時既に処分していたものも含めて、明治後期以降の西園寺の邸宅を一覧にしたものである。小泉策太郎は、これらの関係性について、「現状から観れば、興津が本宅、京都が別荘、東京は臨時出張所、御殿場は興津の離れ坐敷という格であらう」と的確にまとめている(260)。京都は、西園寺が風雅で学究的な生活を送るには適していたが、夏と冬の気候が厳しかったし、元老として政局の変化に機敏に対処するには、東京からの距離が遠すぎた。他方で興津は、京都に比べて気候が良く、過ごしやすい上に、東京からの距離が絶妙で、政客を遠ざけるにも、いざ大事があった時に上京するにもちょうど良かった。元老山県有朋、松方正義の衰えが目立ち、より重い政治的責任がかかるようになる中で、西園寺は健康維持を万全のものにすると共に、政局により適切に対応するため、環境を整えたのであろう(261)。

この後西園寺は、東京、興津、京都の邸宅を意識的に使い分けることで、元老としての影響力を巧みに保持、行使していく。それが最も端的に表われているのは、後継首相決

表3　西園寺公望の清風荘滞在時期（1919～32年）　筆者作成

年	滞在時期
1919年	11月14日～12月10日
1920年	11月11日～12月2日
1921年	4月13日～5月6日 9月30日～11月5日
1922年	10月24日～11月26日
1923年	4月15日～6月15日
1924年	5月20日～6月21日
1925年	4月8日～5月19日
1926年	（入洛せず）
1927年	4月17日～6月28日
1928年	（入洛せず）
1929年	9月17日～11月21日
1930年	（入洛せず）
1931年	9月15日～10月26日
1932年	9月15日～11月8日

【典拠】『京都日出新聞』

定の際の西園寺の居場所である。表5は、大正・昭和戦前期に、西園寺が天皇から後継首相の御下問を受けた際、奉答を行った場所を全てまとめたものである（正式に元老となったのは寺内首相決定の時からであるが、表にはその前も含めた）。それぞれの奉答場所が決まった経緯は複雑であるが、大別すれば、①大きな問題がない場合には、普段自分がいる興津（または御殿場）で奉答する、②政局が大きく混乱する危険があり、自らが事態を収拾する必要がある時には上京する、③次期政権をめぐって政党が争い、西園寺への働きかけが活発化する際には、それを避けるため京都に移動して奉答する、という三つのケースに分類できるように思われる。

このうち、清風荘が決定に大きく関わったことは三回ある（グレーで示した部分）。一回（一九二一年）は、西園寺が京都から上京して他の元老と協議を行い、後継首相を決定した例である。残る二回（一九二四年、二七年）は、西園寺が興津から京都に移動し、清風荘で後継首相の推薦を行った例である。なぜこのような移動が生じたのであろうか。また、後継首相推薦の際の清風荘はどのような様子だったのだろうか。以下では、この三例について考察していく。

一九二一年の例

一九二一（大正一〇）年の首相交代は、原敬首相の暗殺によって突然生じた。原首相は一一月四日午後七時三〇分前、特急列車に乗るため東京

表4　西園寺公望の邸宅（明治末期～昭和戦前期）　筆者作成

	邸宅	場所	面積	用途
東京	望緑山荘	東京府入新井村	土地 1387 坪	1893 年、取得 1899 年半ばまで本邸として使用
	駿河台本邸	東京市神田区	土地 850 坪 建物 200 坪	1898 年、住友友純が購入、東京控邸とする 1900 年、住友家の出資により邸宅を新築、公望の東京本邸となる 1919 年、新築 1923 年、関東大震災で全焼、翌年住友が再建 1940 年、住友が中央大学に売却
東京以外	隣荘（陶庵）	神奈川県大磯町	土地 4400 坪	1899 年、伊藤博文の紹介で取得 1917 年、池田成彬に譲渡
	坐漁荘	静岡県興津町	土地 300 坪 建物 70 坪	1916 年～、公望、興津で 3 回冬に滞在 1919 年、住友家の出資により竣工、以後事実上本邸とする
	便船塚別荘	静岡県御殿場町	建物 75 坪	1922 年、夏の別荘として取得
	清風荘	京都府田中村	土地 12535㎡ 建物 1453㎡ (現在)	1907 年、徳大寺実則、住友家に譲渡 1913 年、竣工、1919 年まで事実上本邸

駅の改札口附近を歩行していたところ、突如飛び込んできた一青年に右胸を刺され、絶命した。実は原首相は、翌日京都で行われる政友会近畿大会に出席することになっていた[262]。原はその際西園寺と会談することを希望しており、その旨を知らせる書簡が三日に届いていたため、西園寺は五日に予定していた興津行きを七日に延期して、原との会見を待っていた。『大阪朝日新聞』五日号外の記事によれば、西園寺は「一行を招いて午餐会を催し歓談に耽ろうと、名物南禅寺の瓢亭に御馳走を吩附（いいつ）けるやら、その日は楽しみにし」ていたという。西園寺がどこで会う予定だったの

表５　西園寺公望が後継首相について奉答を行った場所（大正・昭和戦前期）　筆者作成

年月	後継首相	奉答場所	備考
1913年2月	山本権兵衛	東京	元老会議に参加
1914年4月	大隈重信	—	違勅問題のため元老会議に不参加（京都滞在）
1916年10月	寺内正毅	東京	元老会議に参加
1918年9月	原敬	東京	元老会議に参加 内閣組織の下問を拝辞後、後継首相を奏薦
1921年11月	高橋是清	東京	原敬暗殺の報を聞いて京都から上京 元老会議に参加
1922年6月	加藤友三郎	—	病のため松方正義に一任（興津滞在）
1923年8月	山本権兵衛	葉山	御殿場から鎌倉（松方滞在中）を経て葉山へ移動 摂政裕仁親王に奉答
1923年12月	清浦奎吾	興津	勅使に奉答
1924年6月	加藤高明	京都	総選挙後、興津から京都に移動 勅使に奉答
1925年8月	加藤高明	御殿場	内大臣を通じて奉答
1926年1月	若槻礼次郎	興津	勅使に奉答
1927年4月	田中義一	京都	勅使に奉答
1929年7月	浜口雄幸	東京	張作霖爆殺事件後の帰趨を見定めるためか、夏に滞京 勅使に奉答
1931年4月	若槻礼次郎	興津	勅使に奉答
1931年12月	犬養毅	東京	後継首相の下問に答えるため興津から上京 天皇に奉答
1932年5月	斎藤実	東京	後継首相の下問に答えるため興津から上京 天皇に奉答
1934年7月	岡田啓介	東京	後継首相の下問に答えるため御殿場から上京 重臣会議に参加 天皇に奉答
1936年3月	広田弘毅	東京	後継首相の下問に答えるため興津から上京 重臣会議は開催されず 天皇に奉答
1937年1月	宇垣一成 （流産）	興津	病気のため上京せず 内大臣が非公式に重臣の意見を集約 内大臣を通じて奉答
1937年1月	林銑十郎	興津	内大臣を通じて奉答 奉答後、元老拝辞の申し出
1937年6月	近衛文麿	興津	内大臣を通じて奉答 西園寺の意向で成立した最後の内閣
1938年12月	平沼騏一郎	興津	前首相が中心に決定し、西園寺の意向は反映せず
1939年8月	阿部信行	興津	重臣が決定し、西園寺の意向は反映せず
1940年1月	米内光政	興津	重臣が決定、西園寺も了解

かは書いていないが、瓢亭からの料理を取り寄せて、清風荘で会おうとしていたと見て間違いないだろう。当時原内閣は、ワシントン会議開催を前にして、海軍軍縮、日英同盟廃棄など多くの外交課題を抱えていた。また、宮中某重大事件や疑獄事件が相次いで起こり、与党政友会への支持が揺らぎつつあり、政治基盤の立て直しも必要であった。原と西園寺は、こうした内外の難局への対処方針についてじっくりと話し合うつもりだったのだろう。

原首相暗殺の報は、清風荘へは当日午後九時一〇分頃、政友会代議士の奥繁三郎（衆議院議長、京都選出）からの電話でもたらされた。電話が来た時、西園寺は「ブラリと散歩に」出ており、不在であった。山田由甫家扶によると、西園寺が一〇時頃に帰邸すると、内閣書記官長からの電報が届いていたが、西園寺は「原君が殺されたさうだ」と話しただけで、すぐ上京の準備を家人に命じたという。西園寺は事の重大さと元老として自分がなすべきこと（後継首相の奉答）を、瞬時に悟ったのであろう。西園寺の帰邸と相前後して、奥代議士が清風荘に駈け附け、両者は三〇分ほど話し込んだ。その後西園寺は、居室に端然と座して深い思案に暮れたが、深夜に至るまで電報や電話が相次ぎ、ほとんど眠れなかったらしい。西園寺は翌朝、山田と護衛警部の両名を伴って九時九分発の列車で京都駅を出発し［写真15］、夜七時半頃東京駅に到着した。茶色無地大島の羽織と綿入れを着て、同じく茶色の中折れ帽、襟巻を身につけ、白足袋と雪駄という格好であった。西園寺は駅で秘書の中川小十郎らの出迎えを受けて、厳戒態勢の中、駿河台の邸宅に入った。この日京都の岡崎公会堂には三〇〇〇名近い政友会員が参集して、予定通り近畿大会を開催したが、事実上原の追悼会となった。

以後西園寺は、元老の山県、松方と協議しながら後継首相の選定を進めた。山県はこの

写真15　『大阪毎日新聞』一九二一年一一月五日夕刊。原首相暗殺の報を受け、清風荘を出る西園寺

時小田原の古稀庵に滞在していたが、折悪しく高熱で伏せっており、上京できなかった。そのため、東京にいた松方と西園寺は会談し、西園寺の山県訪問も行われたが、三元老が直接一堂に会すことはなかった。山県、松方の二元老の希望は、西園寺が後継首相を引受けることであった。また、政友会内にも、西園寺の再登板への期待は依然高かった。しかし、そのような時計の針を元に戻すようなことは論外と考えていた西園寺は、断固として首相就任を固辞した。結局山県、松方は諦め、西園寺が高橋是清蔵相の名前を挙げると、両元老もそれに賛同せざるを得なかった。こうして西園寺が主導する形で、高橋が原の後継首相に就任し、結果として、暗殺によって政権の枠組みが大きく変わるという事態は回避された。

もしこの時西園寺がすぐに上京しなかったら、山県、松方両元老が西園寺後継説に固執して、首相選定が難航した可能性もある。また、元老による協議が進行していた時、政友会の後継総裁はまだ決まっておらず、高橋の総裁就任は必ずしも既定路線ではなかったので、政友会内部で混乱が生じることも十分にあり得た（実際高橋内閣は、この後閣内対立のため短命に終わる）。そうした中で、急ぎ上京して自らを後継首相に推そうという動きを封じ込め、事態収拾を主導した西園寺の政治手腕は、見事であった。西園寺は、政変に際して急ぎ京都から上京し、自ら他の元老や政治有力者たちと会談・調整を進めることで、政治的混乱を収めたのである。

一九二四年の例

上記の例よりもはるかに対処が難しかったのが、一九二四（大正一三）年六月の首相交代である。この時の政権交代のきっかけは、第二次護憲運動であった。一九二四年一月七日、貴族院を基礎とする清浦奎吾内閣が成立すると、政権から疎外された三政党（政友会、憲政会、革新倶楽部）が護憲三派を結成し、内閣に対抗した。これに対して清浦内閣は三一日に衆議院解散で応じ、内閣を支持する政友本党の勝利を目指したが、五月一〇日に行われた総選挙の結果、護憲三派が衆議院の過半数を制した。そのため、清浦首相は総選挙後すぐに辞意を固めた。

当時日本では、総選挙で政権が交代した先例はまだなかったが、第一党となった憲政会総裁の加藤高明（一八六〇～一九二六）を首相に推す声が、メディアの間では最も強かった。しかし、仮にそうするとしても、護憲三派の連立内閣とするのか、憲政会の単独内閣とするのかなど、政権の枠組みについては様々な意見があった。他方で、貴族院、政友本党を中心に、清浦内閣の留任や挙国一致内閣の成立を求める声も存在した。この時元老山県は既に死去し（一九二二年没）、松方は病の床に伏せっていたため（一九二四年七月没）、事実上「最後の元老」となっていた西園寺は、一人で重大な決断を行わなければならなかった。

総選挙が行われた時西園寺は興津にいたが、結果を見届けると、五月二〇日に京都に入った。『京都日出新聞』は、西園寺がこの季節に入洛・墓参するのは通例となっており、他に深い理由はない、健康も回復したので寸暇を利用して来ただけであると報じている[263]。確かに西園寺は、興津を本拠と定めてからも、一九二一年、二三年と春に京都に来ており、この時期の入洛は不自然なことではなかった。しかし、総選挙が終了し、後継首相決定の権限を持っていた元老の一挙手一投足が注目される中で、西園寺が自らの入洛の政治的意味について考えていなかったとは到底考えられない。西園寺は、この時期に京都清風荘に移動することは、政権割り込みを策する政客を遠ざける上で好都合だと感じていたのではないだろうか。

二〇日午前一〇時五〇分に興津を出た西園寺の一行は、執事、料理人などを含めて総勢一一名にのぼり、まるで「大名式」だと報じる新聞もあった(264)。一行は、興津から静岡駅までは静岡県差回しの自動車で移動した。静岡駅では午後一時二一分発の特急列車に乗り、静岡県知事、静岡市長などが見送る中、京都駅に向かった。一行は、既に東京から乗り込んでいた西園寺の秘書中川小十郎（台湾銀行頭取）、松本剛吉（当時西園寺に政界情報を伝え、他の政界有力者との連絡役となっていた人物、一八六二〜一九二九）と合流し、午後七時二四分に京都駅に到着した。京都市長、第一六師団長など官民多数が出迎える中、西園寺一行はすぐに自動車に乗り込み、清風荘に移動した。一方、車内で西園寺に政治情勢を伝えた松本は、午後八時四〇分京都発の汽車で東京にとんぼ返りした。

実は西園寺は、この時点で既に加藤を後継首相に推す意向を固めており(265)、清浦辞任と新政権発足をいかに円滑に行うかに関心を向けていた。この頃、清浦内閣の閣僚には留任を主張する者もいたし、同内閣の与党政友本党内では、政友会との合流によって次期政権に割り込もうという策動も進められていた(266)。西園寺は、こうした政治家たちからの働きかけを遮断し、政権交代を粛々と行うためには、このまま京都に滞在し、東京の政局から距離を取っていた方が良いと考えていたものと思われる★。二一日に清風荘で西園寺と会談した入江貫一内大臣秘書官長は、西園寺が近いうちに上京するはずだと語った(267)。また、新聞各紙も西園寺がまもなく東京に移動するものと予想したが(268)、結局その後も西園寺は清風荘に滞在し続け、上京しなかった。

★関東大震災で駿河台邸が焼失し、まだ再建が行われていなかったこと、体調があまり勝れなかったことも、西園寺が東京に行かなかった理由として挙げ得るが、元老としての職責を果たす上で、上京しないことの政治的メリット・デメリットを計算していたはずだというのが筆者の解釈である。

清風荘に勤務していた神谷千二によれば、清風荘への来客者は厳しく制限されていた[269]。清風荘では、毎日午前一〇時と午後二時の二回来客を受け入れていたが、面接予定表は前もって約一週間分作られたので、一〇日ぐらい前に申し出なければ、面会はできなかった。玄関に挨拶だけに来る者もいたが、その場合は執事が名刺をもらっておき、夕刻に西園寺に来訪者名を報告していた。西園寺は時間を守ることに非常に厳格で、約束の時間と五分も違えば面会しなかったという。新聞報道を見る限り、こうした原則は基本的に守られていたようであるが、神谷が「当邸が最も緊張するのは政変の際である」と語っているように、政変の際には必ずしもそうはいかなかったようである。この時も清風荘には多数の来客があり、西園寺はきわめて多忙であった。五月二〇日から西園寺が興津に戻った六月二一日までの清風荘の訪問者（新聞報道などで確認できたもの）は、表6の通りであった。多くの政治家が来訪していたことが分かる。特に、この時期西園寺に政界情報を提供していた中川小十郎と松本剛吉[270]、政権参加をめぐって難しい立場に立たされていた政友会（小泉策太郎、岡崎邦輔）と貴族院研究会（近衛文麿、水野直）の関係者が何度も来訪していたことが注目される。

この時の滞在時で最も重要な訪問客は、清浦奎吾首相と徳川達孝侍従長であった。清浦首相は、総選挙の結果を受けて辞意を固め、その報告のため五月二五日に清風荘を訪れた。二八日に西園寺が松本剛吉に語ったところによれば[271]、清浦は入室早々庭を賞め出し、中国文人の話などをした後で本題に入り、辞意を伝えた。西園寺は、強く引き留めることなく辞職を認め、清浦が後継首相の名前を挙げようとするのを遮って、何者も推薦させなかったという。元老としての矜持を感じさせる一幕であるが、西園寺は清浦のことを気遣って、

表6　清風荘の主な訪問者（1924年5月20日〜6月8日）　筆者作成

訪問者	肩書き	訪問日時	滞在時間	宿泊・滞在先	注記
入江貫一	内大臣秘書官長	5月21日10時	約1時間半	京都ホテル	
マーシャル・メルラン	インドシナ総督	5月22日15時頃	約30分	長楽館	夫人も同行
ポール・クローデル	フランス駐日大使	5月22日15時頃	約30分	長楽館	夫人も同行
池松時和	京都府知事	5月23日10時頃	約20分	（京都在住）	
小泉策太郎	代議士（政友会）	5月23日10時半頃？	約2時間	松吉旅館	
水野直	貴族院議員	5月23日15時頃	約1時間	？	
近衛文麿	貴族院議員	5月23日15時頃	約1時間	大可楼	
内田嘉吉	台湾総督	5月24日午前	—	？	名刺を置いて辞去
稲畑勝太郎	実業家	5月24日午前	—	（京都在住）	名刺を置いて辞去
馬淵鋭太郎	京都市長	5月24日午前	—	（京都在住）	名刺を置いて辞去
三輪市太郎	代議士（政友本党）	5月24日午前	—	？	名刺を置いて辞去
岡崎邦輔	代議士（政友会）	5月24日15時前	約40分	竹島旅館	
近衛文麿	貴族院議員	5月24日15時40分頃	約1時間半	大可楼	
木村欽一	松本剛吉使者	5月24日	？	？	松本の書簡を渡したのみで、面会していない可能性が高い
清浦奎吾	首相	5月25日9時半	2時間10分	京都ホテル	
近衛文麿	貴族院議員	5月26日午前	？	大可楼	
二條秀賢	？	5月27日9時	40分	？	
岡崎邦輔	代議士（政友会）	5月27日10時	約2時間	？	
望月小太郎	代議士（憲政会）	5月27日14時	2時間10分	？	
岡野敬次郎	貴族院議員	5月27日午後	約2時間	柊屋	
松本剛吉	元代議士	5月28日午前			
郷誠之助	実業家	5月28日午前			
馬淵鋭太郎	京都市長	5月29日16時20分	—	（京都在住）	見舞いを執事に伝えて辞去
加藤辰弥	元首相秘書官	5月31日9時半	約1時間半	？	
池松時和	京都府知事	5月31日10時前後	—	（京都在住）	見舞いを執事に伝えて辞去
浅田博士	浅田病院長	6月5日	？	（京都在住）	
近衛文麿	貴族院議員	6月6日15時5分	約1時間半	旅館大嘉	
中西亀太郎	京都帝大教授	6月7日9時半	？	（京都在住）	
中川小十郎	台湾銀行頭取	6月8日8時	？	？	15時半まで滞在
徳川達孝	侍従長	6月8日8時50分	50分	柊屋	
近衛文麿	貴族院議員	6月8日11時20分	？	旅館大嘉	
松本剛吉	元代議士	6月8日11時30分	3時間	柊屋	近衛の後、12〜15時に会談
梅園篤彦	子爵	6月8日14時50分	？	（京都在住）	見舞いを執事に伝えて辞去
馬淵鋭太郎	京都市長	6月8日15時10分	35分	（京都在住）	
池松時和	京都府知事	6月8日16時15分	—	（京都在住）	見舞いを執事に伝えて辞去
中川小十郎	台湾銀行頭取	6月9日9時	？	？	
末弘威麿	西園寺実弟	6月9日午前	約20分	（京都在住）	
中西亀太郎	京都帝大教授	6月9日午前	？	（京都在住）	
中西亀太郎	京都帝大教授	6月10日午前	？	（京都在住）	この頃隔日位に訪問しているという報道あり
熊谷信吉	鳩居堂店主	？	？	（京都在住）	この頃折々に訪問しているという報道あり

【典拠】『京都日出新聞』『東京朝日新聞』『大正デモクラシー期の政治　松本剛吉政治日誌』

会談終了後には玄関外まで清浦を見送っている［写真16］。

六月七日に清浦内閣が総辞職すると、さっそく徳川達孝侍従長が勅使として元老西園寺のもとに派遣され、後継首相の御下問が行われた。徳川は八日午前八時二五分に京都駅に到着すると、すぐに自動車に乗り替え、八時五〇分に清風荘に到着した。この日西園寺は体調がやや勝れず、微熱があったため、フロックコートを着用せず羽織袴の略装で勅諚を拝し、御下問に対して加藤高明を奉答した。会談は約五〇分間で終了した。徳川は清風荘から退去し、柊屋旅館で休憩すると、同日の夜行列車で帰京した。この日は早朝から中川が清風荘に詰めており、一五時半まで西園寺に付き添っていたが、近衛文麿、松本剛吉も徳川の退去後に相次いで来訪した。西園寺は、彼らと床に入ったままで会談した[272]。翌日、帰京した徳川が西園寺の奉答を摂政裕仁親王に言上すると、加藤高明に組閣の大命が下り、一一日に第一次加藤高明内閣（護憲三派内閣）が発足した。以後清風荘を訪れる政客はほとんどいなくなったが、西園寺も体調が戻り、新聞に目を通したり、鳩居堂の熊谷信吉と話をしたりして時間を過ごしたようである[273]。六月二一日、西園寺は、池松知事、馬淵市長、浜岡光哲商工会議所会頭、富岡鉄斎ら多数に見送られる中、中川小十郎、松本剛吉、竹越與三郎（貴族院議員）らを引き連れて京都を発ち、興津に戻った[274]。

第二次護憲運動中は、第一次護憲運動の時ほどではなかったものの、騒然とした雰囲気に包まれていた。清風荘でも、西園寺が清浦首相と面会している最中に、護憲三派の政権排斥を求める決議文を持参した男達が、清風荘に押しかける事件などが起きている[275]。このような雰囲気に左右されることなく、西園寺は総選挙の結果と政局を的確に見極め、日本で初めてとなる総選挙の結果に基づいた政権交代を、平穏に実現させた。こうして誕生し

清風荘における西園寺公と清浦首相

写真16 『京都日出新聞』一九二四年五月二五日夕刊。清風荘玄関前での西園寺（右）と清浦奎吾首相。西園寺が玄関先まで政治家を見送ることはほとんどなかったと言われている

た加藤内閣は、翌年普通選挙法を実現するなどの成果を挙げ、以後約八年間続く二大政党時代の出発点となった［写真17］。

一九二七年の例

一九二七（昭和二）年の例は、一九二四年と同様の文脈で理解できる。前年に病没した加藤高明の後を継いで首相となった若槻礼次郎（一八六六～一九四九）は、指導力に欠け、一九二七年四月一七日に金融恐慌が原因で内閣総辞職に追い込まれた。これより以前、西園寺は興津の本邸で松本剛吉（一〇日）、若槻首相本人（一一日）と面談し、若槻内閣の退陣が近いという判断に至っていた。そこで西園寺は、政変前に興津から京都に移動することを決心し、一七日に入洛する旨を、松本に一二日に書き送った[276]。一六日に内閣総辞職がいよいよ不可避になると、西園寺は近衛文麿と松本剛吉に電報を打って、翌日に静岡で合流するよう段取りをつけた。一七日、西園寺は秘書の中川小十郎、原田熊雄と共に興津から静岡に移動し、静岡で京都行き特急に乗り込んだ[277]。列車には近衛、松本が既に乗っていた他、静岡駅で西園寺を待ち構えていた政友会代議士の小泉策太郎も合流した[278]。西園寺は列車の中で彼らから政局の様子を聞き、後継首相の御下問に備えた。一九二四年に松方正義が死去し、元老は西園寺のみになっており、後継首相の決定は文字どおり西園寺の双肩にかかっている状況であった。

この列車の中で、西園寺は松本に以下のように述べている。京都への移動が西園寺自身の強い意思によるものだったことが分かる[279]。

写真17　『大阪毎日新聞』一九二五年四月二七日。清風荘を辞する加藤高明首相。前月に成立した普通選挙法などについて報告したものと思われる。前庭の様子がうかがえる

宮中及び政府筋より政変を見越し、自分に東京に出るか又は興津に止り呉れとのことを頻りに申越せしも、自分は陛下の御召しにあらざる以上は断じて上京又は興津に滞在せずと言へり。

西園寺がこのように東京や興津を忌避したのは、内閣総辞職に伴って政権割り込みを目指す様々な策動が出てくる中で、それらから距離を取り、落ち着いた環境の中で後継首相の御下問に奉答しようとしたからであろう。当時政党の動きは大変複雑で、与党憲政会の中に政友本党と提携して政権維持を図る動き（憲本提携）が存在する一方で、野党政友会は政友本党を取り込むことで、次期政権獲得を確実なものにしようと狙っていた[280]。既に三党は西園寺の支持を得ようと躍起になって動いており、一月以降、若槻礼次郎首相、安達謙蔵逓相（憲政会）、小泉策太郎、鵜澤総明（政友会）、床次竹二郎、松田源治、高橋光威（政友本党）らが相次いで興津の坐漁荘を訪問していた[281]。また、後継首相推薦の権限はないものの、元老に次ぐ地位にあった牧野伸顕内大臣のもとには、西園寺がこの後勅使と面会した当日、何人かの政客が詰めかけた[282]。西園寺はこうした事態を避けようとしたのである。

西園寺は一七日午後七時四六分に京都駅に到着すると、すぐ清風荘に入った。翌日、東京から勅使として派遣された河井弥八侍従次長が朝八時過ぎに京都に到着し、早速清風荘を訪問した。西園寺は河井と二時間会談し、後継首相として野党政友会総裁の田中義一（一八六四～一九二九）を奉答した［写真18］。こうして、一九日に帰京した河井が奉答結果を昭和天皇に伝えると、その日のうちに田中に組閣の大命が下り、二〇日に田中内閣が発足した［写真19］。新聞報道を見る限り、勅使が来訪した一八日から新内閣が発足した二〇日

写真18　『京都日出新聞』一九二七年四月一八日夕刊。清風荘の門前。清風荘にはこの日、西園寺の奉答を求めて勅使が派遣された

写真19　『大阪毎日新聞』一九二七年五月二二日。清風荘を辞する田中義一首相ら

にかけて、清風荘を訪れた政党政治家はいなかったようである。[283] こうして西園寺が意図した通り、後継首相の御下問への奉答と政権交代は平穏裡に行われることになった。なお西園寺は、この後六月二八日に興津に向かうまで清風荘に滞在を続け、田中首相、田中内閣の閣僚や政府高官と何度か会談を行っている。[284]

このように西園寺は、自らの政治力を最大限活かしつつ、元老としての職責を果たすために、細心の注意を払って居場所を決定・選択していた。清風荘は、西園寺の政治指導を支える不可欠の場として機能していたと言えるだろう。

西園寺最後の清風荘滞在とその後

一九一九年に本邸を興津に移した西園寺は、一九二五年まで毎年春か秋に清風荘を訪れていた。西園寺は帰洛時に、京都御苑内の西園寺邸跡に建てられた白雲神社、西園寺家の菩提寺である西園寺［写真20］、[285] 父徳大寺公純の眠る金戒光明寺、弟住友友純の眠る嵯峨釈迦堂（清凉寺）や桃山御陵をよく訪れた。ドライブ好きも変わらず、一九二七年には大津、[286] 一九二九年には洛北八瀬に自動車で行っている。[287] 毎度政治家の「西園寺詣で」に対応する一方で［写真21］「清風荘サロン」[288] も健在で、一九二九年の来訪記録［表7］を見ると、常連の狩野直喜や桑名鉄城の他に、フランスから一時帰国していた藤田嗣治とも面談している。もっとも、一九二六年以降、西園寺の帰洛は隔年になった。西園寺は年齢の割には壮健であったが、次第に健康が衰え、しばしば体調不良が報じられており、長時間の移動や底冷えのする秋から冬にかけての滞在は、年々難しくなったのであろう。

写真20　西園寺を訪問　神谷厚生氏所蔵

写真21　『京都日出新聞』一九二九年一〇月二〇日夕刊。清風荘を辞する近衛文麿

西園寺が最後に清風荘に滞在したのは、一九三二（昭和七）年秋のことであった。この年静岡県御殿場町で例年通り避暑をした西園寺は、興津に戻らず、静岡市経由で京都に向かった。西園寺を乗せた列車は、九月一五日午後四時四一分に京都駅に到着した。同行者は秘書の中川小十郎、原田熊雄、女中四名で、駅ではいつも通り森田市長、藤岡内務部長、安岡警察部長など官民多数が出迎えた。西園寺の警備は従来からきわめて厳しかったが、この年は血盟団事件、五・一五事件といったテロが相次いでいたため、いつにない厳戒態勢が取られていた。西園寺が京都駅に降り立った頃には、多数出動した制服・私服の警官が新聞記者を排除しようとして、新聞社側から問題視される一幕もあった。(289)

西園寺は事前に興津から差し回していた自動車に乗り込み、直ちに清風荘に移動した。清風荘周辺の警備も厳重になっており、これに反発した記者と警官の間で小競り合いが発生した。神谷千二は、清風荘の警備について、「警衛は甚だ厳重で、四〇名の巡査が二班に別れ、各班二〇名ずつ一昼夜交代であった。邸内には警衛本部の外、七、八ヶ所の立番所があり、又別に憲兵も二、三名が詰めていた」と書き残している。(290)この時も清風荘の内外には約四〇名の警官が配置され、「蟻の這い入る隙間もない」警備が行われた。(291)前年西園寺が清風荘に滞在していた時は、新聞記者が通用門から邸内の警官詰め所まで立ち入ることが許されていたが、この年は一切の立ち入りが禁止された。また、西園寺が清風荘に入る直前、附近では大々的な「浮浪人狩り」が実施され、二九名が検束された。このように警備が厳重になったことにかえって刺激されたのであろうか、西園寺の入洛以降、精神に問題があると見られる青年が西園寺に会うと称して清風荘に来るという事件が、二件も発生している。(292)

この時の西園寺の清風荘滞在は約二か月（九月一五日〜一一月八日）に及んだが、『京都日出新聞』によれば、清風荘を訪問した名士は一三一名、うち西園寺との面会者はのべ八五名にのぼったという（警備に従事した警察官は憲兵を含めてのべ約二二〇〇名）[293]。入洛当初西園寺は元気で、九月二二日には桃山御陵に参拝した後、立命館大学の広小路学舎を訪問し、中川小十郎の案内で中央講堂や教室を一覧した[294]。また九月下旬から一〇月初旬にかけては、清風荘に来訪した吉田伊三郎（駐トルコ大使）、清浦奎吾（元首相）、一木喜徳郎（宮内大臣）らと面談を行っている[295]。

しかし、西園寺は一〇月初旬に風邪を引いて体調を崩した。そのため、一二日に松岡洋

表7　清風荘の主な訪問者
(1929年9月17日〜11月21日)　筆者作成

訪問月日	訪問者（肩書き）
9月18日	佐上信一（京都府知事）、森田茂（京都市会議長）、安川和三郎（京都市助役）、中西亀太郎（京都帝国大学名誉教授）
9月19日	田中昌太郎（京都地方裁判所検事正）、桑名鉄城（篆刻師）
9月20日	土岐嘉平（京都市長）、二荒芳徳（貴族院議員）
9月23日	竹越與三郎（貴族院議員）
9月27日	桑名鉄城
9月29日	佐分利貞男（駐華公使）、原田熊雄（西園寺秘書）、久原房之助（代議士）
10月4日	岡田啓介（前海相）、佐上信一
10月5日	原田熊雄、徳富猪一郎（ジャーナリスト）
10月7日	左近司政三（海軍軍令部出仕）、桑名鉄城
10月8日	大谷光瑞（元本願寺法主）
10月10日	〔原田熊雄〕
10月16日	井上英（京都府警察部長）、原田熊雄、塚本義輝〔照（近衛文麿秘書）か〕、中西亀太郎
10月17日	近衛文麿（貴族院議員）
10月20日	宇垣一成（陸相）、近衛文麿（貴族院議員）
10月21日	原田熊雄
10月22日	仙石貢（満鉄総裁）、中西亀太郎
10月23日	望月圭介（代議士）
10月25日	鈴木貫太郎（侍従長）
10月26日	久原房之助
10月27日	原田熊雄
10月28日	狩野直喜（京都帝国大学名誉教授）、南弘（貴族院議員）、中西亀太郎
10月29日	橋本独山（相国寺派管長）
10月30日	中川小十郎（貴族院議員）、安丸〔住友保丸か〕（住友顧問）
11月3日	原田熊雄
11月5日	藤田嗣治（画家）
11月7日	若槻礼次郎（ロンドン海軍会議全権）
11月9日	安丸、室町公藤（掌典）
11月11日	桑名鉄城、松岡新一郎（元パリ講和会議随員）、関屋貞三郎（宮内次官）、片岡直温（元蔵相）
11月12日	伊沢多喜男（貴族院議員）、中川小十郎
11月13日	久保無二男（住友顧問）、今村幸男（住友信託銀行常務）
11月17日	梅園篤彦（貴族院議員）、中川小十郎
11月19日	小泉策太郎（代議士）、織田萬（京都帝国大学法学部教授）、犬養毅（政友会総裁）、平亮高膳

【典拠】『京都日出新聞』

右（代議士、一八八〇〜一九四六）が来訪した時には面会できず、代わりに秘書の中川が対応した（松岡が清風荘前で撮った写真は［写真4］）。松岡は、国際連盟特別総会に日本全権として出席し、満州事変後にリットン調査団が出した報告書に弁駁するため、間もなくジュネーブに向かうことになっていた。西園寺は、夏に御殿場に滞在中松岡に一度会い、松岡から会議をまとめるつもりであるという意向を聞いていた。その後も伝言を通して同じ意向を確認していたものの、西園寺はまだ腑に落ちない点があり、松岡の意向をなお確かめたいと考えていた[296]。しかし松岡は清風荘訪問後、新聞記者からのインタビューに対して、「飽くまで帝国の正義を主張する」などと強硬なことを述べていた[297]。西園寺は、内心憂慮に堪えなかったに違いない。

以後も、西園寺の体調は勝れなかった。一〇月二〇日頃に秘書の原田が主治医の勝沼精蔵（名古屋医科大学教授）に電話したところ、「よほど大事をとる必要がある」という診断だったため、勝沼が当分清風荘に滞在を続けるのみならず、二三日に東京から三浦謹之助（東京帝国大学名誉教授）も駆け付けることになった[298]。体調が万全でない中、西園寺は二五日に若槻礼次郎（元首相）［写真22］と一時間会談したが[299]、その後幸い西園寺の体調は非常に快方に向かった。西園寺は、体調が万全に戻ると、一一月八日に興津に戻った［写真5］。

結果的に、これが西園寺にとって最後の清風荘滞在となった。その後西園寺は、何度か上京することはあったものの、再び京都に入ることはなかった。年々健康が衰え、長時間の移動が負担になっていた上に、治安の悪化により警備もますます厳重を要するようになっていったため、西園寺は内藤湖南らと書簡は交わすものの、実際に京都に赴くことは叶わなかった。

写真22　『大阪毎日新聞』一九二九年一一月八日夕刊。清風荘正門前での若槻礼次郎全権

一九三九（昭和一四）年二月以降、西園寺はたびたび体調を崩すようになり、この年から御殿場への避暑も行われなくなった。一九四〇（昭和一五）年一一月、西園寺危篤の報が伝わると、清風荘の留守を預かっていた神谷千二夫妻らは、京都御苑内の白雲神社に日参して、病気回復を祈願した。また、二四日には清風荘付近の各町公同組長ら三〇名が氏神田中神社に参拝し、病魔退散を祈念したが、[300]願いも空しく、同日西園寺は坐漁荘で死去した。享年九〇歳であった。西園寺死去の報が伝わると、清風荘では弔問客を受付け、京都市長代理、元女中らが駆け付けた。[301]西園寺の国葬は一二月五日に東京で行われたが、この日清風荘では客間に西園寺の遺影が安置され、田中関田町の公同組長、徳大寺家の旧臣の子孫、西園寺の乳母の子孫らゆかりの人びとが集まり、故人を偲んだ［写真23］。[302]京都市内では、立命館大学が西園寺家の紋を掲げて遥拝式を挙行した他、京都帝国大学、京都府立京都農林学校、同志社大学などが休校して弔意を表した。[303]この日の清風荘や京都市内の様子は、京都にとって西園寺の存在がいかに大きなものであったかを改めて示すものであったと言える。

写真23 『京都日出新聞』一九四〇年一二月五日夕刊。西園寺が死去した後、ゆかりの人々が清風荘に集まり、面影を偲んだ様子。客間の床の間に西園寺の遺影が安置され、供物が飾られた

京都大学時代（昭和戦後期）

京都帝国大学への寄贈

西園寺の死後、清風荘に残された遺品は、神谷千二と熊谷八十三が中心になって整理した。一九四一年五月、両者は清風荘内の土蔵の調査を行い、大正天皇の宸翰四幅を整理し、

洋書四一冊の表題を写すなどした。半年後の一一月には、清風荘から立命館にトラックで書籍が送られた。これらは、既に立命館内に設置されていた西園寺文庫に入れられることになったものと思われる。この月、熊谷の手により坐漁荘の遺品の荷造りが完了し、清風荘、立命館に多くの荷物が送られた。また翌年一月には、清風荘の土蔵の整理が再度行われ、物品、洋書の整理が全て完了した。★一連の作業を終えた熊谷は、一九四二年から四五年まで、立命館で文庫長（図書館長）や中学校講師を務めることになった。(304)

その後清風荘は住友家によって維持管理されたが、一九四四（昭和一九）年に西園寺とゆかりのある京都帝国大学に寄贈されることになった。寄贈の経緯は、第1章で詳細に明らかにされている通りで、京都帝国大学側では羽田亨総長（一八八二〜一九五五）の尽力によるところが大きかった。羽田は、内藤湖南が京都帝国大学文科大学に着任した一九〇七年に大学院に入学した、いわば湖南の一番弟子の東洋史学者であり（専門は中央アジア史）、師と西園寺公望の親交や清風荘の文化史・政治史上の意義を熟知していたはずである。京都帝大と住友家が折衝を進める上では、歌人としても著名な川田順（元住友総本社常務理事）が大きな役割を果たしたが、住友家の当主（友純の次男）友成が京都帝国大学文学部（一九三三年卒）に学んでいたということも影響していたのかもしれない。★それまで清風荘の留守居役を務めてきた神谷は、引き続き京都帝国大学に雇用され、清風荘の管理業務に従事することになった。(305)

京都帝国大学による清風荘の学内披露会は、一九四四年六月一八日（創立記念日）に開催された。この披露会で初めて清風荘に入った言語学者の新村出（京都帝国大学名誉教授、一八七六〜一九六七）は、玄関前の黒竹の新芽、西園寺の居間に飾られている書軸などを見て、

★清風荘には多くの古い物品（食器、家具など）が残されているが、これら一連の作業により坐漁荘などから移転されたものも少なくないと思われる。

★友成の弟元夫も京都帝国大学理学部（一九三六年卒）出身である。

「すべてがいかにも陶庵公その人をしのばせる情致」がこまやかに漂うのを感じた[306]。飾られている書軸は、西園寺が九〇歳の時に揮毫した韓退之の古詩で、以下の通りであった[307]。見学の少し前まで空襲警報が鳴るなど、戦時色に覆われる中、新村はこの詩から西園寺の「憂国慨世の至情」を感じ取った。

静夜有清光　閑堂仍独息
念身幸無恨　志気方自得
楽哉何所憂　所憂非我力

新村が居間に入ると、たまたま羽田亨総長が亭主役で、織田萬、松本亡羊★、狩野直喜が書軸について雅談を交わしていた。狩野は説明役として韓退之の詩集『韓昌黎集』を繙き、出典である「夜歌」について詳しく解説してくれた[308]。その後新村は、狩野、織田と共に庭園内を歩き回り、穂が出たばかりのドクダミの花などに目を留めたが、この情景は新村にとって忘れがたい想い出となった。この日見学を許されたのは、総長以下、名誉教授、教授、助教授らで、学生の参加は許されていなかったようである[309]。この点で清風荘は、教官のみが利用可能な閉鎖的な空間とも言えたが、京都帝国大学への寄贈をきっかけに、清風荘の古き良き雰囲気はそれまで縁のなかった研究者たちにも開かれ、より広く知られるきっかけを得たのであった。

★この翌年に死去しているという記述があるので、松本文三郎（京都帝国大学名誉教授、インド哲学史、一八六九〜一九四四）かと思われる。

戦後の利用状況

第二次世界大戦終結後、京都帝国大学（一九四七年一〇月に京都大学と改称）は公職追放、占領軍による施設接収、新制大学への改組など、激動の渦に巻き込まれた。清風荘の状態も悪化したようだが、関係者の努力によって何とか維持された。この頃清風荘は、主に①文部省関係者など学外からの賓客との会合、②学内の会議や研究会、③学外からの参加者を含む学術的会合のために利用されていた。表8は、一九四六年七～一一月に清風荘を利用して行われた会議の一覧である。[310] ②③は判別し難いものもあるが、六二件中、①が七件、②が四二件、③が一三件あり、全体の約三分の二が学内の会合で使われていたことが分かる。

当時清風荘では、しばしばかなり重要度の高い会議が行われていた。その一つとして、戦前瀧川事件で法学部を去っていた瀧川幸辰（刑法学者、当時は弁護士として活動）の復帰を決定した会議が挙げられる。終戦直後GHQは、軍国主義・国家主義の鼓吹者の追放、戦時下に追放された自由主義的教員の復職を各学校に要求した。京都帝大では、就任したばかりの鳥養利三郎総長が一九四五（昭和二〇）年一一月一四日に前田多門文相と会見し、瀧川事件以前の高度な大学自治が認められることを確認した。これを踏まえて同年一二月五日、翌年一月九日に、総長、黒田覚法学部長（憲法学）、佐々木惣一名誉教授（憲法学、瀧川事件で京大を退職）、竹田省名誉教授（商法学、瀧川の復帰に関する「竹田覚書」を執筆）らが清風荘で会談し、瀧川に法学部長として京都帝大に復帰してもらい、法学部再建を託すことが決まった。[311] 瀧川は、回顧録『激流』の中で、自らの復帰が決まった一月九日の会議のことを「清風荘会議」と表現している。[312]

　他方で、清風荘は京都帝国大学関係者の懇親の場としても利用され始めていた。新村出はエッセイの中で、一九四六（昭和二一）年六月五日に清風荘で行われた「老人会」に参加したと記しているが、これは同年一〇月一六日に開催されていた「名誉教授協議会」と同種の会合だったのではないかと思われる。同年七〜一一月には、退官教授の送別会が二回、学生サークル京大心茶会（久松真一文学部教授の指導、裏千家家元（第一四代）千宗室の後援のもとで一九四一年発足）の会合も一回開かれている［表8］[313]。

　戦後に清風荘を最も活発に利用した教官の一人として、井島勉（文学部教授、美学、一九〇八〜七八）が挙げられる。井島は、洋画家の須田国太郎、日本画家の上村松篁らと語らって、転石会という「芸術について当てもなく放談する会」を一九四七年に立ち上げ、清風荘を会場として三ヶ月に一回開催した。当初は物資の乏しい時代だったので、なけなしの茶菓や貧弱な食事を用意して行っていたが、会合は開放的で、大変活発であった。のちに井島は、「戦争が終って文化国家の看板を掲げたものの、まだこれという格別の動きも見られない時代に、まして京都という土地にこれだけの人材が集まって、若々しい芸術談義の幕を開けたということは、今に

表8　清風荘を利用して行われた会議（1946年7〜11月）　筆者作成

月	会合名（日付）
7月	①会計検査院事務打合会（1日）、①パーカー大佐との教育協議会（8日）、②学部長会議（10日）、②工学部研究会（12日）、②本部事務打合会（12日）、①京都帝国大学・京都府庁協議会（22日）、②楽友会委員会（24日）、③体質研究会理事会（25日）、②教育協議会（26日）、②人文科学研究会（28日）
8月	②医学部教授会（7日）、②教育協議会（12日）、②正路教授退官送別会（14日）、②22年度予算打合会（16日）、①文部省との事務打合会、②医学部生理学教官会議（24日）、②教育協議会（26日）
9月	②工学部建築学教室研究打合（2日）、②科学研究事務打合会（3日）、②薬理学研究発表会（11日）、②歯科教官研究会（12日）、②海洋研究班協議会（16日）、③学術研究打合会（16日）、②給与改善打合会（23日）、②冶金学教室学術協議会（24日）、①科学研究に関する文部省打合会（25日）、②園芸研究室研究会（29日）
10月	②人事に関する打合会（3日）、①文部省大阪出張所長事務打合会（4日）、③学術研究会議栄養研究班会議（5日）、②人文科学研究会（6日）、②理学部教授会（7日）、②医学部薬理学教室研究発表会（11日）、②歯科教官研究会（12日）、②医学部教授会（14日）、②名誉教授協議会（16日）、②高田教授退官送別会（18日）、②工学部教授会（19日）、③学術研究会議委員会（20日）、③日本学術振興会第90小委員会(22日)、③水産海洋化学研究会(25日)、②工学部工業化学教官会議(27日)、③農村都市文化問題座談会（27日）
11月	②学術連絡会議（2日）、②医学部環境学教室の会（3日）、③学術研究会議第9協議会（4日）、③学術研究打合会（5日）、②教官協議会（7日）、③学術研究会議特別委員会技術研究科会（7日）、③日本学術振興会第64小委員会（9日）、②食糧科学研究所協議会（9日）、②医学部泌尿器科教官協議会（10日）、③学術研究会議ビタミンBの特別研究委員協議会（13日）、②理学部教官協議会（15日）、②歯科診療研究会（16日）、②農林経済学教室農業経営協議会（16日）、②京大心茶会創立5周年記念会（17日）、②経済学部研究発表会（17日）、②眼科教室集談会（20日）、③学術振興会特15委員会（22日）、②美学研究会（22日）、③日本循環器病学会幹事会（22日）、①文部省科学局長座談会（22日）、②膠質油化学研究会（27日）

【典拠】「接収関係　昭和21.10〜27.7　管財課」京都大学大学文書館所蔵

して想えばやはり特筆すべき事件であった」と振り返っている。[314]

転石会は文学者や書家をも巻き込んで続けられ、一九五二（昭和二七）年には森田子龍（書道家）らによって、京都で前衛的な書道団体である墨人会が結成されるきっかけにもなった。[315] この集まりは、会員の多忙により休会した一九五五（昭和三〇）年まで存続した。また、井島は転石会の他に、想風会という会合（京都大学で美学の研修生として受け入れた小中学校教師の同窓会）も主宰し、年数回清風荘で研究会を行っていたという。[316] 研究会の後は宴会になり、二次会、三次会と飲みに行ったというから、大変活気のある集まりだったようである。

湯川秀樹（理学部教授、物理学、一九〇七～八一）も、清風荘をよく利用していたことが確認できる。湯川は生涯にわたり丹念に手帳をつけており、清風荘を利用したことを示す記載が少なからず残されている。[317] 湯川は一九四九～五三年にアメリカで在外研究を行ったが、それ以前の清風荘に関する記述を手帳から抜き出すと、以下のようになる。★

・一九四五年
一二月一一日（水）　午後三時　清風荘

・一九四六年
一月二三日（水）　一二〈時〉　清風荘
六月二五日（火）　一四〈時〉　一四時　清風荘
九月一〇日（火）　一五時　清風荘

・一九四七年

★湯川が清風荘に行ったことを全て手帳に記したとは限らないが、研究室以外の場所への移動を伴う用事はかなり丹念に書かれていることから、手帳の記述によって概ねの傾向は分かると考えられる。

七月一七日（木）　午後二時～五時　清風荘　和泉式部
一〇月一五日（水）　午後一時、運営委員会　静〔ママ〕風荘
一〇月三〇日（木）　教授懇談会　静〔ママ〕風荘　午前一一時　白井

・一九四八年
五月二四日（月）　午後二時　清風荘　二〇人以内
七月一五日（木）　晩　清風荘
七月一八日（日）　正午　□□会？　清風荘
八月一七日（火）　晩　清風荘

手帳を見る限り、湯川は終戦後一二月一一日に初めて清風荘を利用したようだが、残念ながら用務や所懐は記されておらず、詳細は不明である[318]。その後一九四八年までは、少なくとも年三～四回は清風荘を利用していたことが確認できる。用務を書いていないことも多いが、昼間利用する時は「運営委員会」「教授懇談会」など、学内の会議で利用していたようである。一九四七年七月一七日の条には、「和泉式部」という気になる記載がある。この年京都では、戦時中に中断されていた祇園祭が部分的に復活し、この日は長刀鉾の往復曳行が行われていた[319]。それに関係した歌会でも開かれたのであろうか。一九四八年夏には、三回清風荘に行ったことが記載されている。これらは、八月から米国プリンストン高等研究所に客員教授として赴任することになっていた湯川の歓送会であったと推定される。歓送会に出席した徳岡善助（のち京都大学教授、物理学）は、その時の様子を次のように書き残している[320]。

この日は、先生の首途を祝福するにふさわしく抜けるような青空で、始めてみる清風荘の庭は美しく輝き、乾杯のビールは殊のほか爽やかであった。清風荘は西園寺公望公の旧邸で、今では京都大学の迎賓館になっており、簡素な建物と晴れやかな庭の調和した閑静なたたずまいは、その頃と全く変わっておらず、訪れるたびにこの日を思い出させてくれる。

終戦後復興が進み、大学も正常化していく中で、清風荘は若手も含めて研究者達が集い、語らう貴重な場として機能するようになっていたのである。

一九四九年一一月三日、渡米中の湯川は、日本人として初めてノーベル賞（物理学賞）を受賞した。京大はこの記念事業として湯川記念館（基礎物理学研究所）建設を要望したが、政府は早くも翌年三月に、同館建設のための公共事業費支出を決定している。[321] 驚くべきスピードであるが、これほど迅速に決定が行われた背景には、実は清風荘が少々関わっていた。[322] ノーベル賞受賞決定の報告を鳥養京大総長が受けたのは三日であったが、翌日さっそく荒勝文策理学部長を呼んで相談し、二四日に湯川記念館建設委員会を設置した。これとは別に、一一月六日に京都で開催された日本学術会議第四部会（理学系、部長 茅誠司東京大学教授）で、広島大学の三村剛昂教授から記念事業が提案され、承認されたが、この部会の会場となったのは実は清風荘であった。同部員だった荒勝が「京都大学においてもそのような考えがある」と述べた結果、京大と同会議が連携して計画を推進することになり、翌年の建設決定につながったという。湯川自身もゆかりがある清風荘で湯川記念館建設への動きが本格化したのは、奇縁である。その後清風荘では、湯川記念館の運営委員就任予定者の会合なども開かれたという。一九五七年には、雑誌『自然』（中央公論社）の企画で、記念館開設の経緯を振り返る座談会が清風荘で行われ、湯川自身もこれに参加した〔写真24〕。[323]

一九五三年に帰国した後しばらく、湯川は年一回程度清風荘を利用していたようだ。一九五九（昭和三四）年までの手帳の記述を抽出すると、以下のようになる。

・一九五三年
一一月八日（日）昼食　一二時　静（ママ）風荘

・一九五四年
六月一〇日（木）夕、オンギ会　5PM　清風荘

・一九五五年
五月一五日（日）清風荘　九時サイクロ〜一時　Lawrence 光
一一月九日（水）二時　清風荘

・一九五七年
八月一三日（火）四時半：清風荘
一〇月一三日（日）←四時半：（清風荘）

終戦直後に比べて、この時期は清風荘の利用頻度が減っていたようで、手帳に清風荘の記載がない年もある。理由は定かではないが、戦後の混乱期が終わり、大学運営が安定化していく中で、教授会その他の各種会合がルーティン化していったこと、各部局の定員が

写真24　一九五七年一〇月一三日、清風荘での座談会の様子。左が湯川秀樹（『自然』一三巻一号より）

増大し、会議の参加人数が清風荘に収容可能な人数を上回るようになったことが原因として考えられる。もちろん、一九四九年にノーベル賞を受賞して以降、湯川が年々多忙になっていったことも関係していたであろう。

一九六〇（昭和三五）年代以降、湯川の清風荘利用はますます少なくなったようで、手帳には以下の三回しか記載がない。一九七〇（昭和四五）年に京大を定年退官してから一九八一（昭和五六）年に死去するまでは、一回も利用を確認できない。

・一九六〇年
四月二三日（土）　一一時〜一二時半：発明センター　（松田氏、清風荘　中曽根氏、学部長等）

・一九六二年
一〇月一九日（金）　一二：清風荘

・一九六九年
七月五日（土）　一一：四〇：総長：清風荘（概要）

一般の京大生達が清風荘とどのように関わったのかは、史料が乏しいためよく分からない。しかし、前述した湯川秀樹の送別会への出席者や、京大心茶会の会員のように、特別な機会に入ることを得た学生を除けば、清風荘の利用経験者は少なかったものと思われる。学外での清風荘の知名度もそれほど高くなかったことを考えると、大半の学生は、清風荘という名前は聞いたことがあるものの、歴史的由来については知らず、それほど関心もなかったのではないだろうか。尾池和夫元総長（一九六三年理学部卒、一九四〇〜）は、在学中から清風荘は「まったく知らない存在」で、その存在を知ったのは五一歳の年末（一九九一年）だったと述べている（本書156頁）。

一九七三年、清風荘はちょっとした「事件」に巻き込まれている。この年、京大では経済学部の竹本信弘助手の処分をめぐる問題（自衛官殺害事件の首謀者と目され、指名手配された竹本の分限処分実施に、「竹本処分粉砕」を主張する一部学生が反対した問題）が起きていた。六月二七日、京都府警は、竹本関係の文書の任意提出を京大に要請した。岡本道雄総長は要請に応じ、書類の引き渡し場所として清風荘を指定した。後にこの事実が明るみになった後、大学側は、構内だと不測の事態を招く恐れがあったためと説明したが、「大学の自治」により令状なしで警察の学内への立ち入りができなかったことから、京大の施設ではあるもののキャンパス外にあった清風荘が選ばれたようである。

書類の引き渡しは、二八日午前八時から一一時にかけて行われた。竹本処分に反対する学生はこれに反発し、後日「清風荘密会事件」と命名したこの一件を追及した。当時文学部学友会などによって作成されたビラが、何枚か残されている。[324]「清風荘」自体についての説明が全くないまま、「清風荘密会事件」への追及が行われていることから、ビラ作成者は、読み手である学生たちは「清風荘」が何たるかを知っていると考えていたことが分かる。他方で、本件をきっかけに清風荘という存在がクローズアップされるようなことはなかった。以後一九七七年に、この事件が竹本の分限免職処分決定によって決着を見るまで、清風荘をめぐる問題が持ち上がった形跡はない。

近年の利用状況

京都大学が一九九四（平成六）年までに作成したと思われる「清風荘の利用について」という文書には、利用資格について以下のように記されている[325]。京都帝国大学に寄贈されて以来、積み重ねられてきた利用実績や慣例をもとにまとめられたものであろう。

（一）原則として学外者には開放しない。但し、本学の教官が主催する会合等に使用する場合は、当該関係特定学外者の利用は認める。

（二）学内の利用は主として、次のとおりである。

イ　本学の管理運営、並びに学生補導等に関する重要会議

ロ　本学が主催する重要会議（学外者を交えて）

ハ　教育・研究に関する教官等の会合（特別必要と認められるもの）

ニ　賓客との懇談会

従って単なる事務打ち合わせ、趣味同好会の集会、集会に類する会合（懇談会・忘年会・歓送迎会・披露宴等）及び学生の参加する集会等には利用できない。

〔以下略〕

建物や庭園を適切に管理し、邸内の静謐を保つため、このように厳格なルールが存在していた。二〇一四（平成二六）年には、この文書を踏まえつつ、「京都大学清風荘使用規則」が制定された。

上記文書に記されているとおり、近年の利用も多岐にわたっている。賓客の接遇として

は、三笠宮崇仁親王（一九一五〜二〇一六）夫妻（二〇〇六年一〇月三日）、ブータン国王の妹であるソナム・デチェン・ワンチュク王女（一九八一〜）（二〇一八年一〇月二五日）の来訪が代表的なものとして挙げられる。三笠宮夫妻の来訪は私的なもので、裏千家からの紹介によって実現した。夫妻は清風荘に一〇時一五分から一一時半まで滞在し、農学部の森本幸裕教授（景観生態学）の案内で、離れ座敷から庭園をゆっくりと見学した[326]。ソナム王女の来訪は、京都大学ブータン王国友好六〇周年記念事業の一環として、京大側の招聘により実現した[327]。王女は二回目の来日で、一〇月二一日に関西空港から京都に入り、二日間を過ごした後上京し、二四日には皇居を訪問して、皇后、皇太子一家や秋篠宮一家と歓談した。その後二五日に京都に戻り、清風荘で山極壽一総長主宰の昼食会に参加した（本書iii頁）。王女は、この日午後に学内で行われた京都大学・ブータン友好六〇周年記念シンポジウムにも参加し、翌日iPS細胞研究所なども訪問した後、二七日に帰国した。

学内では、多種多様な会合に利用されている。利用に際しては上述のとおり厳格なルールが存在するが、ルールの枠内では学外の有識者や学生の利用も認められており、文化的・学術的に意義ある会合や懇談のため、有効に活用されている。いわば清風館以来の伝統が息づき、京都大学ならではの「学知」の交換の場になっていると言えよう。さらに具体的な利用状況については、本書に掲載されている歴代総長などのエッセイや対談を参照されたい。

近年課題となっているのは、一般への公開である。京都大学は二〇〇七（平成一九）年度から一三（平成二五）年度にかけて清風荘の大規模な整備を行ったが、この間二〇一〇〜一二（平成二二〜二四）年に試験公開を行っている[328]。二〇一〇年は文字通りの「試験」といった趣で、教員の案内による庭園内の散策が実施された（一日間、参加者五一名、無料）。この経験を踏まえて、二〇一一年度（二日間、同一〇四名）、一二年度（二日間、同五一五名）はより本格的な公開となり（有料）、庭園のみならず建物の見学も行われ、学生による案内や資料の配付も行われた。しかし、重要文化財に指定されている建物や庭園内の植物の保護など、より大規模な公開には課題があまりにも多く、以後一般への公開は行われていない。一方京都大学は、二〇〇六（平成一八）年以降「ホームカミングデイ」という卒業生の交流イベントを毎年一一月に開催しているが、こちらでは清風荘見学が毎年のように実施され、人気企画となっている[329]。二〇一三年（第八回）までは見学は卒業生限定とされていたが、二〇一七年（第一二回）からは一般の参加者でも抽選に通れば見学が可能になった。清風荘の魅力が一般にも広く知られるようになったのは好ましいことであるが、一度も見学したことがない在校生や卒業生も多い中で、見学対象者をどこまで拡げるのかは難しい問題である。

こうした中で、二〇二〇（令和二）年に注目すべき試みが行われた。オンラインによる「清風荘」バーチャル見学である。この年、世界中に拡がった新型コロナウイルス感染症のため、ホームカミングデイはオンラインでの実施を余儀なくされた。そこで、例年随一の人気企画であった清風荘見学も、オンラインで行われることになったのである。この企画が画期的なのは、清風荘の建物と庭園のＶＲ映像が一般にも公開されたことである[330]。建物篇約五分半、庭園篇約三分という短時間ではあるが、ドローンも駆使して、三六〇度で撮影された分かりやすい映像で、ある意味では実際に見学する以上に清風荘の魅力に迫っている。私見では、清風荘の恒常的一般公開は難しいが、オンラインでの公開をより拡充することは可能だし、望ましいのではないかと思う。今後検討されるべき課題であろう。

おわりに——伝統と学知の継承

本章では、清風荘がどのように利用されてきたかを考察してきた。とりわけ、西園寺公望の別荘時代の利用の実態およびそれが京都大学にどのように継承されてきたのかを、伝統と学知という観点に着目しながら明らかにしてきた。本章が明らかにしたことは、以下の三点にまとめることができる。

第一に、西園寺公望の邸宅になる以前に、徳大寺家三代の当主（実堅、公純、実則）がどのように清風館を利用してきたのかを明らかにした。実堅時代の清風館は、洛外ののどかな田園の中に位置する別荘であった。学問や文化を愛好した実堅は、清風館を自然に親しみ、茶事や和歌を楽しむ場として活用した。これに対して嗣子公純は、幕末の動乱に巻き込まれ、清風館をしばしば政争や戦乱から逃れる場として利用した。明治維新以降は同邸内に幽閉されるという悲劇的運命に見舞われたが、彼が近代化の波に抗う反時代的な生き方を貫いたが故に、清風館は昔の姿が保たれたと言える。公純は一八八三年に亡くなるまで、同邸で学問や子弟の教育に励み、茶道や能楽に親しむ生活を送った。公純から清風館を受け継いだ実則は、清風館を積極的に利用する機会を得ず、明治末期に同邸は荒廃した。しかし、彼は父祖から受け継いだこの邸宅を有効に活かすため、住友友純に譲渡し、両者は相談の上でこれを西園寺公望に譲った。こうして徳大寺家三代の別荘として利用されてきた清風館は、西園寺の別荘清風荘として再生されることになった。

第二に、西園寺による清風荘利用の実態を明らかにした。清風荘利用のあり方は、西園寺の政治的地位と密接に関係している。彼は一九一三年から清風荘に居住し始めたが、その直接的契機となったのは、大正政変の際の違勅問題と政友会総裁からの引退問題であった。本章ではこの経緯を分析すると共に、清風荘命名の時期、当時の清風荘周辺の様子についても掘り下げた。以後の清風荘については、文化史・政治史両面から、そのあり方について詳しく考察した。文化史的側面においては、西園寺の蔵書、趣味、交遊関係などを検討し、西園寺を中心に「清風荘サロン」とも言うべき知的・文化的空間が成立していたことを指摘した。このサロンで特に西園寺と親しく交わったのは、富岡鉄斎、内藤湖南で、富岡とは相互の邸宅を往来し、書画や印章を贈り合うなど濃密に交流した。内藤湖南との親交も深く、漢籍についてよく語り合った他、対中関係について連絡を取り合うこともあった。政治史的側面では、清風荘が東京の政界中枢と適度な距離を維持するのに利用され、西園寺が元老として政治指導を行う上で、必要不可欠な場として機能していたことを指摘した。一九二一年の政変に際しては、首相暗殺の報を清風荘で聞くと直ちに上京し、後継首相決定を主導し、逆に一九二四年、二七年の政変に際しては、興津から京都に移って、落ち着いた環境で後継首相の決定を行ったことは、その好例である。

第三に、京都帝国大学に寄贈された後の清風荘利用の実態を検討した。戦後清風荘は京都大学の施設となり、首相を決定するような国政を左右する政治的機能は失った。この点で清風荘のあり方は戦前と大きく変わったと言えるが、知的・文化的交流の場としての役割は、「清風荘サロン」時代と不変である。清風荘は、京都大学内外の人びとが集い、語らう場として再生され、様々な研究会や会合が行われるようになった。「清風荘サロン」時代の西園寺を中心とするごく少数のメンバーに比べ、サロンを構成する人数は格段に増えたが、ここは清風館以来の伝統が息づき、京都大学ならではの「学知」交換の場になっている。グローバル化、大衆化など時代の変化が押し寄せる中で、大学のあり方も変容しているが、思索し、語らうという人間の知的営みの根本は大きくは変わらないのではないか。清風荘が、変わらぬ風景と共に、これからも「学知」の継承と発展の場となっていくことを願う。

（1）この他に、京都市によって行われた調査の報告書『名勝　清風荘庭園』（財団法人京都市埋蔵文化財研究所、二〇〇九年、二〇一〇年）もある。また、最新の発掘調査を踏まえた笹川尚紀・内記理「京都市田中関田町遺跡の発掘調査」（『京都大学構内遺跡調査研究年報　二〇一八年度』京都大学大学院文学研究科附属文化遺産学・人文知連携センター京大文化遺産調査活用部門、二〇二〇年二月）は、近代の出土遺物について詳細な検討を行っており、注目すべき研究成果である。

（2）久保田謙次「西園寺公望公とその住まい」後編（立命館史資料センターホームページ、http://www.ritsumei.ac.jp/archives/column/article.html/?id=101、二〇一五年一二月一〇日更新、二〇二一年一月二八日最終確認）。伊藤之雄『元老西園寺公望――古希からの挑戦』（文春新書、二〇〇七年）は、西園寺の邸宅について、家族との関係を踏まえて考察している。筆者も、拙稿「「別荘」からみた近代日本政治第一四回　西園寺公望」（『公研』二〇一一年五月）、拙稿「近代日本政治と別荘――「政界の奥座敷」大磯を中心として」（筒井清忠編著『政治的リーダーと文化』千倉書房、二〇一一年）で清風荘を含む西園寺の邸宅について考察している。

（3）京都大学百年史編集委員会編『京都大学百年史　総説編』（京都大学後援会、一九九八年）九二八～九三〇頁、

中嶋節子「清風荘と京都大学」(『京都大学大学文書館だより』三八号、二〇二〇年四月)。

(4) 実堅は講師の任命にも自ら関与した(佐竹明子「学習院学問所が果たした役割」『近世の天皇・朝廷研究』二、学習院大学人文科学研究所、二〇〇九年三月)。

(5) 学習院創設の意義については、小林丈広『明治維新と京都――公家社会の解体』(臨川書店、一九九八年)三三～三五頁を参照。

(6) 「徳大寺実堅卿自筆日記抄二」(宮内公文書館所蔵、識別番号七八八五三) 安政二年三月九日条(前掲『住友春翠』七七頁所引)。

(7) 佐竹明子「学習院学問所設立の歴史的意義」(『京都女子大学大学院文学研究科研究紀要史学編』第二号、二〇〇三年三月)。

(8) 香川景樹と徳大寺家の関係については、兼清正典『香川景樹』(吉川弘文館、一九八八年) 一六～四四頁、二三四頁、前掲『住友春翠』三四～三六頁を参照。

(9) 「公純公記」天保一四年三月二八日条(東京大学史料編纂所所蔵、徳大寺家本―四一―一六―〇七、前掲『住友春翠』三六頁所引)。

(10) 京都大学百年史編集委員会編『京都大学百年史　総説編』(京都大学後援会、一九九八年) 七九七～八〇〇頁、河島一仁「近代京都における大学の歴史地理学的研究――藩邸、公家屋敷、ならびに寺社地の転用を中心に」(公益財団法人国土地理協会第一六回学術研究助成研究報告書、https://www.kokudo.or.jp/grant/past.html)。

(11) 『京都大学構内遺跡調査研究年報　一九九二年度』(京都大学埋蔵文化財研究センター、一九九五年三月) 一二三～一二五頁。

(12) 立命館大学編『西園寺公望伝』第一巻(岩波書店、一九九〇年) 一三一～一七三頁。以下西園寺に関する伝記的記述で特に註記がないものは、同書第一～四巻に基づく。

(13) 「公純公記」明治五年六月三日条(徳大寺家本―四一―一六―三一、前掲『住友春翠』八四頁所引)。

(14) 「公純公記」明治一一年一二月二六日条、明治一二年一二月二六日条(徳大寺家本―四一―一六―三一、前掲『住友春翠』一一五頁所引)。

(15) この後千世浦(正心院)は東京大森の西園寺公望のもとに住むことが多かったが、晩年は住友友純の建てた京都川端丸太町の家で余生を送った(前掲『住友春翠』三三七頁)。

(16) この年名古屋で行われた陸軍大演習および呉・佐世保鎮守府の視察の途上、天皇は四月五～一八日、五月一～六日に京都に滞在した。「徳大寺実則日記」は一八九〇年四月の記載を欠き、五月の条にも実則の宿泊場所が記されていないが、『東京朝日新聞』同年四月九日の記事には、実則の「旅館」は「田中村別邸」であると記されており、少なくとも四月には清風館に宿泊していたものと思われる（天皇は御所に宿泊）。

(17) 日清戦争後の講和会議が終結し、大本営が置かれていた広島を引き払った天皇は、四月二七日から五月二九日まで京都に滞在し、実則もそれに随行した。「徳大寺実則日記」一八九五年四月二七日条（「徳大寺実則日記」二八、宮内庁書陵部図書寮所蔵）に「余旅館田中村別荘」と記され、この時旅行のため京都に来ていた長男公弘が日記に「田中村別邸」で実則に面会したことを記しているので（「徳大寺公弘日記」一八九五年四月三〇日条、「山城国京都徳大寺家文書」整理番号一六二、国文学研究資料館所蔵）、この間実則が清風館に滞在していたのは間違いない（天皇は御所に宿泊）。

(18) この時永寿院は、故郷である泉州北信達村（現大阪府泉南市）の矢野美等（矢野神社の神主であった実父矢野桜太夫の縁者と思われる）邸で療養していた。前掲『住友春翠』は、一八九七（明治三〇）年に友純が欧米視察から帰国した際、清風館に永寿院が居たことを記しているが（三三八頁）、隠退後の公純と同居していた形跡はなく、一時的に滞在していたに過ぎないと思われる。彼女は一九〇一（明治三四）年に死去し、東京谷中に埋葬されている（「徳大寺実則日記」一九〇一年二月二日、四日条）。

(19) 「徳大寺実則日記」一八八九年一一月五日～七日条、一八九一年五月一二日条（「徳大寺実則日記」二五、宮内庁書陵部図書寮所蔵）、『東京朝日新聞』一八八九年一一月六日、一八九一年五月一二日。

(20) 同地図の画期性については、金田章裕『古地図で見る京都——『延喜式』から近代地図まで』（平凡社、二〇一六年）三〇六～三一二頁を参照。

(21) 『京都府愛宕郡村志』（京都府愛宕郡、一九一一年）一六頁、『京都日出新聞』一九一八年四月一六日夕刊。

(22) 「徳大寺実則日記」一八九七年五月三〇日、六月六日条（「徳大寺実則日記」三〇、宮内庁書陵部図書寮所蔵）。

(23) 「徳大寺実則日記」一八九七年七月一八日条（前掲「徳大寺実則日記」三〇）。

(24) 「徳大寺実則日記」一八九七年七月二四日条（前掲「徳大寺実則日記」三〇）。

(25) 「徳大寺実則日記」一八九七年八月一〇日条（前掲「徳大寺実則日記」三〇）。

(26) 「徳大寺実則日記」一八九七年三月二八日条（「山城国京都徳大寺家文書」整理番号九八―二、国文学研究資料館所蔵）。

(27) 「徳大寺実則日記」一八九九年一〇月二七日～一一月一一日条（「徳大寺実則日記」三一、宮内庁書陵部図書寮所蔵）。

(28) 「徳大寺実則日記」一九〇三年四月一三日～五月一一日条（「徳大寺実則日記」三三、宮内庁書陵部図書寮所蔵）、『大阪朝日新聞』『大阪毎日新聞』『読売新聞』同年四月一三日～五月一一日。一九〇五（明治三八）年には菩提寺である念仏寺で公純の二三回忌が行われたが、実則は病気のため参列できず、長男公弘が代理で派遣された。

(29)『京都日出新聞』一九〇九年一〇月四日、六日。

(30)「徳大寺実則日記」一九〇九年一〇月三~一一日条(「徳大寺実則日記」三八―一、宮内庁書陵部図書寮所蔵)。

(31)『京都日出新聞』一九〇九年一〇月一二日。

(32)清風館の留守居役物加波中次郎は、京都滞在中実則と公望の世話をしており、実則が帰京した際に住友本家宛に報告書を送っている。この報告書によれば、実則は八日に清風荘を訪問して、保真斎で休息し、土蔵にある品物を一覧した後、宿泊はせずに旅館に戻った。その後物加波は、清風館土蔵にある書籍や焼物を東京に回送している(一九〇九年〔推定〕一〇月日付不明および一二日付住友本家詰所宛物加波中次郎書簡、住友史料館所蔵)。

(33)「徳大寺実則日記」一九一二年一一月五~七日条(「徳大寺実則日記」三九―一、宮内庁書陵部図書寮所蔵)、『京都日出新聞』一九一二年一一月六日。

(34)「徳大寺実則日記」一九〇七年四月二一日条(「徳大寺実則日記」三六、宮内庁書陵部図書寮所蔵)。

(35)前掲『住友春翠』四七〇頁。

(36)木村毅編、小泉策太郎筆記『西園寺公望自伝』(講談社、一九四九年)二一三頁。

(37)前掲、拙稿「近代日本政治と「別荘」」。御厨貴氏は、明治の政治家の多くは「政治を想い政治を決定するために自らの自由になる時間と空間を確保するために、自己の所有し管理する館が一つならず必要だった」と指摘し、そのような館を「権力の館」と呼んでいる(同『権力の館を歩く』毎日新聞社、二〇一〇年、二九頁)。この言葉に倣えば、清風荘も典型的な「権力の館」としての側面を持っていたと言える。

(38)前掲『住友春翠』五六二~五六四頁。

(39)『京都日出新聞』一九二四年五月二七日。

(40)管見の限り、このことを示す西園寺の書簡や証言は確認できないが、西園寺の生前に出版されたいくつかの文献や『住友春翠』に記されており、間違いないと考えられる。晩年清風荘で西園寺に仕えた野内芳蔵は、「清風荘の名称は何によって命ぜられたのか遂に聞もらして仕舞った」が、虎堂禅師が鷲峰に三僧を見送った古事を思い起こすので、その辺りに脈絡を見出したいとの個人的見解を綴っている(野内芳蔵「清風荘と陶庵公の想出」住友本社人事部厚生課『井華』二号、一九四一年)。

(41)清風荘が西園寺の出生地であると記した資料は少なくなく、戦後に京都大学によって作成された文書にも、その旨が記載されているものがある(「陳情書(一九四六年一一月二六日に京都ポストコマンドに対して京都帝国大学から提出されたもの)」、「接収関係」一九四六年一〇月~一九五二年七月、管財課、京都大学大学文書館所蔵、識別番号 01A09222、「清風荘説明書（一九五二年二月八日付京都大学学長宛京都府教育委員長通知に添付された書類）」「清風荘関係　会計課」京都大学施設部所蔵）。しかしこれは、前掲『住友春翠』が明確に否定しており（五六頁）、誤伝と見て間違いない。

(42) 久保田謙次「西園寺公望公とその住まい」前編（立命館史資料センターホームページ、http://www.ritsumei.ac.jp/archives/column/article.html/?id=100、二〇一五年一二月一〇日更新）、同「竹軒西園寺公望と「萬介亭」」（同、http://www.ritsumei.ac.jp/archives/column/article.html/?id=45、二〇一四年四月一五日更新、いずれも二〇二一年一月二八日最終確認）も参照。

(43) 一六歳の時には本邸に居住しており、蛤御門の変を間近で目撃している（西園寺公望著、国木田独歩編『陶庵随筆』中公文庫、一九九〇年、七五～七八頁）。

(44) 前掲『西園寺公望伝』第一巻、一〇九～一一〇頁。

(45) 安藤徳器編『陶庵公影譜』（審美書院、一九三七年）九一頁。

(46) 前掲、木村毅編、小泉策太郎筆記『西園寺公望自伝』六頁。西園寺は明治期にも、フランス留学からの帰国後（一八八〇年一〇～一一月）と公純死去の前後（一八八三年一〇～一一月）と清風館を訪れている（前掲『住友春翠』一二三～一二七頁、一三七～一四〇頁）。

(47) 西川一草亭『風流生活』（長谷川巳之吉、一九三二年）一〇一頁。

(48) 神谷千二「西園寺公を偲ぶ」（一九六〇年七月記）一頁。

(49) 前掲『京都大学百年史　総説編』一一六頁。

(50) 織田萬『法と人』（春秋社松柏館、一九四三年）二三五～二六二頁。

(51) 高橋正『西園寺公望と明治の文人たち』（不二出版、二〇〇二年）。

(52) 『東京朝日新聞』一九一六年六月二九日。

(53) 前掲、安藤徳器『西園寺公望』一九二～一九六頁、『大阪朝日新聞』一九〇八年九月一四日、『京都日出新聞』同年九月二二日。

(54) 前掲『住友春翠』四七八～四七九頁、『京都日出新聞』一九〇八年九月二〇日。

(55) 『京都日出新聞』一九〇九年一〇月八日。

(56) 『西園寺公望伝』第三巻。

(57) 『京都日出新聞』一九一三年三月二三日、二四日、『東京朝日新聞』『東京日日新聞』同年三月二二日。

(58) 一九〇二年に本籍を大磯町に置いたことは確認できるが（一九〇二年一一月二八日西園寺八郎宛西園寺公望書簡、立命館大学編『西園寺公望伝』別巻一、岩波書店、一九九六年、一一〇～一一一頁）、どこから移したのか、大磯の邸宅を引き払った後どうしたのかは確認できなかった。

(59) 『京都日出新聞』一九一三年四月二日、三日、八日、一三日、一六日、二〇日。

(60) 『東京朝日新聞』一九一三年四月一日、一六日。

(61) 『東京朝日新聞』一九一三年一一月二七日。

(62) 高橋義雄『箒のあと』下巻(秋豊園、一九三三年)一三四頁、『東京朝日新聞』一九一三年六月六日。

(63) 一九一三年七月一一日付原敬宛西園寺公望書簡(林茂・原奎一郎編『原敬日記』六巻、福村出版、一九六七年、二一一頁)、『東京朝日新聞』一九一三年九月一六日、二二日。

(64) 一九一三年三月三一日付松田正久・原敬宛西園寺公望書簡(前掲『原敬日記』六巻、二一〇頁)。

(65) 一九一三年四月六日付原敬宛西園寺公望書簡(前掲『原敬日記』六巻、二一〇～二一一頁)。

(66) 原奎一郎編『原敬日記』三巻(福村出版、一九六五年)一九一三年五月二五日条。

(67) 『京都日出新聞』一九一三年五月二四日、二五日、二七日、二九日。

(68) 『東京朝日新聞』一九一三年七月四日、『東京日日新聞』同年七月三～六日。

(69) 一九一三年七月一一日付原敬宛西園寺公望書簡(前掲『原敬日記』六巻、二一一頁)。

(70) 前掲『原敬日記』三巻、一九一三年七月一六日条。

(71) 一九一三年八月二日付原敬宛西園寺公望書簡(前掲『原敬日記』六巻、二一一頁)。

(72) 高橋義雄『萬象録 高橋箒庵日記』巻一、三五三～三五五頁(一九一三年八月六日の条)、前掲、同『箒のあと』下巻、一三六頁。

(73) 前掲『原敬日記』三巻、一九一三年一〇月二五日条、『読売新聞』同年一〇月二八日。

(74) 一九一三年一〇月二三日付原敬宛西園寺公望書簡(前掲『原敬日記』六巻、二一一～二一二頁)。

(75) 一九一三年一一月二四日付原敬宛西園寺公望書簡(前掲『原敬日記』六巻、二一二頁)。

(76) 新聞では原と西園寺が会談する見込みだと報じられていたが(『東京朝日新聞』一九一三年一二月七日)、原の日記には関係する記載がなく、会談の予定は当初からなかったものと思われる(前掲『原敬日記』三巻、一九一三年一二月六日、七日)。

(77) 一九一三年一〇月二三日付原敬宛西園寺公望書簡(前掲『原敬日記』六巻、二一一～二一二頁)。

(78) 『東京朝日新聞』一九一四年二月一八日。

(79) 『東京朝日新聞』一九一四年三月二三日、二四日。

(80) 一九一四年三月一七日付原敬宛西園寺公望書簡(前掲『原敬日記』六巻、二一二頁)。

(81) 『東京朝日新聞』一九一四年三月二五日、二八日、三〇日。

(82) 前掲『西園寺公望伝』三巻、二〇三頁。

(83) 前掲『西園寺公望伝』三巻、二〇六～二〇九頁、玉井清『原敬と立憲政友会』（慶應義塾大学出版会、一九九九年）九～一三頁、伊藤之雄『原敬――外交と政治の理想』下（講談社、二〇一四年）。

(84) 一九一四年五月一六日付原敬宛西園寺公望書簡（前掲『原敬日記』六巻、二一二～二一三頁）。

(85) 一九一四年五月三一日付原敬宛西園寺公望書簡（前掲『原敬日記』六巻、二一三頁）。

(86) 前掲『原敬日記』三巻、一九一四年六月一日、二日条。

(87) 前掲『原敬日記』三巻、一九一四年六月一〇日条、『東京朝日新聞』同年六月一一日。

(88) 前掲『原敬日記』三巻、一九一四年五月二六日、三〇日、六月一日条。

(89) 前掲『原敬日記』三巻、一九一四年六月一一日、『東京朝日新聞』同年六月一二日、一三日。

(90) 同展開図に「見本トシテ清風荘へ送リ候図也」（朱書）という書き込みがなされている（前掲『史料からみた清風荘の建築』三七頁）。

(91) 羅振玉の書は一九四一年一一月に西園寺家から住友家に贈られ、二〇一六年に住友家から泉屋博古館に寄贈された。額の裏にも日付は入っておらず、書かれた時を推定する文字情報はない（泉屋博古館学芸課長の実方葉子氏のご教示による）。

(92) 高橋義雄『東都茶会記』（復刻版、淡交社、一九八九年）二〇二頁。

(93) 銭鷗「京都における羅振玉と王國維の寓居」（『中国文学報』四七号、一九九三年一〇月）。

(94) 北野慧『人間西園寺公』七二頁。

(95) 久保田謙次「陶庵印譜」（立命館史資料センターホームページ、http://www.ritsumei.ac.jp/archives/column/article.html/?id=145　二〇一七年一〇月一八日更新、二〇二一年一月二八日最終確認）。

(96) 前掲、安藤徳器編『陶庵公影譜』一三四頁。

(97) 「陶庵公印譜抄」九頁、一五頁（竹越與三郎『陶庵公』叢文閣、一九三三年）。

(98) 一九一六年二月一三日熊谷信吉宛西園寺公望書簡（竹村房子「西園寺公望書簡――鳩居堂熊谷信吉（順行）宛」『史窓』五七号、二〇〇〇年三月）。

(99) 記事の関連部分の記述は以下の通りである。「現在同校の講堂真正面に掲げられている〝永仰鴻儀〟の額は去る大正六年七月園公が住友の別荘を清風荘と名づけた時、自らの喜びを認めたもので、当時の物加波執事に与へたものを同じ学区であるところから同七年一〇月一日の同校の創立記念日に寄附したもので、爾来同校では児童達への生きた教材として大切に掲げており〔中略〕今後も永久に再び得難い資料として朝夕その遺墨を仰ぐことになった」（『京都日日新聞』一九四〇年一一月二五日夕刊）。なお、一九一七年七月および一九一八年一〇月発行の『京都日出新聞』には、関連記事は見当たらなかった。

(100) 「明治十二年創立　学校沿革史」第一巻（京都市立養正小学校所蔵）。

(101) 例えば、無鄰菴については『東京朝日新聞』一八九六年一一月七日、一九〇三年四月二二日、長楽館については同上一九一二年九月一四日、一九一五年一〇月五日を参照。

(102) 『東京朝日新聞』一九一七年一一月二五日。

(103) 西園寺は、静岡県興津町の邸宅の命名も建築後しばらく経ってから行っている。興津の邸宅は一九一九年に竣工したが、「坐漁荘」と命名されたのは一九二四年のことで（命名者は渡辺千冬）、以後高田忠周が揮毫した「坐漁荘」の扁額が掛けられるようになった（前掲、安藤徳器編『陶庵公影譜』九四頁、前掲、北野慧『人間西園寺公』七四頁）。

(104) 『東京朝日新聞』一九一八年五月二日、五日。

(105) 『京都日出新聞』一九一八年四月一九日、二〇日。

(106) 『京都日出新聞』一九一八年五月五日、九日夕刊、一一日夕刊。

(107) 『東京朝日新聞』大正七年一一月一五日、『京都日日新聞』同年一一月九日、一五日。

(108) 一九一六年一〇月一五日付小川平吉宛西園寺公望書簡（前掲『西園寺公望伝』別巻一、五三頁）。

(109) 一九一三年一二月一三日田中須磨子宛西園寺公望書簡（前掲『西園寺公望伝』別巻一、一六七頁）。

(110) 前掲、北野慧『人間西園寺公』二四〜二五頁。

(111) 年不明一二月一五日田中須磨子宛西園寺公望書簡（前掲『西園寺公望伝』別巻一、一七一〜一七二頁）。

(112) 例えば、一九二三年一二月一一日田中須磨子宛西園寺公望書簡（前掲『西園寺公望伝』別巻一、一六七頁）。

(113) 一九一三年一一月二八日原敬宛西園寺公望書簡（前掲『原敬日記』第六巻、二一二頁）。

(114) 一九三一年頃から戦後まで田中大堰町に住み続けた田中良一氏（同志社勤務）は、戦後に記したエッセイの中で、この道を「清風荘の北通り」と表現している。同氏によれば、清風荘の北側を流れていた太田川が一九三五年頃に暗渠になると、その名残りは同氏宅前にあった水門の石柱跡ぐらいになったという。また、かつては田中の村荘を建仁寺垣が囲んでいたが、戦後悪童の破壊により板塀に代わって、昔の趣が消えたのだという（田中良一「旧白川街道—清風荘の北通り—」『洛味』八五集、一九五九年七月）。

(115) 『京都日出新聞』一九〇九年一〇月七日。

(116) 前掲、西川一草亭『風流生活』九九頁、前掲、高橋義雄『東都茶会記』二〇一頁、『京都日出新聞』一九一三年三月二六日。なお同年四月に銀閣、修学院に馬車で行啓した皇太子裕仁親王は、御所から荒神橋、東一条通（新聞では新一条通と記載）、吉田神社麓、白川村を経て銀閣を見学している。その後は白川村に出た後、「帝国大学後手」を通って田中村に入り、愛宕郡役所前、川端通、山端を経て修学院に赴いている。銀閣から修学院に行く際には清風荘北側の道を通ったはずだが、清風荘に立寄ることはなかった（『京都日出新聞』一九一三年四月一日）。

(117) 内閣統計局編纂『日本帝国第三十二統計年鑑』（東京統計協会、一九一四年）三二六頁。ただし『京都日出新聞』の報道によれば、東京の自動車数は三五〇台で、製造国別にみると、アメリカ一一七、イギリス九三、ドイツ二八、フランス二一、イタリア一八、オーストリア三、ベルギー一、日本一六、他・不明一六であった（『京都日出新聞』一九一三年三月二〇日）。

(118) 『東京朝日新聞』一九一三年二月二七日、『京都日出新聞』同年四月一三日。

(119) 年代ははっきり分からないが、西園寺はパリ滞在時に自動車に関心を持ち、自動車競争の選手にも顔見知りがいたという（原田熊雄『陶庵公清話』岩波書店、一九四三年、五八～五九頁）。

(120) 前掲、北野慧『人間西園寺公』三五～三九頁。

(121) 『保存版京都の市電――古都に刻んだ八〇年の軌跡』（立風書房、一九七八年）四四頁。

(122) 『東京朝日新聞』一九一三年四月七日。

(123) 前掲、原田熊雄『陶庵公清話』一五二～一五三頁、前掲、北野慧『人間西園寺公』一一頁。

(124) 安藤徳器『西園寺公望』（白揚社、一九三八年）巻頭。

(125) 竹越與三郎『陶庵公』三〇八頁。

(126) 『西園寺文庫目録』（立命館大学図書館、一九九〇年）。

(127) 『京都大学附属図書館六十年史』、奥村功「西園寺公望のフランス語蔵書（その二）陶庵文庫」（『立命館経済学』四七巻二・三・四号、一九九八年一〇月）。なお京都大学には、西園寺の実弟中院通規が当主をしていた中院家に伝来する古典籍一〇四一冊も寄贈され、「中院文庫」となっている。同文庫は、一九二三年に住友友純が兄通規から古典籍を一括購入して寄贈することによってできたものである（前掲『京都大学附属図書館六十年史』第三章第三節）。これも西園寺、住友と京都大学の深い縁の表れと言えよう。

(128) 小泉三申『随筆西園寺公』（岩波書店、一九三九年）三四六～三四七頁。

(129) 前掲、竹越與三郎『陶庵公』三〇八頁。

(130) 奥村功「西園寺公望のフランス語蔵書」（『立命館経済学』四六巻六号、一九九八年二月）。

(131) 前掲、奥村功「西園寺公望のフランス語蔵書（その二）陶庵文庫」。

(132) 「徹底日誌第三十五巻」一九二五年四月二八日～五月五日条（「熊谷八十三日記」国立国会図書館憲政資料室所蔵）。

(133) 同右、一九二五年五月四日条。

(134) 馬部隆弘「史料紹介　西園寺公望別邸清風荘の執事所蔵文書」（『ヒストリア』二四二号、二〇一四年）、久保田謙次「西園寺公執事――熊谷八十三とその日記」（立命館史資料センターホームページ、http://www.ritsumei.ac.jp/archives/column/article.html/?id=135、二〇一七年七月二五日更新、二〇二一年一月二八日最終確認）。

(135) 前掲『西園寺公望伝』一巻、五九頁。

(136) 同右、五六～五七頁、『東京朝日新聞』一九三七年一二月一二日、一九三八年一二月二日、『京都日日新聞』一九四〇年一一月二八日夕刊。国立国会図書館所蔵のものは、「国立国会図書館デジタルコレクション」で閲覧可能である。

(137) 一九三八年（推定）一一月二五日西園寺公望宛前田利為書簡（立命館史資料センター所蔵、資料番号70025）、一九三八年一二月一六日西園寺公望執事宛小倉正恒書簡（同上、資料番号70026）。

(138) 一九四二年五月五日西園寺八郎宛松平恒雄書簡（立命館史資料センター所蔵、資料番号70023）。原本は、宮内庁書陵部の画像公開システムで閲覧可能である。

(139) 駿河台邸にあった文書は関東大震災で全て焼失したが、大学に貸していたものが助かったのだという（前掲、小泉策太郎『随筆西園寺公』四六六頁）。

(140) 『学習院大学史料館所蔵史料目録第一五号　西園寺家文書』（学習院大学史料館、一九九八年）六〇頁。

(141) 前掲、竹村房子「西園寺公望書簡」。以下熊谷信吉宛西園寺公望書簡は、全て同論文に拠る。

(142) 一九一二年五月六日、八月二五日、二六日、一九一三年三月一五日付熊谷信吉宛西園寺公望書簡。

(143) 一九一五年一月二三日、一九二二年三月九日、五月二〇日付熊谷信吉宛西園寺公望書簡。

(144) 一九一三年一月一〇日付熊谷信吉宛西園寺公望書簡。

(145) 一九一三年一月一七日付熊谷信吉宛西園寺公望書簡。

(146) 年不明五月二二日付熊谷信吉宛西園寺公望書簡。

(147) 前掲、木村毅編、小泉策太郎筆記『西園寺公望自伝』一八六～一八七頁。

(148) 一九一二年二月二九日、四月一六日、一九一四年一〇月二四日、一九二二年一一月一日付熊谷信吉宛西園寺公望書簡。

(149) 一九二〇年二月二四日、一九二一年一二月一六日、一九二三年一月六日、二月七日付熊谷信吉宛西園寺公望書簡。

(150) 一九一五年三月一二日、一六日付熊谷信吉宛西園寺公望書簡。

(151) 前掲、木村毅編、小泉策太郎筆記『西園寺公望自伝』二〇七頁。
(152) 一九〇九年一二月一一日付熊谷信吉宛西園寺公望書簡。
(153) 一九一〇年三月一一日付熊谷信吉宛西園寺公望書簡。
(154) 一九一五年三月一二日付熊谷信吉宛西園寺公望書簡。
(155) 一九一六年二月一八日付熊谷信吉宛西園寺公望書簡。
(156) 西園寺が清風荘の山田由尾執事に対して、お気に入りの墨などを駿河台邸に送るよう依頼した書簡も残されている（年不明九月三〇日付山田由尾宛西園寺公望書簡、佛教大学近代書簡研究会編『元勲・近代諸家書簡集成――宮津市立前尾記念文庫所蔵』佛教大学、二〇〇四年、二二九～二三一頁）。
(157) 西園寺は、自分の印章作成について、「だんだん趣味を覚えたが、要するに模倣で、古人の字を模刻すれば、どうにか見られるが、自分の創意でほる字はものにならないね」と語っている（前掲、木村毅編、小泉策太郎筆記『西園寺公望自伝』二〇六～二〇七頁）。
(158) 前掲、久保田謙次「竹軒西園寺公望と「萬介亭」」。
(159) 前掲、小泉策太郎『随筆西園寺公』三六〇頁、前掲、木村毅編、小泉策太郎筆記『西園寺公望自伝』二一二頁。
(160) 上田弘一郎『竹と日本人』（日本放送出版協会、一九七九年）一〇七～一一一頁。
(161) 一九二〇年五月二六日、年不明一月二六日付熊谷信吉宛西園寺公望書簡。
(162) 安藤徳器は清風荘を訪問した際、野内芳蔵から記念にこの筆を贈呈されている。安藤は著書の中でこの筆のことを、西園寺愛用の筆「清風」と表現している（前掲、安藤徳器『西園寺公望』二三四頁）。
(163) 一九一一年八月一九日、一九一五年二月一三日、一九一八年三月二〇日付熊谷信吉宛西園寺公望書簡。
(164) 前掲、高橋義雄『東都茶会記』二〇三～二〇四頁、前掲、西川一草亭『風流生活』一〇〇頁。
(165) 前掲、野内芳蔵「清風荘と陶庵公の想出」。
(166) 西川一草亭『落花帚記』（河原書店、一九三九年）四〇八頁。
(167) 前掲、野内芳蔵「清風荘と陶庵公の想出」。呉昌碩と西園寺の親交については、松村茂樹『呉昌碩と日本人士』（大妻女子大学人間生活文化研究所、二〇一九年）二八五～二九一頁を参照。
(168) この掛け軸は、一九五九年までには客間に掲げられていた（『新建築』三四巻三号、一九五九年三月、七八頁掲載の写真）。
(169) 岩井忠熊監修『特別企画「西園寺公望と興津」展図録』（フェルケール博物館、二〇〇一年）二〇頁。この掛け軸は、一九四〇年に開かれた「西園寺公を偲ぶ展覧会」に出品されたことがある（久保田謙次「西園寺公を偲ぶ展覧会」立命館史資料センターホームページ、http://www.ritsumei.ac.jp/archives/column/article.html/?id=146、二〇一七年一二月七日更新、二〇二一年一月二八日最終確認）。

（170）前掲、安藤徳器『西園寺公望』一八八頁。

（171）土屋和男「近代和風住宅を通した景勝地の形成に関する史的研究」（芝浦工業大学博士論文、二〇〇〇年）二五二頁。西園寺と文人の関わりを考察した論考として、西野和豊「文人と西園寺公望」（前掲、岩井忠熊監修『特別企画「西園寺公望と興津」展図録』）も参照。

（172）以下西園寺と富岡の親交に関する記述で、註記のないものは、立命館大学編『西園寺公望伝』別巻二（岩波書店、一九九七年）三八七頁に基づく。

（173）西園寺は画を書くこともあったが、富岡から画を学んだ記憶はないとしている（前掲、小泉策太郎『随筆西園寺公』四三五頁）。

（174）小高根太郎『富岡鉄斎』（新装版、吉川弘文館、一九八九年）一九五頁。

（175）一九一七年一二月七日付桑名鉄城宛西園寺公望書簡（前掲『西園寺公望伝』別巻一、八四頁）。

（176）富岡とし子「父・鐵齋のこと」（『鐵齋大成』第二巻、講談社、一九七六年）。

（177）一九二〇年五月一〇日、一九二二年九月一八日、一二月二六日、一九二三年一月八日、年不明一一月一九日付西園寺公望宛富岡鉄斎書簡（前掲『西園寺公望伝』別巻一、三一七～三二〇頁）。

（178）一九二一年一月一日付西園寺公望宛富岡鉄斎書簡（前掲『西園寺公望伝』別巻一、三一七～三一八頁）。

（179）一九二三年一月五日付西園寺公望宛富岡鉄斎書簡（前掲『西園寺公望伝』別巻一、三一八頁）。

（180）一九二二年九月一八日付西園寺公望宛富岡鉄斎書簡（前掲『西園寺公望伝』別巻一、三一八頁）。

（181）陶徳民編『大正癸丑蘭亭会への懐古と継承――関西大学図書館内藤文庫所蔵品を中心に』（関西大学出版部、二〇一三年）。

（182）『蘭亭印譜』（出版者不明、一九一三年）。

（183）中村梧一編『鉄斎画賸』（中村梧一、一九一三年）。

（184）富岡益太郎編『無量壽佛堂印譜』全五巻（山本書店、一九二六年）。

（185）『富岡謙蔵生誕一四〇年記念　鉄斎と謙蔵〔出品目録〕』（鉄斎美術館、二〇一三年）http://www.kiyoshikojin.or.jp/wordpress/wp-content/uploads/2017/12/20130321_list.pdf

（186）一九一八年一一月一一日付西園寺公望宛富岡鉄斎書簡（前掲『西園寺公望伝』別巻一、三一六頁）。

（187）一九一九年一月四日付西園寺公望宛富岡鉄斎書簡（前掲『西園寺公望伝』別巻一、三一六頁）。

（188）前掲、富岡とし子「父・鐵齋のこと」。

(189) 京都の古書展案内の冊子では、彙文堂は「長い歴史の中で、森鷗外、西園寺公望、富岡鉄斎ら、多くの文人に愛されてきたことでも有名な書店である」と紹介されている（『改訂版京都古書店巡り』京都府古書籍商業協同組合、二〇〇〇年、二九頁）。

(190) 一九三一年七月三一日、八月一二日付西園寺公望宛彙文堂葉書（前掲『西園寺公望伝』別巻一、二九二～二九三頁）。

(191) 西園寺は文求堂からもよく本を購入していたようである（前掲、安藤徳器『西園寺公望』二一六頁）。

(192) 脇村義太郎『京洛書肆街考』（岩波新書、一九七九年）三三頁。

(193) 一九一九年一月四日、一九二〇年八月三日付桑名鉄城宛西園寺公望書簡（前掲『西園寺公望伝』別巻一、八五～八六頁）。

(194) 一九一九年一二月一日付桑名鉄城宛西園寺公望書簡（前掲『西園寺公望伝』別巻一、八五頁）。

(195) 年不明六月二八日、一二月一三日付桑名鉄城宛西園寺公望書簡（前掲『西園寺公望伝』別巻一、八九～九一頁）。

(196) 前掲、北野慧『人間西園寺公』一二頁。こうしたことが積み重なって野内芳蔵は狩野と親しい関係になったようで、狩野に揮毫を依頼することもあった（一九二一年〔推定〕六月二一日付野内芳蔵宛狩野直喜書簡、同年七月二一日付室谷鉄腸宛狩野直喜書簡、筆者所蔵）。

(197) 細川護貞「『陶庵随筆』を読んで」（前掲、西園寺公望著、国木田独歩編『陶庵随筆』）一三七～一三八頁。狩野はこのエピソードを新聞記者にも語っている（『京都日日新聞』一九四〇年一一月二五日）。

(198) 前掲、銭鷗「京都における羅振玉と王國維の寓居」。

(199) 前掲、神谷千二「西園寺公を偲ぶ」。

(200) 安藤徳器『西園寺公と湖南先生』（言海書房、一九三六年）一九八頁。

(201) 前掲、原田熊雄『陶庵公清話』一三三～一三四頁。

(202) 『京都日日新聞』一九四〇年一二月一日夕刊（内藤乾吉談）。

(203) 一九一三年六月一八日付大森鐘一宛西園寺公望書簡（前掲『西園寺公望伝』別巻一、四八頁）。

(204) 一九二九年九月一九日付内藤湖南宛西園寺公望書簡（前掲『西園寺公望伝』別巻一、一八四頁）。

(205) 安藤徳器『陶庵素描』（新英社、一九三六年）一一頁。

(206) 『京都日日新聞』一九四〇年一一月二五日（神谷千二談）。

(207) 前掲、奥村功「西園寺公望のフランス語蔵書（その二）陶庵文庫」。同書および織田の事績については、和田秀夫「織田萬博士の『日本行政法原理』――フランス語版と日本語版」（『法律論叢』六三巻四・五号、一九九一年三月）を参照。

(208)『東京朝日新聞』一九一四年三月二四日。
(209)前掲、原田熊雄『陶庵公清話』一四二〜一四三頁。
(210)西田幾多郎「序」(前掲、原田熊雄『陶庵公清話』)。
(211)前掲、原田熊雄『陶庵公清話』一四四頁。
(212)前掲、安藤徳器『西園寺公望』一八七頁。
(213)同上、一八六〜一九七頁。
(214)『東京朝日新聞』一九一三年一一月二七日。
(215)前掲、木村毅編、小泉策太郎筆記『西園寺公望自伝』一九七頁。西園寺は、杉浦の句集『羽洲発句集』(一九一〇年)に序文を寄せている(前掲『西園寺公望伝』別巻二、一五五〜一五六頁)。
(216)藤井培屋は京都在住だったが、一九一三年に病死しており、清風荘を訪問したことがあるとは考え難い(水落露石「悼培屋藤井君」『ホトトギス』一六巻一一号、一九一三年九月)。
(217)前掲、安藤徳器『西園寺公望』一九六頁、前掲、同編『陶庵公影譜』一一八〜一一九頁。
(218)前掲、安藤徳器『西園寺公望』一九六頁。
(219)『東京朝日新聞』一九一四年二月一八日。
(220)前掲、安藤徳器編『陶庵公影譜』一一九頁。
(221)前掲、高橋正『西園寺公望と明治の文人たち』二五〜三二頁。
(222)水川隆夫『漱石の京都』(平凡社、二〇〇一年)一〇八〜一一三頁。
(223)薄田泣菫「陶庵公と漱石」(『大阪朝日新聞』一九一六年五月二二日、のち同著、谷沢永一・浦西和彦編『完本茶話』上、冨山房、一九八三年、一四〜一五頁)。残念ながら、この日の漱石の日記は残されていない(『漱石全集』第二〇巻、岩波書店、一九九六年)。
(224)なお、戦後に作成されたいくつかの資料の中には、大津事件の際ロシア皇太子ニコライが清風館内で静養したと記されているものがある(前掲注41「陳情書」、「清風荘説明書」)。しかし、当時の新聞報道によればニコライが宿泊したのは常磐ホテル(現京都ホテルオークラ)であり(『大阪毎日新聞』『京都日出新聞』一八九一年五月一三〜一四日)、彼や随員が清風館に宿泊したという記録は見いだせない。また、「徳大寺実則日記」にも記述がないことから、これは誤伝だと考えられる。
(225)『東京朝日新聞』一九一八年三月一四日。
(226)『京都日出新聞』一九一八年四月三〇日夕刊。
(227)清風荘に長年勤務した野内芳蔵は、回想記に「英国皇太子コンノート殿下」が来訪したことがある(前掲、野内芳蔵「清風荘と陶庵公の想出」)、神谷千二は「英国皇太子殿下の御来訪を辱うしたこともある」と記しているが（神谷千二「清風荘」神谷家所蔵）、前者は明らかに誤記で、いずれもこの時の「英国皇太子エドワード」の来訪のことを記したものではないかと思われる。ちなみに、ヴィクトリア女王の第三王子であるコンノート公爵は一八九〇年四月二七〜三〇日、その長男アーサー王子は一九〇六年三月八〜一二日、一九一二年九月二三〜二六日、一九一八年七月一〜六日に京都に滞在しているが、「徳大寺実則日記」および『大阪毎日新聞』『京都日出新聞』を見る限り、彼らの清風館・清風荘訪問は確認できなかった。

(228) 『京都日出新聞』一九二二年四月二八日。

(229) 『京都日出新聞』一九二二年四月二八日夕刊。

(230) 『京都日出新聞』の四月二八日朝刊では、突然の訪問で清風荘側が慌てふためいたように報じられたが、同日夕刊では清風荘に招待されたと記されており、予め準備されていた訪問だったようである。

(231) 『京都日出新聞』一九二四年五月二三日。

(232) ポール・クローデル著、奈良道子訳『孤独な帝国　日本の一九二〇年代――ポール・クローデル外交書簡一九二一―二七』（草思社、一九九九年）二五六頁。

(233) 前掲、原田熊雄『陶庵公清話』一五六〜一五八頁。

(234) 一九一三年四月三日付橋本実斐宛西園寺公望書簡（前掲『西園寺公望伝』別巻一、二〇二頁）。

(235) 一九一五年二月二五日付橋本実斐宛西園寺公望書簡（前掲『西園寺公望伝』別巻一、二〇四頁）。

(236) 一九一五年二月一九日付橋本実斐宛西園寺公望書簡（前掲『西園寺公望伝』別巻一、二〇四頁）。

(237) 前掲、原田熊雄『陶庵公清話』一五八頁。

(238) 近衛文麿『清談録』（千倉書房、一九三六年）八〜九頁。

(239) 一九一三年四月三日の橋本宛書簡の中で、西園寺は、過日原田が来訪し、「近衛文麿氏にも来訪に候」と伝えているが、時期的に見て、これは初対面について述べたものである可能性が高い（一九一三年二月一九日付橋本実斐宛西園寺公望書簡（前掲『西園寺公望伝』別巻一、二〇二頁）。

(240) 木村毅『西園寺公望』（沙羅書房、一九四八年）一三頁。

(241) 前掲、原田熊雄『陶庵公清話』一五八〜一五九頁。

(242) 近衛の評伝として定評がある矢部貞治『近衛文麿』上（弘文堂、一九五二年）六六〜六七頁、杉森久英『近衛文麿』（河出書房新社、一九八六年）一〇八〜一一〇頁や近衛、原田らを中心に昭和史を描いた勝田龍夫『重臣たちの昭和史』上（文藝春秋、一九八一年）四一〜四二頁は、いずれも『清談録』の記述に従って、京都帝大在学中の近衛の西園寺訪問について書いているが、本文で述べたとおり疑問である。

(243) 前掲、近衛文麿『清談録』九頁。
(244)『東京朝日新聞』一九二四年五月三一日、『京都日出新聞』同年六月八日夕刊。
(245)『京都日出新聞』一九二七年四月一八日。
(246) 一九二一年四月二一日付近衛文麿宛西園寺公望書簡(前掲『西園寺公望伝』別巻一、九八頁)。
(247) これに関連して、筒井清忠氏は、近衛はある面で「西園寺の影」であったのだと指摘している(同『近衛文麿——教養主義的ポピュリストの悲劇』岩波現代文庫、二〇〇九年、九七頁)。
(248)『東京朝日新聞』一九三八年四月一五日。
(249) 前掲、勝田龍夫『重臣たちの昭和史』上、四三頁。
(250) 脇村義太郎「住友財閥の人々」(『経営史学』一巻三号、一九六六年一二月)。
(251) 小泉策太郎「西園寺公の第宅」(『中央公論』一九三二年一〇月号、のち同『懐往時談』中央公論社、一九三五年、三三三〜三五一頁所収)。
(252) フェルケール博物館編『水口屋・興津関係略年表』、同『水口屋ギャラリー所蔵品目録』(いずれも発行年不明)。
(253) 伊藤之雄『元老——近代日本の真の指導者たち』(中公新書、二〇一六年)一五〇〜一五八頁。
(254) 西園寺は出発直前に、桑名鉄城に「偶然生還候はば秋冬の交再会候事と楽居候」と書き送り、死も覚悟していることを伝えていた(一九一九年一月四日付桑名鉄城宛西園寺公望書簡、前掲『西園寺公望伝』別巻一、八五頁)。
(255) 北野慧『興津と元老』(松永益、一九六六年)七〇〜七一頁。
(256)『東京朝日新聞』一九一九年八月二三日。
(257)『東京朝日新聞』一九一九年九月二二日。
(258)『東京朝日新聞』一九一九年一一月一五日、一二月八日、一一日。
(259) なお、西園寺はパリ滞在中に駿河台邸も新築しており、一九一九年八月に帰国すると早速新邸に入っている(前掲、伊藤之雄『元老西園寺公望』一七八〜一八〇頁)。
(260) 前掲、小泉策太郎「西園寺公の第宅」。
(261) 伊藤之雄氏は、西園寺のこうした邸宅利用のあり方は、東京、小田原、京都に邸宅を持っていた山県から学んだものではないかと指摘している(前掲、同『元老西園寺公望』二〇三〜二〇五頁)。妥当な説明だが、西園寺が本邸を置く場所としてあえて興津を選んだのは、一九一五年に死去するまで同地で晩年を送り、元老として政局に対処した井上馨という先例があったこと、井上死後も井上勝之助(馨の嗣子)、伊藤博邦(博文の嗣子）という親しい知人が同地に居住していたことも考慮されていたはずである。井上と興津の関わりについては、前掲、北野慧『興津と元老』八〜四九頁を参照。

(262) 以下、原暗殺直後の西園寺と清風荘の様子に関する記述は、『大阪朝日新聞』『大阪毎日新聞』一九二一年一一月五日、六日に基づく。

(263) 『京都日出新聞』一九二四年五月二一日。

(264) 『読売新聞』一九二四年五月二一日。

(265) 西園寺は一五日に興津で松本と会談した際、平田東助内大臣が加藤を後継首相に推す判断に傾いていることを聞き、自分も同様であると話していた（岡義武・林茂校訂『大正デモクラシー期の政治——松本剛吉政治日誌』岩波書店、一九五九年、一九二四年五月一五日条）。また、二〇日に静岡から京都に移動する特急列車の中では、松本と清浦辞任について話し合っていたし、翌日清風荘で西園寺と会談した入江貫一内大臣秘書官長は、西園寺が既に後継首相は加藤以外にいないと考えていると観測した（伊藤隆・広瀬順晧編『牧野伸顕日記』中央公論社、一九九〇年、一九二四年五月二二日条）。

(266) 村井良太『政党内閣制の成立　一九一八〜二七年』（有斐閣、二〇〇五年）一八三〜一八八頁。

(267) 『東京朝日新聞』一九二四年五月二三日夕刊（入江貫一談）。

(268) 『東京朝日新聞』一九二四年五月二二日、『東京日日新聞』同年五月二四日、『読売新聞』同年五月二四日。

(269) 前掲、神谷千二「西園寺公を偲ぶ」。

(270) 新聞記事には明記されていないが、中川は二〇日に西園寺と共に入洛した後、二一日に入江貫一内大臣秘書官長と共に帰京しており、この間にも清風荘を訪問したものと思われる（『京都日出新聞』一九二四年五月二三日）。

(271) 前掲、岡義武・林茂校訂『大正デモクラシー期の政治』一九二四年五月二八日条。

(272) 前掲、岡義武・林茂校訂『大正デモクラシー期の政治』一九二四年六月八日条、『京都日出新聞』同年六月八日夕刊、『東京朝日新聞』同年六月九日。

(273) 『東京朝日新聞』一九二四年六月一八日。

(274) 『京都日出新聞』一九二四年六月二一日夕刊。

(275) 『京都日出新聞』一九二四年五月二五日夕刊。その後も、西園寺に意見を開陳すると口走っていた「政治狂」の青年が警察に保護され（『京都日出新聞』同年五月三一日夕刊）、清風荘の門内に入って敬礼をする怪漢が現れるなど（『京都日出新聞』同年六月七日）、不穏な動きが続いた。

(276) 前掲、岡義武・林茂校訂『大正デモクラシー期の政治』一九二七年四月一〇〜一二日条。

(277)『京都日出新聞』『東京朝日新聞』一九二七年四月一八日。
(278)前掲、岡義武・林茂校訂『大正デモクラシー期の政治』一九二七年四月一七日条附記。
(279)前掲、岡義武・林茂校訂『大正デモクラシー期の政治』一九二七年四月一七日条。
(280)拙稿「立憲民政党の創立――戦前期二大政党制の始動」(『法学論叢』一六〇巻五・六号、二〇〇七年三月)。
(281)『東京朝日新聞』一九二七年一月二六日、二月二一日、三月七日、一四日、『読売新聞』同年二月一四日、三月一一日、一五日。
(282)『大阪毎日新聞』一九二七年四月一九日。
(283)『京都日出新聞』一九二七年四月一八〜二一日。
(284)『京都日出新聞』一九二七年四月二三日、二九日夕、三〇日、五月一日、八日、一三日夕刊、一四日、一七日、二二日。
(285)一二二四(元仁元)年に西園寺公経が創建した寺。足利義満の北山第(鹿苑寺)造営に伴い室町に移り、一五九〇年に現在地(寺町通鞍馬口下る)に移転した。西園寺家の菩提寺であり、西園寺は帰洛時に同寺に参詣するのを常とした。
(286)『京都日出新聞』一九二七年四月三〇日。
(287)『京都日出新聞』一九二九年一一月一五日夕刊。
(288)一九二九年一〇月一二日には、狩野直喜と共に、蹴上にあった清浦奎吾の別荘喜寿庵(一九二六年造営)を訪問し、漢詩談義に興じている(『京都日出新聞』同年一〇月一三日)。
(289)『京都日出新聞』一九三一年九月一四日夕刊、一六日、『京都日日新聞』同年九月一六日。この事件は、京都府会でも問題視された(『京都日出新聞』同年九月二五日)。
(290)前掲、神谷千二「西園寺公を偲ぶ」。この証言は貴重だが、いつの時期のことなのか不明で、常にこの体制が取られていたのかどうか疑問が残る。これだけの厳戒態勢が取られたのは、一九二〇年代半ば以降、西園寺が滞在していた時期に限られていたようにも思われる。ちなみに興津では、水口屋に宿泊していた頃(一九一九年以前)は、専従警備者は置かれず、七名の警官が交代で警護する体制が取られていた。その後坐漁荘時代になると、原敬首相の暗殺後警備が強化され、第二次護憲運動の際に強訴が行われるという情報が入った際には、一時的に三〇名の警官が警備に当たった。五・一五事件後は、一九名の拳銃で武装した警官が坐漁荘を警備する体制が取られていた(増田壮平『坐漁荘秘録』静岡新聞社、一九七六年、三九〜六四頁)。
(291)『京都日出新聞』一九三一年九月一七日。
(292)『京都日出新聞』一九三一年九月二一日夕刊、一〇月一六日夕刊。

(293)『京都日出新聞』一九三二年一一月四日。
(294)『京都日出新聞』一九三二年九月二二日。
(295)『京都日出新聞』一九三二年九月一九日夕刊、二五日、一〇月七日夕刊。
(296)原田熊雄述『西園寺公と政局』二巻（岩波書店、一九五〇年）三六六～三六七頁、三八一～三八二頁。
(297)『京都日出新聞』一九三二年一〇月一二日。
(298)前掲、原田熊雄『西園寺公と政局』二巻、三八六頁、『京都日出新聞』一九三二年一〇月二三日夕刊。
(299)『京都日出新聞』一九三二年一〇月二五日夕刊。
(300)『京都日出新聞』一九四〇年一一月二五日。
(301)『京都日出新聞』一九四〇年一一月二七日。
(302)『京都日出新聞』一九四〇年一二月六日。
(303)『京都日日新聞』一九四〇年一二月六日。
(304)前掲、久保田謙次「西園寺公執事――熊谷八十三とその日記」。
(305)前掲、神谷千二「西園寺公を偲ぶ」。
(306)新村出『童心録』（靖文社、一九四六年）九二～九五頁、同「どくだみの記」（『新村出全集』第一三巻、筑摩書房、一九七二年）七三～七六頁。
(307)この書軸は羽田が借用したもののようで（『羽田亨日記』一九四四年六月一八日条）、清風荘には現存していない。
(308)一九四四年六月二〇日付狩野直喜宛新村出書簡（『新村出全集』第一五巻、筑摩書房、一九七三年、五六三～五六四頁）。
(309)そのためか、清風荘寄贈のニュースは、『大学新聞』（一九四四年七月一一日発行）では小さくしか報じられなかった。
(310)「接収関係」一九四六年一〇月～一九五二年七月、管財課、京都大学大学文書館所蔵、識別番号01A09222。
(311)松尾尊兊「滝川事件以後――京都大学法学部再建問題」（『京都大学大学文書館研究紀要』二号、二〇〇四年二月）。
(312)瀧川幸辰『激流――昭和レジスタンスの断面』（河出書房新社、一九六三年）二三一頁。
(313)その後京大心茶会が一九六五年四月二九日（新入生歓迎茶会）、一九九〇年五月五日（総会と茶会）、一九九一年四月二八日（創立五〇周年記念茶会）、一九九四年五月一九日（新入生歓迎茶会）に清風荘を利用した記録が残っている。近年も新入生歓迎茶会や特別接心会（集中稽古）で使用しているとのことである（前顧問の木村大治京都大学名誉教授のご教示による）。

(314) 井島勉「転石会」（湯川秀樹、井島勉、川端弥之助『京都　わが幼き日の……』中外書房、一九六〇年、三二〇〜三二七頁）。

(315) 橋本紘明「「具体美術協会」草創期における前衛書の受容と展開――「墨人会」との相互交流から」（二〇一九年度大阪芸術大学修士論文、https://www.grad.osaka-geidai.ac.jp/app/graduation-work/master-thesis/20-1.pdf、二〇二一年一月二八日最終確認）八〜一九頁。

(316) 『美術教育』二三一号（追悼号、一九七八年一一月）六頁、一三頁、六〇頁、中村二柄「本学会創立会長・井島勉先生の思い出」（『美術教育』二五四号、一九八七年八月）三頁。

(317) 以下の記述は、「湯川秀樹手帳」（京都大学基礎物理学研究所湯川記念館史料室所蔵）一九四四〜八一年の調査に基づく。同手帳の閲覧に際しては、京都大学基礎物理学研究所湯川記念館史料室、京都大学基礎物理学研究所図書室、小沼通二先生（慶應義塾大学名誉教授）から格別のご配慮とご協力を頂いた。特に記して厚くお礼を申し上げたい。

(318) この年は日記も残されているが、この日の項目には「登校」と記されているのみである（小沼通二編『湯川秀樹日記一九四五――京都で記した戦中戦後』京都新聞出版センター、二〇二〇年、一五〇頁）。

(319) 「祇園祭の変遷」（KBS京都ホームページ「祇園祭」https://www.kbs-kyoto.co.jp/gion/06manabu/09.htm#、二〇二一年一月二八日最終確認）

(320) 徳岡善助「先生に捧げる私の思い出」（「湯川秀樹著作集月報一〇」岩波書店、一九九〇年）七頁。

(321) 小長谷大介「共同利用研究所は物理研究をどう変えたのか――変わりゆく研究機関」（『日本物理学会誌』七二巻四号、二〇一七年四月）二五九頁。

(322) 同右、登谷美穂子「基研――大学共同利用研究所の誕生」（『共同利用機関の歴史とアーカイブズ二〇〇四』総合研究大学院大学葉山高等研究センター、二〇〇五年八月）一七〜二一頁、「〈紹介〉湯川記念館」（『京大広報』一三八号、一九七七年四月一五日、六二七頁）。

(323) 小林稔・湯川秀樹他「〔座談会〕基礎物理学研究所をめぐって　I建設時代」（『自然』一三巻一号、一九五八年一月）。ちなみに場所は客間だったが、床の間には現在掲げられている西園寺公望の書ではなく、画が飾られていた。

(324) L斗・L学友会「あんた知っとお？シリーズNo.1 清風荘密会事件を追及しよう！」（一九七三年一〇月八日）、L闘「公開質問状にこたえ公開説明会を設定せよ！清風荘密会事件を更に追及しよう！」（一九七三年一〇月一七日）（『大学紛争関係資料Ⅱ』大学紛争Ⅱ-3-402、大学紛争Ⅱ-4-1393、京都大学大学文書館所蔵）。本事件に触れた回想として、伊藤公雄「ポスト六八革命――一九七〇年代の学生運動を語る」（『情況』二〇一八秋号、同年八月）がある。

(325)「清風荘の利用について」（「清風荘　管理人関係」京都大学施設部所蔵）。

(326)「三笠宮様の清風荘見学について」（「清風荘関係　一七～一八」京都大学施設部所蔵）。

(327)「京都大学ブータン王国友好六〇周年記念事業」（「京都大学ブータン友好プログラム」ホームページ、https://www.kyoto-bhutan.org/ja/news/60th.html、二〇二一年一月二八日最終確認）。

(328)「清風荘の試験公開について　名勝清風荘庭園整備活用委員会」（平成二三～二四年度）、「平成二四年度清風荘試験公開報告」、「清風荘関係資料」（京都大学施設部所蔵）、『朝日新聞』二〇一〇年一〇月二二日（第二京都二六面）、二〇一一年一〇月一九日（第二京都三二面）、『京都新聞』二〇一二年一〇月三一日。

(329)「京都大学ホームカミングデイ」（京都大学ホームページ、https://www.kyoto-u.ac.jp/ja/social/hc-day、二〇二一年一月二八日最終確認）。

(330) この映像は、二〇二一年一月現在、京都大学同窓会ホームページ内のサイト「重要文化財「清風荘」見学（VR）」(https://hcd.alumni.kyoto-u.ac.jp/vr01/) で閲覧可能である（二〇二一年一月二八日最終確認）。

清風荘という遺産

京都大学第二七代総長　湊　長博

一九六九（昭和四四）年に学生紛争で荒れに荒れていた京都大学に入学した私が、最初に住んだのが左京区田中大堰町であった。当時は地方から来た学生は、民家の一間を借りて住む（下宿）のが普通であり、私の下宿は老夫婦の家の二階の六畳間だったが、その下宿の通りをはさんだ南側に高い古塀に囲まれただだっ広い「お屋敷」のようなものがあり、一体これは何だろうとずっと思っていた。

時は流れてアメリカや関東での生活を経て京都に戻り、やがて一〇年ほど前に初めて清風荘を訪れる機会を得て（何の会議だったか忘れたが）、担当の奥田昭彦さんから清風荘の歴史をつぶさに伺うことができた。その時に初めて私は、「ああ、昔住んでいた下宿の向かいにあったあの不思議な屋敷はこれだったのだ」と思い至り、積年の疑問が解けたわけである。清風荘の長い歴史とこれが京大に帰属することになった経緯については、本書で詳しく紹介されていると思うので繰り返さないが、特にこの別邸で西園寺公望公が京都帝国大学創立の構想を練られたと思うと、感慨もひとしおである。

以来毎年のように、様々な国際会議、大学への来客接待、イベント（とくに恒例となったシャネル・京大の科学と音楽の出会いなど）で清風荘を訪れているが、何度訪れてもここは格別でである。ただ、ひとつだけ残念なことがあった。清風荘の庭園には古い茶室があるが、ここでお茶をいただく機会にはそれまでめぐまれなかったことである。この茶室と供待は、重要文化財指定を受けている清風荘一二棟の中でも最も古いもので、住友家への譲渡以前の江戸時代の徳大寺家下屋敷「清風館」時代の建物だそうである。しかし、この秋にようやくその機会に恵まれた。

京大の医学部には茶道部があり、ずっと裏千家師範である小泉宗敏先生のご指導を受けて、清風荘の茶室で定期茶会を開いてきているというが、総長就任早々にその茶道部から招待を受けた。待ち時間に主屋の座敷で小泉先生といろいろお話しさせていただいたが、その場にお坊様と和服の上品な女性が居られ、後で各々神護寺の副住職さんと四代目諏訪蘇山さんであることがわかった。諏訪蘇山さんは、三代諏訪蘇山さん（父）と一二代中村宗哲（千家十職の塗師）さん（母）の三女で気鋭の青磁陶芸家である。学生達は、小泉先生に与えられた課題（空海と曼荼羅）での茶室の意匠のために、神護寺に出掛けて裏山から見栄えのいい丸太を一本いただき、諏訪蘇山さんには茶碗を御願いしたそうである。その茶碗で私は濃茶を一服いただいたが、渦巻き青磁の見事な茶碗であった。実に恐れを知らぬ学生達と言うべきだが、ようやく茶室でお茶をいただくことができ、感謝している。

先日、京大鼎会の新会長になられた澤田純NTT社長とお会いした時に、清風荘をもう少し活用できればいいのですが、というお話をした。すると翌日事務方から、澤田社長の発案で清風荘サロンを作ろうという連絡があったが、何のことでしょうかという連絡があった。さすがに大会社の社長さんはアクションが早いので驚いたが、せっかくのご提案なので早速大学として具体案を作ることになった次第である。あらゆる機会を捉えて、京大ＯＢ／ＯＧのみならず、多くの方々に清風荘を満喫していただけるようにプランを練りたい。

清風荘は、京大が所有するもっとも古くて素晴らしい有形遺産である。こんな大それた遺産はもちろんお金で買えるようなものではない、末長く大切に活用しながら維持しなければならないとつくづく思う。

茶室。京都大学提供

清風荘という文化遺産の活用をめぐって

松田　文彦

清風荘について考えるとき必ず頭に浮かぶのは、大学の中にある貴重な文化遺産をいかにうまく利用して大学のためになることをするかということである。「ためになる」にはいろいろあって、大学の名前を世により知らしめる材料にするというのもあれば、大学の人たちとあまり触れ合う機会のない産業界や芸術、文化に携わる人たちとの交流の「場」にするというのもある。また、清風荘は美しい庭園のある素晴らしい数寄屋建築であるから、その建物を使って開催することによってさらに価値が高まるような様々な試みを考えるというのもその一つだろう。

こうした文化遺産を有効に使って大学が社会との接点を作っていこうとする試みは、おそらく欧米や中国をはじめ、いろいろなところでなされているだろう。ここではその一つの例を挙げてみたい。「パリの医学校」と通称され、パリの医学生に医学教育を行う〝コルドリエ〟が地下鉄オデオン駅の近くにある。ここは古い歴史のある医学校で、もとは病院であったところである。ヨーロッパでは患者を看る、世話するという病院（ホスピタル）の役割は、もともと修道院や小さな教会（ホスピス）が担っていた。その通説を裏付けるように、さらに歴史を遡るとここは、一三世紀にフランス国王ルイ九世が祖父のフィリップ・オーギュスト王の囲い地だった葡萄畑をフランシスコ会の修道士たちに与えたところから始まる。コードベルトでマントを縛った独特の衣装から彼らはコルドリエと呼ばれていた。一三世紀から一六世紀にかけて、コルドリエ修道院は教会、二つの回廊、庭園と広い食堂を備えるようになっていったが、現存するのは食堂だけである。またコルドリエ修道院は、フランス革命のときにダントン、マラーらコルドリエ・クラブ（人間と市民の権利の友の会）のメンバーが集った場所としても知られる。回廊に医学校とその病院が設置されたのは一七九五年のことである。パリ市が所有していた時期もあるが、一九七〇年からは大学に移管されている。

前置きが長くなったが、パリの医学校の中にはそういう古い建物が残っていて、きれいな回廊があり、歴史の長さが感じられる。そこで私は二度面白い経験をした。

一度目は二〇一四年のことだったか。私の友人でもある共同研究者がいるコルドリエを訪ねるために車を走らせていたら、到着直前にサン・ジェルマン大通りから医学校につながるオートフォイユ通りで異常な渋滞に巻き込まれた。よく利用する通りでこれまで渋滞に遭ったことは一度もないが、その日は高々一〇〇メートルほどの狭い通りが黒塗りの高級車で埋まって全く進まないという状況で、何人ものカメラマンが私の車の中を覗き込んでいった。そして、黒塗りの車から降りた何人もの若い長身の女性たちがコルドリエの方に早足で向かっていった。友人に教えられて知ったが、その日は修道院時代に食堂として使われていた講堂でファッションショーがあったのである。車の窓から足だけしか見えなかったスリムなお嬢さんたちはファッションモデルで、待ちきれず慌てて会場に向かったものと思われる。なぜパパラッチのようなカメラマンがたくさん集まっていたのかというと、これも友人の話であるが、ステラ・マッカートニーというデザイナーのコレクションがプログラムに組み込まれていたからである。ステラはポール・マッカートニーの娘なのでポールが現れると思ったのであろう。

二度目は、二〇一五年六月末の暑い日のこと。京都大学医学研究科とフランスのＩＮＳＥＲＭ（国立保健医学研究機構）とのワークショップがコルドリエで開催された。パリは通常は夏でも涼しく、エアコンのある建物はごく僅かである。コルドリエも例外ではなく、この日は異常に暑く窓を開けて会議を行っていたが、回廊のある庭から出たハンマーやドリルの音がその開いた窓からガンガン響いてくる。会議中にうるさいなと思い、休憩のときに外へ出て〝犯人〟に尋ねたら、次の日に回廊をステージにして某老舗ブランドがファッションショーをするので、その準備をしているということだった。暑い日の部屋を閉め切った会議は大変だったが、それ以上に、大学の中でそういった催しができるというのは素晴らしいことだと感銘を受けた。

大学の施設なのでそういう特別なことは大学の許可がないとできない。また、誰にでも許可を出すというわけではないと思う。では、なぜそういう催しをさせるのかということである。大学というのは必ず文化を発信しないといけない。だから大学の中でも、大学の外の人たちと組んで何かをするというのはとても大切なことなのである。つまり、そのために芸術や文化に携わる人たちに環境を提供する、舞台を提供するということである。大学の施設を利用する側は、古い歴史のある建物の中で開催することに大きな価値を見出している。パリの医学校の講堂や回廊というのはそれだけ魅力的な空間なのである。大学の歴史も建物の歴史もきちんと踏まえて、新しいものを創造するために活用するという極め

右）ファッションショーの準備が進むパリの医学校の回廊

左）美しい中庭にも荷物が所狭しと置かれていた

てよい例だと思う。

翻って、京都大学ではどうだろうか。コルドリエでファッションショーの準備風景を見てひらめいたのは、時計台の前の車寄せ、楠を取りまくようになっているあの車寄せを使ってシャネルのファッションショーをやれないかということだった。シャネルとは皮膚の老化についての共同研究を行っているので、トップの人達もよく知っている。いい案だと思うのだが、残念ながらまだ実現できずにいる。

一方で、実現できたこともある。それが二〇一六年から清風荘などを会場にして開いてきたシャネルと京都大学共催の特別企画「科学と音楽の出会い」である。建物の雰囲気を最大限生かしながら、大学の中でどういう研究が行われているか、やさしくその学知（科学）を伝えるということと、大学に芸術（音楽）が入ってくるということ、その組み合わせを楽しんでいただくというのが開催の趣旨である。

二〇一六年に初めて清風荘で開いた「科学と音楽の出会い」は小人数の集まりで、非公開で行った。二〇一七年からは一日はプライベートな会を清風荘で、もう一日は学内の別の会場で、参加者を一般公募して開催してきた（二〇一九年の清風荘での会は台風の影響で中止）。一般公開の会場は、二〇一七年は医学部の基礎医学記念講堂（旧解剖学講堂）、二〇一八年は薬学部医薬系総合研究棟の藤多記念ホール、二〇一九年は芝蘭会館の稲盛ホールだった。

清風荘では、もっとも広い主屋の客間に絨毯を敷いて、いつも屏風のあるところに椅子を置いて、才能溢れる若手音楽家の方々に美しい室内楽を奏でていただいた。科学のほうは、一年目は鳥の鳴き方から脳の生理（大脳生理学）を研究している医学研究科の渡邉大先生が講演用に何か月もかけて調べてきた知識を披露してくださった。二年目は生存圏研究

清風荘正門前に置かれた「科学と音楽の出会い」の案内板

所の大村善治先生に宇宙の音について話していただいたが、大村先生はこの講演のために新たな研究を行い、その結果をスピーカーから流してくださった。三年目は情報学研究科の神谷之康先生に、「ベートーヴェンの『田園』を聴いたときに人はやっぱりそういう風景を思い浮かべているのだろうか」といった話から始まって、人工知能による脳波の解析がどこまで進んだかを語っていただいた。四年目は理学研究科の田島治先生が「宇宙背景放射でみる量子宇宙 ―宇宙創世を奏でた楽器の音色―」と題して素粒子物理学をベースに宇宙のはじまりに関する大変興味深い講演をされた。非日常的な空間でまったく違う世界の人たちが出会い、楽しんでくれたのなら本望であるし、私は研究者や文化、芸術に携わる人にもそういった「よそ見」が本当はとても大切なのだと思う。

ちなみに「科学と音楽の出会い」は、東京のネクサス・ホールで開催されている音楽プログラム、「シャネル・ピグマリオン・デイズ」の一環でもある。ピグマリオンというのは、ギリシア神話に登場するキプロスの王である。自身で彫った理想の女性の像に恋するあまり衰弱し果て、見かねた愛の女神アフロディテがその像に命を与え、彼はその女性を娶ったという。現在では「無名の人の隠れた才能を信じて支援し、開花させる人」のような意味で用いられることもあり、バーナード・ショーが同名の戯曲を書き、それが「マイ・フェア・レディ」という素晴らしい映画の原作にもなった。ココ・シャネルも、無名時代のパブロ・ピカソやイーゴリ・ストラヴィンスキー、レイモン・ラディゲらを支援しており、ピグマリオンだったと言われている。

また、われらが西園寺公望にもピグマリオン的なところがある。例えば西園寺は若き日フランス留学中に文豪テオフィル・ゴーチエの娘ジュディットと知り合い、彼女の東洋物

美しい演奏を披露してくださったヴァイオリンの毛利文香さん、枝並千花さん、チェロの加藤文枝さん（左から）。清風荘が華やかなサロンのよう

の新作オペラの制作に協力したり、日本の和歌をフランス語に訳して彼女の和歌翻訳集『蜻蛉集』という美しい挿絵入りの本の出版を可能にしたりした。また、画家黒田清輝が当時構想を練っていた洋画の大作を実弟の住友友純（清風荘を兄のために整えた人でもある）に斡旋したりもしている。住友友純がピグマリオンであることは言わずもがなである（コラム2「住友の社会貢献と寄付の文化」参照）。

音楽に関しても西園寺には興味深い逸話がある。『陶庵公影譜』（三七頁）に指揮者の近衛秀麿の話として紹介されているのだが、西園寺と伊藤博文がワイマールの宮廷で老大家フランツ・リストの演奏を聴き、いたく感動した伊藤が日本に連れて帰りたいというのを、リストと以前から交友があり、リストの欧州での地位を知っている西園寺が必死で思い留まらせたというのである。伊藤は音楽取調所（現東京藝術大学音楽学部）の教師に是非と考えていたのだという。一八八〇年代前半、京都大学の創立よりも前の話である。

素晴らしい音楽や京都大学の研究成果としての「学知」を今清風荘で紹介できるのはとても喜ばしいことである。大学もその価値を広く社会に理解してもらい、社会と共に発展していく必要がある。京大はいろいろな文化的な団体や組織とつながりがあって、大学全体が文化に溢れている、京大に来たら空気を吸っているだけでも刺激になると思われるような環境をつくりたいと私は思う。

窓のほうを向いて撮った写真。庭と一緒に演奏者が映り込んでいる
（以上すべて ©FM）

column 3

清風荘――京都大学隠れた宝石

リシャール・コラス（シャネル合同会社 日本法人会長）

数年前のこと、同僚の一人から提案があり、彼と二人で京都に赴いた。シャネルが研究プログラムを支援している名高き京都大学医学部の中でも最高峰の教授と会うためだった。

この旅行に胸は躍った。私は京都を愛しているからだ。

この街を訪れると、幽体離脱をしてさまよっているような感覚に陥る。記憶が次々と蘇ってそれしか考えられなくなり、魂にささやきかけられるような夢想に包み込まれるのだ。三島由紀夫の名作『金閣寺』の中に、出陣を間近に控えた若い陸軍士官に彼の子を身ごもった女性が乳を搾りだして捧げる悲痛なシーンがあるが、そのイメージが自分自身の記憶と重なり合う。雪道で少しずつかすんでいく若い女性の足跡、私の手の中の彼女の手のぬくもり、着物の襟足から覗くうなじの柔らかなカーブ、愛していても決して自分のものにはならないという切なさに震える唇の端に、潤んだ瞳からふいにこぼれ落ちた涙。

京都では、愛というのは心を打ち砕く悲しみに縁取られている……。

秋の夕べに私たちは研究室のある建物の構内に着いた。暮れゆく空が堂々たる大木の燃えるような紅葉を闇にかき消していた。いかにも京都らしい甘美なメランコリーが肩に降りてきた。冬の到来を告げる寒さが軽すぎるコートを着た体を震わせ、大きな窓の内側に灯る光が私たちの影を長くしていた。学生たちが姿を消したキャンパスは静まり返り、歩を進めるたび砂利の立てる音だけが響いていた。二人とも口を開かなかった。黄金色の薄明かりに包まれたこの瞬間を壊してしまわないようにとの思いから、そして、言葉が本質の邪魔をしてしまう瞬間があるということを知っていたからだろう。

私たちはいかめしい建物の高い階へ上り、無機質な長い廊下を歩いて訪問先の扉を押した。試験管や顕微鏡、棚の上には奇妙な臓器の入ったビーカーがずらりと並ぶ雑然とした研究室で、白衣に身を包み難解な話をする学者に迎えられるものと思っていた。実際、私たちが出会った場所はアリババの洞窟だった。書棚には確かに多くの医学書やファイルが詰まっていたが、それだけでなく、フランス人歌手や偉大な作曲家のCDも置いてあった。がっしりした体つきで、白いひげに縁取られた柔和な顔つきの、いたずらっ子のような眼差しをした男性が、書類の束がところ狭しと置かれた机から立ち上がり、流暢なフランス語で迎えてくれた。名刺を交換するとすぐに、「早速、本題に入りましょう！」と言って、小さな冷蔵庫から一本のシャンパーニュと、棚からフルートグラスを取り出した。彼が慣れた手つきでこともなげに抜栓すると、シャンソンの名曲、ヌーベルバーグの映画、ヴィクトル・ユーゴーの小説、ギー・モーパッサンの短編などについて語り合いながら、フランスの、そして日本の輝かしい才能を讃えて乾杯した。

松田文彦教授との出会いだった。ゲノム医学の分野では世界的に傑出した人物である。

私たちの友情はお互いの国の文化に対する情熱を分かち合うことで深まっていった。彼がセーヌ河畔の散策について話すと、それに応えて私は苔寺のビロードのような美しさ、桂離宮の回遊式庭園、池に映る月を愛でる楽しさなどについて語った。

日本建築や、京都の路地の曲がり角でふいに発見する家屋と庭の組み合わせが醸し出すハーモニーに私が強く惹かれていると知ると、彼は一般にはめったに公開されることのない京都大学の至宝である清風荘に招いてくれた。

この清風荘に暮らしたことのある元内閣総理大臣の西園寺公望は、若き日のマルセイユでの経験から南仏訛りのフランス語を自由に操っていたと言われているが、そんな彼のかつての別荘から庭の穏やかな美しさを眺めていると、この優美さと静寂に敬意を込めて何か素敵な企画を実現させたいというアイデアが浮かんだのである。

ふだんは交じり合うことのない科学と文化、二つの世界を結びつける企画はこうして始まった。京都大学は無限の知識の窓を開け放し、シャネルは創設者ガブリエル・シャネルの精神に則ってシャネル・ピグマリオン・デイズの若き演奏家たちに、特別な場所で、抽選によって選ばれた人々の前で演奏をする機会を与えた。

「科学と音楽の出会い」のプログラムはこうして誕生した。

京都が秋色に染まる十月、私たちは清風荘の魅力を堪能させていただくという幸運に四年連続で恵まれた。それは私たちを迎えるために長く静かな眠りから目覚めたような穏やかな美しさだった。荘厳な門をくぐり、見事に剪定された樹木の間を曲がりくねる白砂利の道を歩き、角に差し掛かると、夢でも見ているように、苔のじゅうたんに漂うような茶室が現れる。そこから少し離れたところには池があり、水面は起伏に富む芝生の向こう側にある家屋を映していた。

暮れゆく秋の日没前の心地よいひととき、特別なソワレへ招かれた者たちはそこでアペリティフをいただき、その後、畳を傷つけないように緋毛氈の上に椅子が並べられた部屋へと向かった。コンピューターにつながれたプロジェクターがサイドボードの上に置かれていて、その正面に一時凌ぎのように壁にスクリーンが掛かっていた。講師が聴講者の前に立つ。世界の反対側の知識が列島にやってくるまでに四ヶ月の歳月を要した明治時代のような、海の向こうから帰国した学者たちによる講習にでも参加している気分に囚われた。映像を見ながらの講演はおよそ四十分つづいた。会場の空気は驚くばかりの知的好奇心に満ちていた。聴衆はみな、その分野では第一人者の教授たちによっておとぎ話のように語られる、予想すらしていなかった世界に心を奪われていた。最先端の科学の知識がこうして限られた〝幸福なる少数の人々〟の客席に届けられ、受け取った者はみな比類なき幸運に恵まれたことを心底実感していた。

参加者たちは発見したての全く新しい知識で頭がいっぱいのまままさらに小さな部屋へと案内され、三脚に支えられた二つのプロジェクターの光の当たる低い壇の前で四重奏または五重奏の演奏家たちの到着を待った。いかなる装飾も必要はなかった。家屋の薄明かりが完璧な美しさを作り出していた。舞台に上がるとすぐに演奏家たちが自己紹介し、これから演奏する曲目とその作家について説明を始めた。

そしてコンサートが始まった。音楽が空間と心を満たしていった。演奏者たちとの距離があまりに近くて、彼らの心臓の鼓動が聞こえてもおかしくないほどだった。弦のビブラートが全身全霊で清風荘の欄間に染み込んでいくようだった。メロディが障子を横切り、畳の横糸に入り込み、縁側の木舞に滑り込んでいく。まるで愛人に独り占めされるように、音楽によって清風荘が占領されているように。

演奏が終わり静寂が訪れても、最後のメロディが空間で漂っているように感じられた。清風荘がたった今演奏された音楽の調べを閉じ込めてしまおうとするかのように。奇跡の瞬間に立ち会えた喜びをしみじみと味わった招待客たちはしばし身動きできずにいたが、我に返ったように演奏家たちに拍手を送った。

京都大学とシャネルは四年間連続でこの魔法のような時間を提供した。

二〇一六年十月。医学研究科の渡邉大教授が「鳥のさえずり」についてベートーヴェン交響曲第六番『田園』の一節を引用しつつ、情熱的な講演を行った。続いて、シャネル・ピグマリオン・デイズの若き四人の演奏家がモーツァルト弦楽四重奏第十四番ト長調 K.387、フランク・ブリッジ『ロンドンデリーの歌』を演奏した。

その一年後、生存圏研究所の大村善治教授は「宇宙の音」と題した講演で、巨大な空間のおびただしい数の雑音とざわめきに関するデモンストレーションを披露した。続いて、シャネルの支援する新たな四人の若き音楽家が演奏したのは、ドヴォルザーク弦楽四重奏曲第十二番ヘ長調作品96『アメリカ』、アレクサンドル・ボロディン弦楽四重奏曲第二番ニ長調『ノクターン』だった。

二〇一八年十月。今度は情報学研究科の神谷之康教授によって、「脳からのイメージを生成する」と題されたコンフェランスが開かれた。シャネル・ピグマリオン・デイズの演奏家たちは、モーツァルト弦楽四重奏曲第十七番変ロ長調 K.458『狩』、アントン・ウェーベルン弦楽四重奏のための緩徐楽章を披露した。

そして二〇一九年十月。理学研究科の田島治准教授が「宇宙背景放射でみる量子宇宙 ―宇宙創世を奏でた楽器の音色―」と題した講演で聴衆を魅了し、その後、シャネル・ピグマリオン・デイズの演奏家たちによってモーツァルト弦楽五重奏曲第二番ハ短調 K.406が演奏された。

こうして京都大学の寛容な精神のおかげで、清風荘の素晴らしい環境の中、四回にわたる叡智と感動の織りなす出会いが成就されたのである。

座談会風景 ©TT

座談会

保存管理の現場から——清風荘管理事務所の奥田昭彦さんに聞く

清風荘は非公開文化財であるが、京都大学の施設として賓客の接遇はもちろん、研究会、会合などにも積極的に活用されている。清風荘を訪れるといつも穏やかな笑顔で迎えてくれる管理人さんがいる。記録には残りにくい清風荘の維持管理の現場の話をおうかがいして今後の保存継承につなげるため、編著者四人が管理人の奥田昭彦さんを囲んで座談会を開いた。

出席者

奥田昭彦（京都大学施設部プロパティ運用課　清風荘管理事務所）
中嶋節子（司会、京都大学大学院人間・環境学研究科教授）
松田文彦（京都大学大学院医学研究科教授）
今西純一（大阪府立大学大学院生命環境科学研究科教授）
奈良岡聰智（京都大学公共政策大学院教授）

開催日　二〇二〇年九月一四日、清風荘離れにて。
後日補ったところもある。

中嶋　奥田さんは前のお仕事をリタイアされてから京都大学にいらしたとうかがっております。どういうきっかけだったのかお教えいただけますか。

奥田　私は大学を卒業してから民間企業に就職しました。三八年間、六〇歳の定年まで一応勤めました。東京本社だったのでほぼ東京勤務でした。昨今のことですから六五歳まで働いてと言われたんですけれど、もうさすがに帰りたいなと思い、六〇歳で京都に帰ってきました。定年退職後もしばらく籍を置いていたのですが、ご縁があって京都大学の面接を受けたときに、清風荘の管理の仕事だとお聞きして。なぜか採用になりました。

中嶋　最初は清風荘のご担当というのをご存知なかったのでしょうか？

奥田　そうなんです。話は戻りますけれども、一八歳のときにこの近くに下宿していましたので、この場所のことは知っていました。でも単純にただの森だと思っていて、森の割には石垣があるなあとか、その程度だったんですね。若いし興味もなかったですし。ですから、清風荘のことはまったく知らないに等しかったと思います。さすがにお話しいただいたときにどういうところか調べたんですけれども。大変な仕事だぞみたいなこともなく、じゃあ、やらせてもらいますと言って、今日に至っているという状態です。

松田　奥田さんはアパレルの会社に勤めておられたんです。

中嶋　奥田さんはいつもお洒落でいらっしゃいます。

奈良岡　帰りたいというのはお生まれも京都なんですか。

奥田　いいえ、違います。京都で暮らし始めたのは大学に入ってからです。この近くに下宿していたというとよく誤解されますが、京都大学に通っていたわけではありません。

中嶋　本格的に京都にお住まいになるのは京都大学でお仕事されるようになってからでしょうか。

奥田　いえいえ、大学を出てから、京都に家を持ちました。最初は大阪支社勤務だったので家内と子どもたちも京都に住んでいました。

耐震工事のさなかに赴任、ご案内がメインの仕事に

松田　奥田さん、清風荘に来てから何年になりますか。

奥田　二〇二〇年一〇月で六年です。山極総長とほぼ一緒ですね。

松田　山極先生の総長就任が二〇一四年一〇月ですから、そういうことになりますね。

中嶋　初めて、清風荘での勤務と聞かれたとき不安や驚きはなかったのでしょうか。

奥田　かなり、不安等はありました。ただ幸いというか、私が赴任したときは、耐震工事で建物のまわりに全部足場がかかっていたんです。実はこの離れの床も全部めくれあがっていて、何が何だかわからないぐらいな工事中でした。だからこんな立派な建物だという認識は、足場が取れて全容がわかるまではありませんでした。春に工事が終わりましたから、三か月か四か月はわからない状態でした。ですから幸い、そんなにプレッシャーは無かったです。

中嶋　最初のお客様は覚えてらっしゃいますか。

奥田　そうですね。私は秋に着任して、翌年の春には前任者の岡本さんという方が退任されて一人になりました。今でも覚えていますけれども、その直後に京都大学人文科学研究所の高木博志先生が講義、セミナーみたいなことで使うということで、「じゃあ案内を頼むよ」と言われたんです。そのときに三日間ぐらい必死で勉強した記憶があります。それ以降、ご案内はずっとメインの仕事としてやっています。あまり肩肘張らずに、かといって、よくある観光地のガイドのように覚えている限りの年数を羅列するような嫌な感じの案内をするのはやめようと決めました。やめるにあたっては、少なくとも一歩ではきかないかな、二歩ぐらい奥行きのあるご案内がしたいと思いました。でも、それには何かご質問を受けたときに「これはこうだったんですよ」と三通りぐらいのお答えができるようなものを身につけておかないと駄目だということに一年目ぐらいで気づいたんですね。その気持ちは、ここにいらっしゃる先生方が清風荘でご案内をされるのを聞いてますます強くなりました。これは本腰を入れて、私は研究者じゃないので研究とまでは言いませんけれども勉強しないといけないという気持ちに先生方にさせてもらいました。

奥田昭彦さん ©TT

中嶋　今までたくさんの方をご案内されたと思いますが、印象に残っているお客様はいらっしゃいますか。

奥田　けっこう印象に残っている方が多いです。ご質問が鋭くて、良い意味でも悪い意味でも「こんなこと聞く？」と思うようなお客様ですとか。名前を出していいのかどうかわからないですけれども、例えばブータンの王女様も強く印象に残っています。玄関で、私と山極総長が待っていたんです。いきなり車が入ってきて、護衛の方ではなく、たまたま王女様が最初に降りてこられたんです。ぱっと第一歩を踏み出したときに両手で握手をされた。「こんにちは」という感じの温かい握手で、すごくいい国民性というか、いい人だなというのがそのときの印象でした。その日の夜に「ブータンの王女様一行（来日）」というようなニュースが報じら

客間からみた赤松の群植とモミジ ©TT

れたんです。清風荘へ来られたのはニュースにはなりませんでしたが、前日に皇居に行かれていて、前皇后陛下の美智子さんと同じような握手をされていて、あっ、間接握手だと思いました（笑）。山極総長も王女様と一緒に鯉に餌をやったりして楽しい時間を過ごされていました。一例です。皆さん良識のある、いいお客様が多いです。

中嶋　みなさま清風荘のどういうところに関心をお持ちになりますか。また、お写真をお撮りになる場所やものといったものはありますか。

奥田　ありますね。

中嶋　われわれ研究者はどうしても偏った見方をしてしまいます。皆さんの反応はいかがでしょうか。

奥田　主屋の玄関から客間、居間と順に案内してくるとだいたいの人はこの離れで歓声を上げます。数寄屋造りを堪能されたお客様が離れに着くと赤い毛氈に重厚な机、椅子があり一挙にアカデミックな雰囲気になるので、重要な会議等に使用されていると想像されるためと思われます。もちろん主屋や居間にも心をひかれるようで、皆さん、呼んでも来ないんです（笑）、ここで写真を撮りたいと。また、例えばお茶室にいると袴付のところの円窓、あれを覗くと三五〇〇坪あるお庭のほんの一部だけ円窓から見える、その写真をかなり皆さん撮られます。館内からだと主屋（客間）のガラス越しに、四本の松と一本のモミジが放射状に生えている、それを広角に写せるところは必ず撮りますね。お茶室の露地からお庭に出てくるときが一番歓声は多いです。

今西　学生実習のときもいつもそこで歓声が上がりますね。

奥田　それまでもお庭はちらちらと見えているんですけれども、「おーっ」みたいな感じですね。

中嶋　狭いところから急に視界が開けると感動しますね。清風荘の場合、お庭がその向こうに見え隠れするのが、より感動を高めています。

奥田　それとやっぱり車の影も生垣から透けて見えますし車の音も聞こえますが、百万遍近くの学生街の喧騒にもかかわらず、ここはきわめて静かな特異な空間、別世界のようだということは皆さん感心されますね。案外小鳥の声ですとか水のせせらぎですとか身近な自然の音が聞こえる、そこはすごく感激されますね。

奈良岡　もともと建築とかお庭のこととか、お仕事や大学時代の勉強で接点になるようなことはありましたか。

奥田　私は専攻が経済学関係だったのでまったくそういう研究をしたことはないです。ただ、こういう庭園だとか数寄屋造りの家屋はもともと好きでした。私の田舎の祖父の家なども要はこれを極めて小さくしたようなものでしたから、郷愁もあって懐かしい感じがします。こういう空間が好きでした。だからご縁があったと思うんですけれども。いろんなお客様、あるいは先生方がお見えになるから、毎日毎日の積み重ねでそれなりに知識の集積というのか、そういうのはあるものですね。

松田　そうですね。奥田さん、本当によう知ってはるもんね。

奥田　いやいや、そんなことないです。本当にいろんな人に教えてもらいました。それと興味のあることは自分で勉強したり、こういう史実があったんだと気づいたりというのが積み重なって今がある、全然大したことではありません。それと最近つくづく感じているのは、お客様にすごく恵まれているということです。ほとんどのことは清風荘のおかげだと思います。清風荘には家屋にも庭園にもすごいポテンシャルがあるじゃないですか。ですから、ただ単に、例えばショッピングセンターがオープンしましたというときにグワーッと来るようなお客さんの気構えではないんですよ。まず入ってくるときから襟を正す。客間で「お座りください」と言うと居住まいを正される。お客様がそういう雰囲気にしてくださいます。きれいごとっぽく聞こえるかもしれませんが、そこで少しアテンドするというか、ゆっくりしていただくだけで本当に喜んで帰っていただける、それも清風荘の持つ力です。和をもって敬ってというような精神、和敬清寂というお茶の言葉がありますけれども、空間すべてを清らかですがすがしいものにする、まさにそういうことを実は清風荘だけが行っているのではなくて、来ていただいているお客様が自ら演出というか、作ってくださっています。それは社会人に限らず、さっき今西先生もおっしゃっていた通り、学生さんもそうです。普段は好き勝手なことをしていても、ここに来ると「ちゃんとせなあかんのと違うかな」という気分になりますから。私はそういう意味では恵まれていますので適切なことだけ、事実だけをお話しすれば過分な御礼を言って帰っていかれます。

春夏秋冬毎朝見回り。京都大学提供

日々の管理と清風荘の生き物たち

中嶋　お客様は限られた時間を楽しまれますが、奥田さんは日々、お掃除や建物の見回りなど、いろいろなご苦労があるかと思います。近年では大きな台風も京都市内に被害を与えました。日常はどのような管理をされているのでしょうか。

奥田　そうですね。管理とひとことで言っても、例えば管理する箇所を箇条書きにしてチェックしていくような施設管理をやり出すと、清風荘の場合、チェック項目だけでも何十ページにもなるので今一番大事にしているのは、歩いたりとか、立ち止まったりしたときに自分で感じる違和感のようなものがないかということですね。当然施錠ですとか火の元の関係とか、そういうことはもちろん大事ですよ。そういうことをした上で、「あれ、何かおかしいな」というような感じがないか、主に視力ですけれども体全体で感じる。ここは面積がとても広いですから。施設を管理するときに大事なのは、まず外敵が入らないことですよね。それから、施設をきちんと維持することですよね。外敵というのはいろんなところからやってきます。朝とりあえずは全体を見回るんですけれども、それだけでも三〇分ぐらいかかります。幸い、私が赴任してからは賊が侵入したというようなことはありません。警備会社などセキュリティのことは万全にしているのでそういう意味での心配はないんですけれども、一番困っているのは空からの侵入です。一番何が苦手かと言われたらカラスです。防ぎようがないです。朝一周してみるというのも、それをしていないとマヨネーズやカップ麺の容器などをカラスがくわえてきて、この広い敷地のどこかに落としてもわからないからです。そういう大量消費される人工物が落ちていることほど無粋なことはありません。清風荘に似合わないにもほどがある。それとスーパーの袋ですね。そういうもののほとんどは勝手に飛来してくるわけではなくて、カラスが運んでくる。一番困っているのはカラスです。実害的に檜皮(ひわだ)をつつきます。今日も朝歩いていて発見したんですけれども、第一中門のところに檜皮が何枚も落ちていました。カラスが塀をついばむ。カラス対策は案外ないんです。鷹匠に頼むといいらしいですが、費用がけっこうかかります。お金をかけて鷹を飛ばしてもらっても、毎日飛んでいるわけではないので一か月ぐらいしたら元の木阿弥です。

今西　わかっちゃうんですね。

奥田　カラスはけっこう頭がいいんです。

松田　今もカラスが飛びましたね。

奥田　それぐらいですかね。一人ではできないこともあるので気楽な感じでやっていますけどね。

奈良岡　先ほどタヌキが三匹いました。見ているとかわいいですけれど実害とかは無いですか。

奥田　あります、あります。サンダルを出していたりすると、必ず遊び道具にしてサンダルを滅茶苦茶にしたりとか。ただ、タヌキは益獣なんですよね。野生動物関係のある団体から檻などをお借りしていますが、タヌキやイタチに関しては捕獲しても引き取ってもらえません。近くの山に放してくださいと冷たい返事があるだけです。そうしたら自分で吉田山まで連れていかないといけない。アナグマやアライグマやハクビシンなどは害獣なので引き取ってもらえます。タヌキは捕獲しても仕方ない、といっても、清風荘にずっといるわけではなくて勝手に出ていくんですよ。つがいだけが残って。今いる三匹はみな子どもなんです。子どもは親と共生を嫌う、こんな広いエリアでも同じ縄張り

雪の朝も。京都大学提供

清風荘に住みついたタヌキ　©TT

を嫌うんですね。勝手に一〇月末とかそれぐらいのときに下鴨神社か吉田神社かどこかへ巣立っていくんです。それで毎年親だけが残る。毎年だいたい三匹か四匹子どもを産んでいる、それをここ四年ぐらい繰り返していますね。

中嶋　猫や鳥などほかの生き物はいかがでしょう。

奥田　猫は長く滞在はしないですけれども清風荘が周回コースになっている。清風荘に来てもらっている業者さんが「近くのマンションの方が餌付けをしているんです。飼っているわけじゃないんですけれど」とぼやいていました。少なくともこの辺をぶらっと歩いたり蹲踞（つくばい）にのぼって水を飲んだりしているときがあります。

中嶋　生き物にとって清風荘は天国みたいなところですね。

松田　そうそう。

奥田　タヌキに関しては、天敵は犬らしいです。でもマルチーズとかプードルとかの小さい犬ではなくて野犬に近い犬なんでしょうね。バーニーズという大型犬を飼っているので一回連れて来ようかなと……。そんなペットになっているような犬を連れてきてもあかんかな（笑）。

中嶋　ほかにも生き物はたくさんいますね。カラス以外の鳥も見ますし鯉もいます。

奥田　鳥も各種いますね。名前を挙げられるだけでも六つか七つぐらい。その倍ぐらいの種類はいると思います。鳥もかわいくなるんですよね。お庭で芝の縁切り（ふちき）などをしていると知らない間に二メートルぐらいのところまで近づいて来て、ずっとそばにいる。普通はそんな近くにいるはずはないんですけれども。セキレイという鳥なんかは特に人懐っこいです。

中嶋　白と黒の鳥ですね。

奥田　そうです、そうです。鯉は鯉で毎年稚魚を二、三百匹産みますし……。

中嶋　カモは親子で来ているのですか？

奥田　親子なのかつがいなのか。真夏になってからは来てないですね。でも春先からは朝からずっとゆったりと二羽で泳いでいます。

西園寺公の時代や建学の精神に思いを馳せる場として

奈良岡　以前、神谷さんが常駐してらっしゃったときは管理人室に住んでらっしゃったんですね？

奥田　そうです。神谷千二さんは西園寺の執事ですけれどね。西園寺が亡くなるまでここにいて、昭和一五（一九四〇）年に西園寺が亡くなってからもここを住友が管理してそのまま持っていたじゃないですか。昭和一九年に清風荘を京都大学にいただいたときの唯一の条件が神谷を京都大学の職員として雇ってくれるなら、ということだった。その後も、神谷さんの娘さん（節子さん）が二代目の管理人をされていた、という感じですね。その間ちょっと飛んでいるのかどうかわからないですけれども、京大病院の、たまたま同じ名前の奥田さんという方が寮として住んでいて、奥様が管理人をされていた。要は管理人室が寮ということです。同じようなかたちで浜田さんという人が、割と最近、今から一〇年ぐらい前までですかね、子どもさんもここで大きくなられて。住み込みが多かったですよね。

中嶋　住み込みではなくなったのはいつからでしょうか。

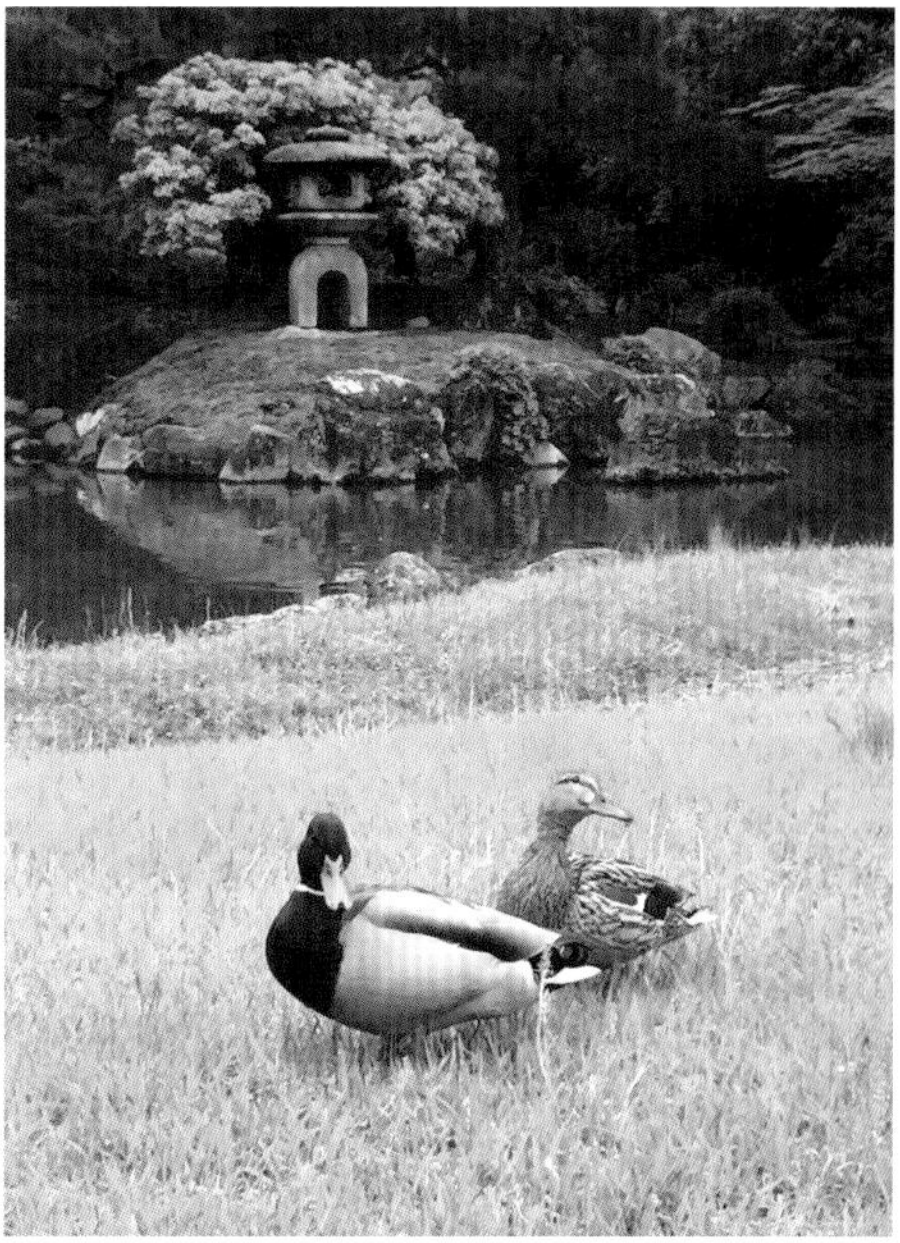

奥田　二〇一二年に住み込みの浜田さんが辞められてからですね。その後は、随時募集した女子職員が管理人室にポツンと一人でいたみたいですけれど、二人とも半年ぐらいで辞めちゃったみたいです。それで、私の前任者の大学職員だった岡本さんが管理人になって……。でも住み込みはできないですよ、怖くて。

奈良岡　怖いですかね。

松田　広いからね。

奥田　広いし、夜は真っ暗ですから。

松田　それにしてもこんな話を知っているのはおそらく奥田さんだ

池には時折カモも。京都大学提供

けですよね。先生方の文章にこういうのは絶対に出てこないから。

奥田　いや、記録を辿ったら先生方も書けますよね。

奈良岡　まあ、部分的ですね。

松田　あとは西園寺公が人を迎えるときにどうだったという話などもね。西園寺は絶対に出て行かなかったんだけれども京都帝大の内藤湖南先生と勅使が来たときは玄関まで出て行ってお見送りしたとかね。

奥田　そうなんですよ。それは執事の神谷千二さんがそういうふうに書いていたんですけれども……。でもやっぱり忘れるわけにいかないのは、京都大学の建学の精神というか、西園寺はここがまだ清風館と呼ばれていた時代に文部大臣として京都大学の設立に尽力して、開学前に赴任する学者を呼んで懇々と精神を注入したという文章があるんです。やはり研究を基礎として、しっかりとした国立大学、帝国大学になってほしいと切に願ったんでしょうね。

松田　思い入れがあったんですね。

奥田　巷間、西園寺が立命館大学を創ったと言われていますけれども、立命館大学は、西園寺が若いころ御所で開いていた私塾の名前（立命館）を、それから半世紀ぐらいして秘書だった中川小十郎が法律学校を作ったときに使わせてくださいと言ったという経緯なので、実際に創立したわけではなくて、立命館も学祖と呼んでいるようです。中川小十郎さんというのはなかなか偉大な人で、京大の初代事務局長ですよね。西園寺もいかに目をかけていたかという。福知山か亀岡の出身ですよね。

奈良岡　亀岡ですね。

奥田　郷士の子どもで。昔の人はやっぱり忠節を尽くすんですよね。私はそういうところ、すごくいいなと思うんですけれども、西園寺が亡くなるときに隣の部屋に中川小十郎もずっとついていたという、死ぬまで仕えたという感じだったのでしょうね。

奈良岡　立命館大学は私立大学ですから熱心に校風の源流をたどるというか、歴史もきちんと発掘して宣伝にも使っていて、うまいというか、しっかりしていると思います。京都大学はみんな愛校心は持っているんだけれども、あまり宣伝しようという発想はないし、西園寺さんがこの建物に持っていた思いとか京都帝国大学設立のときの思いとか、そういうものがちゃんと検証されていないという感もありますね。ですからこの本ができることが一つのきっかけというか呼び水になって、また新しい事実がわかってくればいいなと思います。

奥田　京都大学は二〇二二年で創立百二十五周年でしたか。本当に百二十五年前の建学のときまで遡れば、どんな人がどういう思いを込めて設立したかとか、誰が協力したかとか、財源はどうだったのかとか、ちょっとリアルな話になりますが、そういうことも含めて思いを当時に馳せてもらうといいのではないでしょうか。実際問題、立命館大学の前身の京都法政学校は、最初夜間学校として設立されたのでしたか、身分に関係なく教育が受けられるようにと考えられてのことだったとか。京都大学からも先生方が夜、講師として行かれていますよね。

松田　井村裕夫先生は京大ができたときの話なども、ものすごくよく知っておられるんですよ。例えば東大にいくら予算が行って、京大にいくら予算が来て、年間の運営費がどうというような話があるじゃないですか。そうしたら「どうして京大には東大の三分の二しか予算が来ないか知っていますか」と聞かれるんですよ。「それは京大を創るときに、京都に第二の帝国大学を創る、規模は東京の三分の二とすると、その一行だけ。だから開学のときから決まっている」と……。ものすごくお詳しいですよ。今回の本では、西園寺公と清風荘に絡めて、京大の建学のときはどうだったかというような話も紹介していきたいですね。

奥田　そういうところが一番、京都大学に関わりを持つ人たちの心を打つ。ご案内していても、ああ、そういうことだったのかという反応が多いです。案外知られてないですよね。清風荘自体入ったことがないという方がほとんどなので。ああ、そういう思い入れもあった建学だったんだと、改めてこの本によって思いを馳せてもらって、清風荘をふるさとみたいに思ってもらえたらと願っています。

奥田　セキレイが来ました。あの子がね、けっこう……。

松田　奥田さんが手なづけてはる。

中嶋　鳥の個体識別もできるんですか。

奥田　いやいや、たぶん同じやと思う。人懐っこいんですよ。

庭園を通した交流や山極総長との思い出

中嶋　京都大学も清風荘をお譲りいただいてからよくここまで、そのままの状態で維持してきたと思います。平成二〇年前後から整備が進み、今ではよいコンディションになっていますが、多くの木造建築と広大な庭園を七〇年以上も維持していくのは大変なことだったと考えます。こうして残していただいているのは、大学関係者として本当にありがたいと感じています。京都では、近代に建てられた和風建築と庭園が左京を中心にたくさん残っていますが、そういったところの方々とも交流があるように聞いています。

奥田　そうですね。幸いこういうかたちで長く居りますので庭園を通じてお世話になったりすることはあります。例えば、先日も旧細川家別邸の怡園（いえん）さんでしたか。京都市の文化財保護課を通じてですけれど、ぜひ防災のことを参考にさせてほしいとお見えになりました。對龍山荘（たいりゅうさんそう）さんも、京都大学が持っている清風荘をどうしても見たいということで所有者のニトリの会長さんが来られました。それで、そこの管理人をされている方がお世話になっているのでと出入りの業者さんを紹介してくださって、売り物ではなくてほかで余った鯉をここに放流してくださった、そういう意味ではすごくありがたいです。最近は別の南禅寺界隈の別荘に出入りしている鯉の業者さんが宝塚のほうの富裕層の個人宅の池で鯉が増えすぎたと。ただ、どこにあげてもいいわけじゃない。由緒正しいところでもらってくれるところはないですかと連絡をいただいて、京都大学の清風荘というと由緒正しいでしょ？

松田　そりゃ大変由緒正しいですよね（笑）。

奥田　私が言うのも変ですけれども（笑）。それで、「もしも、うちでよろしかったらいただきます」「じゃあ、差し上げます」と一〇匹ぐらい向こうの経費で運んできてくださって、翌日にはそれに見合う餌も百貨店経由でいただきました。

中嶋　餌によって鯉の育ち方や色が違ってくるようですね。

奥田　寄付というと話がややこしいので、手土産というかたちで計上しています。

中嶋　寄付だと金額に換算しないといけませんね。

奥田　資産シールも貼れないです。

松田　鯉に貼るわけにいかないし（笑）。

奥田　でもまあ確かに皆さんにすごく恵まれています。さっき言ったお客様だけじゃなくて、大学当局も、やはり各年代で昔その部署にいて、清風荘にはこういう関わり方をしたと懐かしそうに話してくださったり、清風荘愛というか、ちゃんと思いをきちんとした方向で持っていただいている方も多い。基本的にすごく好意的です。歴代総長というか、山極総長とか松本前総長とか私の知る限りでは次の湊先生も含めて思い入れをきちんと表現してくださるので、そういう意味では助かっています。

奈良岡　山極総長のエピソードとかはございますか。

奥田　山極総長とは六年間みっちりお付き合いがありますからエピソードはいっぱいありますけれども、どこまで言っていいかわからない（笑）。ただ単にここを使うというだけではなくて、山極総長は医学部茶道部のお茶会には必ず出席されるんです。秘書の方がここまで一緒に来られて、あとはお願いしますみたいな感じで。お茶席をまわるのに三時間ぐらい同席するのでけっこう長い時間喋る。いろいろ、こういうところ、こうなんですよとお話しするときちんと対応してくださいます。忘れられない思い出の一つです。

管理のおもな仕事は「取り除く作業」

中嶋　西園寺公望が京都大学の創立に尽力してくれた、その建学の精神を学生、教員に伝える場として清風荘を譲り受けたわけですが、当時から維持管理は苦労していたようです。これだけの建物とお庭ですから。

奥田　やっぱり大変ですよね、広いですからね。

今西　花豊造園さんが言われていましたが、芝刈りは年一回の契約しかなくて、ほかは奥田さんがされているそうですね。奥田さんの力が大きいですということでした。

奥田　そんなことはないです。私は枝を触るといったようなことは専門外なのでできないので、芝はメインのライフワークとしてやっています。

中嶋　芝刈り機ですか。

奥田　はい。これは先週三日間ぐらいかけて、ちょっと雨もあったのでやりました。芝をね、平らな面をずっと刈るというのはそんなに苦痛じゃないんですけれども、その準備にちょっと手間がかかります。芝って実は半分ぐらいは雑草なんです。そのまま刈ると刈ったときはわからないですけれども、一週間もすれば雑草の方が伸びてくるんです。ですから、目立つ雑草をまず省く。だいたい管理する仕事の具体的なことというと取り除く作業ばっかりなんですよ。枯葉は取り除かないといけない。雑草が出てきたら抜かないといけない。それから砂利の園路がありますでしょ。あの園路の縁(ふち)の芝を切っていかないと芝面の枝がどんどん園路に入ってくる。縁を切るというんですけれども、縁切りをしないと、そうですね、春からの三か月放っておいたら砂利が見えなくなる、要は芝と雑草のただの道になってしまうんです。そうならないように縁切りをするわけです。ただ、人間って割と飽きるので一日それをやろうと思っても、現実にはできないんですよね。お客様も来られますし、そればっかりにかかっていられないので、全部の園路の縁切りをやろうと思ったらやっぱり一か月は要るんですね。今とりあえずほぼ全面の縁切りはできました。それと、園路がなだらかにカーブしてますでしょ。芝刈り機を普通にパーンと当ててしまうと、芝面が起伏しているのでその段差のため、車で言えば前輪と後輪の高さが違う事により車体（底）を擦ってしまうように、芝を刈り込み過ぎて茶色の地面が出てしまう。ですからそれもけっこう気を遣うところですね。芝も厄介ですね。今年は四回やりました。すみませんね、厄介さをぼやくみたいな話になって。芝刈りをするときには雨戸を閉めないといけないんです

奥田さんの芝の縁切りの成果

よ。というのは、園路から上がった小石を芝刈り機に挟み込んでガラスに飛んだりすることがあるからです。雨戸を全部閉めるという話になると台風も厄介ですよね。

中嶋　最近ちょっと台風が多かったですね。

奥田　先日の台風一〇号は幸い向こうへ行ってくれましたけれども、あんなのが来たら心配です。一昨年（二〇一八年）の台風二一号ですかね、閉めた雨戸が飛ばされるというのを初めて経験したので、その対策を今年は本当にどうしようかと思っています。雨戸を閉めたからいいやと思って帰っちゃうと大変なことになるかもしれない。雨戸自体も、そういえば子どもの頃、伊勢湾台風のときなど、父親が雨戸の上から板を打ち付けていたなと半世紀ぐらい前の話を思い出しました。そうか、でも、清風荘に変に釘を入れるわけにもいかないし、これ以上手立てがないなあと……。ここ（離れ）の二階なんかは二年前の台風で壊滅的な被害を受けましたからね。雨戸が飛ばされて障子が倒れ、窓ガラスが粉々になってしまったんですよ。後日、文化財専門の業者によって約三か月かけて修復されました。そのときは主屋の一階も雨戸が飛ばされましたが障子の倒壊は免れました。ただ上部の障子紙が水で洗ったように何もなくなっていました。障子紙の張り替えを建具屋さんに依頼しようとしたんですけれども、京都じゅうで大きな被害が出ていたから来てもらえない。二日後にお客様が来られる予定だったので急遽、障子上部の障子紙八枚を自分で張り替えました。幸い屋根は飛ばされなかったので畳は大丈夫でしたけれども……。

中嶋　今はきれいに復旧されていますね。

奥田　はい。許可を取って修復しました。

中嶋　主屋の二階はいかがですか。

奥田　主屋の二階はあんまり被害がなかったです。

「美は細部に宿る」

今西　植治の庭の特徴の一つは多様な水の表現ですが、清風荘の場合は水を常に流しておけるわけではないので、管理が難しいですね。

奥田　そうですね。水は二か所からポンプアップしています。それが滝に流れ込み、池の水が飽和状態になったら茶室の露地のほうに流れます。水がいつもあるといいのですがお客様がいつも来られるわけではありませんし、必ず流れをお見せしないといけないというものでもないので流れていないこともありますね。現実的なことを言うと下水道代のこともあります。ですから、ふだんは池の水が沈下するとそれを埋める分だけ水を入れます。減ったものを埋めているということが多いです。

今西　池の掃除はどのくらいの頻度でしておられるのでしょうか。

奥田　そのときのスケジュールにもよりますけどね。例えば明日撮影があるとか、大事なお客様があるとかのときには、落ち葉が気になれば長靴をはいて池に入って掬います。色づいた紅葉がきれいに落ちていたらそれはそれで風情がありますが、常緑樹で落ちてくる枯葉や落葉樹のエノキやケヤキなども一緒に落ちているとあまりきれいじゃないんです。そこはもう感覚ですね。とりあえずきれいかどうか。それに、落ち葉は放っておくと沈むんです。結局それは泥になります。池の底の泥を取り除くのを浚渫工事といいますけれども大変な作業です。今年の二月頃に浚渫工事をしましたけれども、またすぐ泥がたまります。泥の大半はまわりの築山から流出したもの、それと要は枯葉です。ですから実は、浮いている葉だけを掬うんじゃなくて沈殿しているものを波を立てて浮き上がらせて取っていきます。

今西　落ち葉の除去は花豊造園さんもされますか。

奥田　それはされないです。池底掃除まではお願いしていませんので。浚渫工事は三年に一回ぐらいでしょうか。専門の業者さんに定期的に発注しています。

今西　浚渫のとき、池の魚などはどのように避難させておられるのでしょうか。

奥田　魚は移動させます。池の中央の土橋のちょっと下の方に仕切りがありますよね。魚は上池のほうにしかいないので、魚を掬って下池に放します。下池は段差があるので上池の水を抜いても水がキープできています。それから水のなくなった上池の底の泥をエアホースで中央に集めて、バキュームカーで全部吸ってしまいます。そういう作業をしたのちに上池に水を張って、下池に放流してあった鯉を全部戻します。ただ、小さい魚は全部は掬いきれないこともあります。極力掬って移動させるようにしていますけれど、やっぱりすべてというわけにはいきません。そのあと下池の水を抜いて上池と同じように泥を取り除きます。

今西　松葉の掃除はいかがでしょうか。

奥田　松葉も大変です。松葉を取り除くのは手作業です。この前から芝の縁切りをしていますが、合わせて松葉も手で拾っていくような感じです。玄関先にも「門かぶりの松」というのがあるのでその松葉も手で拾います。

今西　苔の上に落ちた葉をこまめに取り除くのは大変ではありませんか。

奥田　クロチクの場合は、ブロアーというヘアドライヤーみたいなものを使って苔内に入らないように取り除きます。それは花豊造園さんが全部やってくださいます。下が苔なのでブロアーで割と取り除くことができるようです。砂利が敷いてあると葉っぱが石の間に入ってしまったりして掃くのがけっこう大変です。第一中門を入った右手にモウソウチクのエリアがありますでしょ。あそこもすごく笹の葉が落ちます。落ち葉掃除についてはクロチクよりも手がかかるかもしれません。

今西　庭園管理でどのようなことを大切にしておられますか。

奥田　ちょっと抽象的になりますが、庭園管理で私が大切にしているのは全体的な印象と細部の印象ですね。お庭を初めて見るときには全体的な印象というのを皆さんパッと感じられると思います。それぞれ皆さん感じ方が違います。例えば芝生が広いねと思われる方もいれば、ちょっと山が見えたねと思われる方もいるでしょう。全体的に見ているつもりでも割と感じ方は違います。ただ一回全体を見てしまうとそのあとは細部をじっくり見るといった鑑賞の仕方をされる方が多いです。「美は細部に宿る」と言いますよね。本当は「神は細部に宿る」というのが語源らしいです。神は細部に宿るというのは捉え方でいろいろありますが、細部を本当にきれいに丹念に積み上げていくことで全体のきれいさが残る、あるいは全体はきれいなのだけれど、細部に手を抜いてしまうと台無しになりますよと（いう意味だと私は思っています）。だからけっこうディテールというか細部は重要です。

似たようなこととして、例えば主屋の客間の屏風はある日本画家が大正時代に描かれた絵ですけれども、かなり余白があります。お客様はその作品を見たときに松が描いてあるんだなとか、全体的な印象できれいな日本画だななどと思われるわけですが、よく見ると松だけでなく竹や梅、長春花と呼ばれる薔薇も細部まで丹念に描き込まれています。細部を丹念に積み上げたからこそ、空間全体が生きているのだと思います。しかも大きな余白があり、余白の部分はお客様一人ひとりが想像で作り上げていかれる。それを大きい意味でお庭の話に置き換えると、全体を見るのが一段落すると例えば空だったりディテールの蹲踞だったりに心を寄せながら、お客様自身が芸術というと大層ですけれど庭のイメージを作り上げていかれているという印象はすごく感じます。そういう細部なり余白なりを大事にしているということがおもてなしにつながると信じてやっております。

今西　お客様は年間何日くらい来られますか。

奥田　コロナ禍前は二日に一回はお客様が来られていました。そのうち九〇パーセントぐらいの方、年間二千人ぐらいをご案内しています。

業者さんの協力も得ながらお客様目線で手入れを

松田　ここ（離れ）の二階もいい部屋ですよね。二階から庭を見るのが大好きです。

奥田　風がよく通りますしね。お客様が来られたときに、例えば今日のようにお見えになるじゃないですか、お客様は清風荘のお庭はこのかたちのお庭なんだと認識されますよね。荒れたときを見ていない。ですから、私がやろうとしていることは、要はこの体制を、来たときに目に入るこの体制を維持するというだけですね。あとは、自分の感覚、感性というか、自分がお客さんとして来たときにここはこんなんだったら嫌だな、きれいにしておこう

客間に飾られた野口小蘋「松竹梅長春図」（部分）©TT

とか、それはもう自分本位で考えてやっていくしかないですよね。だから手を抜くところと、ここはやっておかないと絶対お客様が嫌がるなというところが出てきます。私みたいなのが十人ぐらいおれば手分けしてできるんですけれども。

中嶋　本来は何十人もの人が働いて維持していた場所ですよね、それを一人でというのは想像するだけで大変です。

奥田　でも本当にさっきも言ったようにみんなの協力をもらっています。花豊造園さんひとつを取ってみても、例えば何月何日にこういう大事なお客様があって、こういう大事なイベントがあるんだと言うと、仕事の発注が出ていなくても、「じゃあ、前日半日入って、ざっと掃除しますよ。四、五人入れますから」と。それは本当にありがたいです。そういうことを恩着せがましくではなくて、ごくさらりとやってくれる。名勝清風荘庭園整備活用委員会からずっと立ち合ってくれている先生方の意図がわかる人というか、そういう業者が意を汲んでやってくれているのでこの状態が維持できていると思います。

奈良岡　理解を持っている業者さんがすごい努力でやってくださっているということですよね。

奥田　気持ちが嬉しいですよね。「奥田さん、一人だし手が回らないでしょ。明日のために今日これだけしておきますよ」と。実際、ここに入っている現場の人たちもやっつけ仕事じゃないというのがよくわかる。本当にそういうみんなの協力がすごくありがたいです。

修復は文化財保護の専門家とも相談しながら

奈良岡 この間、正門に透かし彫りで入れられた菊菱の紋が壊れていて心配になったんですけれども、ああいったことというのはけっこういろんなところで起きているものなんでしょうか。

奥田 はい、起きています。第二中門の袖垣も、下に本来は埋まっている杭の根元が朽ちてきて宙ぶらりんになっていて、京都市の文化財保護課の方が見に来られる予定です。確認して、どういう直し方をするか了解を得ようとしています。基本的に何かあったらとりあえず京都府及び京都市の文化財保護課にお越しいただく。ご存知のとおり建物は重文、庭園は名勝ですので修理するだけでも、その方法も含めて申請が必要になります。

奈良岡 許可を得て修復をされるわけですね？

奥田 そうです。離れの北側にあった煉瓦風のブロック塀も撤去しましたが、そのときも京都市に立ち合ってもらいました。

今西 ああ、今はもう塀がないんですね。

奥田 はい、もう取ったんです。最終的に委員会でご指導いただいた尼崎博正先生にも来てもらって。先生は「取ってもいいけど、木で柵を造ったら」というようなことをおっしゃって。でもそれはすごく高くつく。「そうですね、努力します」と言って今に至ります。

今西 老朽化して、耐震性の問題か何かで取ることになったんですか？

奥田 そうです。二〇一八年の大阪北部地震のときに小学校のブロック塀が倒壊して女子児童がお亡くなりになったと記憶しています。その後、全学でブロック塀などの安全点検が行われ、あの塀は耐震性に問題があるとして撤去されました。工事は今年（二〇二〇年）二月三日にスタートし、二月二八日に終了検査を終えています。ブロック塀が少し残っている箇所があるのは倒壊しても北側道路に影響を与えないと判断されたためです。

中嶋 見た目もそんなにきれいではなかったですね。

今西 そうですね。周囲の景物とは異質なデザインで，なにか中途半端な感じでしたね。

奥田 通路沿いの、外から見ると土塀に見えるブロック塀、あれは大丈夫だったんですけれども、こっちの煉瓦塀がブロックの方に倒壊すると通行人が危ないということで撤去したんです。

今西 あの煉瓦塀は騒音が気になって造られたんでしょうか？

奥田 そのようにも言われていますね。

中嶋 外の騒音が入らないようにということでしょうか。

今西 北側の通りがやかましくなったので、離れを曳家したというときに煉瓦塀が造られたのかなと思ったんですけれど……。

中嶋 え、そんな前のものでしょうか。本物の煉瓦じゃないですよね。

奥田　煉瓦風です、中は空洞でした。

中嶋　大正期のものとは思えなかったですけれども、あれは大正期のものですか。

今西　わかりません。あの煉瓦塀はなんのために造られたんでしょうか？　長さが短いですよね。

中嶋　そうですね、侵入防止にしては短い。

奥田　侵入防止じゃなくて、私が聞いたのは、外から見られるのが嫌だ、こういうのを建てましょうというのではなくて、外側のお店の人が「丸見えになったら申し訳ないから何かして」みたいなことを言ってくれたということでした。

中嶋　それなら短い意味がわかりますね。

わずかに残った煉瓦風のブロック塀

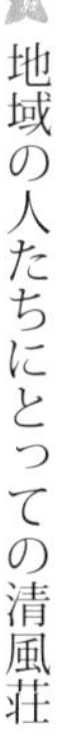

地域の人たちにとっての清風荘

奥田　余談ですけれども、皆さんがすごい好意的でというわけでもないんですよ。「こっち側の高木をもっと切って。陽が当たらへん」というような苦情もあります。正門のほうも、「ご近所のよしみで車を置かしてくれ」という人がいて、私は便宜上、大学から許可が出ませんでしたのでと断ったんですけれども、「大学に言うからやん」と怒られました。

今西　地域活動にも参加されたりはするんですか。

奥田　それは参加してないです。ただ、溝が広範囲にあるじゃないですか。（敷地北側の）出町と百万遍をつなぐ道のほうの溝には枯葉と通行人が捨てたものがけっこうある。私は滅多にしないんですけれども、そんなのを集めたりしていると、去年の冬だったかな、ゆにおんでしたか喫茶店のママがね、コーヒーを運んできてくれました。「寒いのにご苦労様」って……。そういう触れ合いもあります。そうかと思えば、誰かわからないですけれども敷地の南側を歩いている人から生垣の枝についての苦情の電話も大学にけっこうかかったりするようです。

中嶋　今出川通ですね。

今西　歩道に生垣の枝が出っ張っていますもんね。

奥田　西側の通り（正門がある通り）はね、枝が少々出ていても石垣の終わったところから溝までにワンクッションあるんですね、だから歩道を邪魔するということはありません。今出川通は下にワンクッションがない、石垣がやや斜めになっているんですけれども普通に歩いていると枝が当たったりする。

今出川通の生垣

中嶋　ああ、当たりますか。

今西　学生の頃、邪魔になると思ったことがありますね（笑）。その頃は中がこんなふうになっているって、知りませんでしたけれども。

中嶋　そんなところでしょうか。ほかに何かありますか。

奈良岡　奥田さんから以前清風荘の北側にお住まいのおばあちゃんのお話をお聞きしたことがあるんですけれども、娘の頃に清風荘に入って、結婚式に参列されたのでしたか？

奥田　結婚式ではなくて、私が聞いたのは湯川秀樹先生の身内の、何かお祝いのときに「先生がふだんお世話になっているからご近所の人もどうですかと言われていますので」と職員が呼びに来てくれたということでした。「そのころ入ったきりです、娘のころに」とおっしゃっていました。九〇歳ぐらいの人の娘のころですから。

奈良岡　数年前に九〇歳ぐらいだった方が娘のころですね？

奥田　ええ。

奈良岡　徳岡善助さんが『湯川秀樹著作集』の月報に書かれたエッセーによると、昭和二三（一九四八）年の夏、湯川先生がプリンストン高等研究所客員教授としてアメリカ出張に行く前の歓送会を清風荘で開いたとか。

奥田　昭和二三年というと湯川先生はまだノーベル賞をもらっていなかったんですかね。

奈良岡　ノーベル賞受賞は昭和二四年のようですね。徳岡さんがエッセイで書いているのは二三年の夏の話ですから、これと一致するのか、また別の賞を取られた後のパーティだったのか、どうでしょうね。

奥田　公的にたくさんの人を集めてというのではなくて、ここでごく簡単に、という感じだったんでしょう。そのおばあちゃんも当時を懐かしむようにありがたがってくれて。「いい話を逆に聞かせてもらいました。よかったら清風荘にちょっとどうですか」とお誘いしてみましたが、丁寧に断られてしまいました。

奈良岡　昔はそういうご近所づきあいみたいなものがあったというのは温まるエピソードですけれども、そのおばあちゃんも一回しか来ていないということは、それほど密なつきあいはなかったとも言えますね。

奥田　それほど開放はされてないです。

いつの時代もここにあることの価値に気づいて

中嶋　ほかの近代和風建築とかお庭は、その時代に経済力のある人のところを転々とする、あるいは三井別邸（旧三井家下鴨別邸）のように公的に管理されて公開施設になるという場合が多いのですが、清風荘を京都大学が持ち続けることは、とても意味があることだと思います。最後に京大の教職員、学生や清風荘のファンに伝えたいメッセージをぜひお願いします。

奥田　ちょっと抽象的で難しい質問ですね。とりあえず一番私が思うのは、まわりの意図とかその時代を反映するようないろんなもの、今だとコロナとか、そういうこととは一切関係なく、清風荘は悠泰然としてここにあるんですよね。とりあえずある、元どおり、いつの時代も表情を変えずにある。そういうことだけ認識してもらって、いつもここに来れば変わらずにあるということの価値、そういうものをきちんと感じてもらいたいです。ここに来てもらって、風も受けて、匂いも嗅いで、大正時代の初めにここが出来たころ、その後の元勲として西園寺がここで住まいしたこととか、さまざまなことに思いを馳せてもらって、ゆっくりしてもらいたい。京都大学の学生の方には誇りに思ってほしいなとは思います。そんなふうに感じます。

奈良岡　重みのあるお言葉で……。

中嶋　そうですね。われわれが年を取ってふらっと来てもこのままだったら嬉しいなと思いますね。

松田　そうそう。

中嶋　観光化の圧力についてはどうでしょうか。

松田　それは止めたほうがいいよね。

中嶋　そう思いますが。

松田　自治体が貸してくれとか言うんですか？

奥田　ここの管理運営をさせてほしいという二、三の外部団体があります。

中嶋　今後も貸し出すとか観光化するみたいな圧力がないとは言えないので、それに対してどうしていけばいいんでしょうね。

松田　でもね、それを言い出すと例えば、解剖講堂を貸してほしいとか、国際科学イノベーション棟の会議室を貸してほしいとか、外部の人が言ってくるのと同じですよね。清風荘は大学のプロパティなのだから、大学が頑として貸さないと言ったら貸さないでいいと思いますよ。こういうのって、そういうふうにしないと残らないと思うから。

奥田　一線は頑なに守って。

松田　そうです、それはそうだと思います。

奥田　清風荘はやっぱり国の予算等も使っているじゃないですか、耐震や防災で。ですからまったく一般公開しないというわけにはいかないと思います。ただ大学の一施設なので、例えばモチツツジやキリシマツツジなどの咲いている春の土日とか、紅葉の美しい秋の土日とか、そういう日だけ選んで期間限定で一般公開をするのだったらしたらいいと思いますし、そのために多少煩わしいことがあってももう仕方ないと思います。

奈良岡 ロンドンのオープンハウスみたいな感じで年一回抽選でとか、そういうのはいいと思います。さっき奥田さんが「ここにあることの価値」とおっしゃいましたけれども、大学にとってはやっぱり「使うことの価値」ですね、建学の精神などを思い起こしながら伝えていく、使っていくことの価値というのを大学としては大事にしないといけないのかなと思います。

奥田 大学の一施設であるというのは素晴らしいことだと思うんですよね。普通に、自分の学生を連れて来てゼミを開いたり研修会を開いたりというように、この場を利用できる、それがやっぱり誇りにもつながっていくと思います。

中嶋 積極的にといいますか、見識をもって、研究会だったりセミナーだったり学識的なことにもちゃんと使っていくというのが大事だと思います。イベント会場と思われてしまうと「貸そうか」という話になりますが、そうじゃなくて清風荘は「学術的な交流の場」なんですよね。

松田 京大の人たちが精神を鍛錬する場とまで言ったらいけないけれども、もう一回、京大にいるということはなんなのかということを振り返りつつ学問に励む場であるから、京大の人がここで昼寝しても構わないけれども観光というものではないね。

奥田 さまざまな価値を感じ取ってもらってここで過ごしてもらうということですね。過ごし方は研修会だったり講演会だったり、まあ、ただの見学会でもいいと思うんです。もう一回自分を見つめ直してもらって、そういうふうに感受性豊かに、思索的に暮らせる場所があるというのが京大の武器だと思います。

松田 宝物ですね、京大の。

奥田 松田先生も清風荘でシャネルの世界的な文化の発信ですね、それと京都大学の知性がコラボしたような「科学と音楽の出会い」という講演会と音楽会を開催されています。それはちょっとイベントと思われがちですけれども、そうではないと思います。

松田 イベントじゃないですね。あれは京大の学術研究と芸術のつながりを考えてみましょうというものなので。

奥田 領事館の方も多いので「国際親善です」と私はすごく感じています。

松田 そうだと思います。私は一度、秋の月がきれいなときに清風荘でオペラ歌手を呼んで歌を歌ってもらおうと思っているんです。

奥田 毎年、農学部の四明会の方もお月見会をされています。中秋の名月の日ではないですけれども。

今西 農学部の同窓会ですね。

松田 京大の人がこれを持っている、ある意味で特権を使って、いろんなことをしたらいいと思いますよね。いろんなことを考える場であるということを堅持しながらね。どういうふうにイベントじゃないものにするか、それはいろいろ考えたらいいと思います。

column 4

お掃除ボランティアという清風荘への扉

文・塚本まゆ子（京都大学総合人間学部四回生）
写真・中垣太樹（京都大学総合人間学部三回生）

水で濡らして丸めた新聞紙で大正ガラスをお掃除
ガラスを通してきれいにお庭が見えるよう曇りをとっていきます

清風荘では、京都大学の学生が有志でお掃除のお手伝いをしています。定期的な活動を始めたのは二〇一九年からとまだ日は浅いのですが、取り組みの経緯と内容についてご紹介します。

個人的な話になりますが、私が初めて清風荘を訪れたのは二〇一八年の秋のことです。それ以前も清風荘の外観は何度も目にしていましたが、存在を強くは意識することなく前を通りすぎていました。当時受講していた人間・環境学研究科の中嶋節子先生の授業で、その少し謎めいた空間が「清風荘」であると知り、実習という形で見学できるということで、通常非公開と聞いたことも相まって非常に楽しみであったことを覚えています。授業当日、正門から足を踏み入れると、生垣に囲まれて見えなかった内部の空間の広がりにまず驚きました。限られた時間の中で建物や庭園を周遊し、部屋ごとの特徴や庭園の楽しみ方などの説明を受けました。ちょうど紅葉が色づき初めていた時期で、心和む庭の景色を眺めていると時間はあっという間に過ぎました。

翌年の六月、再び授業の実習で清風荘を訪れる機会に恵まれました。庭は青葉が爽やかで秋とは異なった美しさがあり、新鮮な気持ちで楽しみました。季節ごとに印象を変える清風荘に再び訪れたいという思いを強くしていた時、中嶋先生からお掃除のボランティアを募集しているとのお話を伺いました。清風荘では以前も学生によって夏場の草抜きなどが行われていたものの、定期的な活動には結びついていなかったそうです。中嶋先生や管理をされている奥田昭彦様とご相談する中で、新たに緩やかなボランティア組織を作り、継続的なお掃除活動を行っていくこととなりました。

お掃除は一～二か月に一回を目安に行っています。開催日は特に固定しておらず、参加できる人が多い日に授業の空き時間を利用して一時間半程度行うという形を取っています（写真は二〇二〇年一一月一〇日（火）の様子。一〇名が参加し大正ガラスや廊下などをお掃除しました）。これまでの活動では、建物内のお掃除を中心に行いました。はじめに担当する役割や範囲を大まかに決めて、廊下や階段の拭き掃除などを進めていきます。清風荘を初めて訪れるという方には、

建物内とお庭側に分かれ、横一列に並んで拭いていきます

見学を兼ねて建物の中を一周しながらお掃除してもらっています。広い建物内で、集合場所としている部屋や二階に通じる階段などの位置は「すぐに分からなくなる」とはじめは迷う人も多いのですが、探検するような楽しさがあるようです。また、お掃除をしていると場所ごとの細かい意匠に自然と目が向きます。部屋の隅まで移動したり姿勢をかがめたり、動き回る中で様々な角度から建物や庭を見ていると毎回新たな発見があります。さらに、奥田様に庭に現れる動物など清風荘の日々の姿や、過去のエピソードを教えていただけることも大きな魅力となっています。

活動の参加者は総合人間学部・工学部・理学部・農学部など学部や専攻にかかわらず多様です。私自身、清風荘を知る

日の光が射し込む居心地の良い空間です

曇りが取れているか、いろんな角度からチェックします

興味や関心のある学問分野を学部・学年を超えて話す交流の場ともなっており、あちこちで会話が弾んでいました

きっかけとなった授業は興味を持って受講したものですが、その内容を専門として学んでいる訳ではありません。しかしながら、活動の紹介をすると参加を希望してくださる方は予想以上におりまして、建築・庭園といったものが広く関心を持たれていることを実感します。清風荘は何らかの機会がなければ訪れることは難しく、存在をはっきりと知らない学生も多くいるでしょう。お掃除のボランティア活動が学生に清風荘への門戸を広げるものとなればと、一介の学生ではありますが考えております。

長い歴史の中で多くの方々が関わってきたであろう清風荘に、お掃除のお手伝いという形で接点を持ったことは大きな喜びです。初めて清風荘を訪れた時のことを思い返すと、建物や庭園のデザインもさることながら、花瓶に生けられた季節の花やすっきりと整えられた室内・庭園の木々など、丁寧なお手入れによって醸成された端正な美しさに心を惹かれました。我々の行っているお掃除も清風荘の魅力を輝かせる一助となることを願っています。

活動はまだまだ小規模で、手探りで行っている状態です。開催頻度の検討、下級生にどのように組織を継承していくかという点など課題も多いのですが、これからも柔軟に形を変えながら、長く取り組みを続けていきたいです。

少し手を休めてお庭を鑑賞中。参加者の中にはお庭巡りが趣味という人も

障子の桟など細かいところも丁寧に。雑巾を片手に建物内を歩き回ります

あとがき

清風荘のクロチクが開花していると聞いた。本書2～3頁に掲載されているクロチクの写真は二〇二〇年秋に撮影されたものだが、このときすでに開花していたのだと思われる。タケ類の開花周期は六〇年とも一二〇年ともいわれ、なかなか立ち会うことのできない珍しい現象だという。本書の出版のため私たちが清風荘の写真を撮り、調査をしていたまさにそのときに開花したことに驚きを禁じ得ない。開花後は枯れることもあるというが、西園寺公望の愛したクロチクが変わらず今の姿を保ち続けてくれるように見守っていきたい。

本書の出版企画は筆者が京都大学学術出版会に清風荘の本を作れないかと相談したところから始まった。清風荘の生き字引のような清風荘管理事務所の奥田昭彦さんのことが頭にあってのことである。奥田さんのお話を紹介しながら、清風荘を訪れる人にも喜んでもらえるような美しい案内書が作れたらというのがそもそもの思いであった。清風荘を記録としてまとめた資料は京都大学施設部に保管されてはいる。しかしながら、建物や庭の歴史的背景や西園寺公望を通じた政治との関わり、京都大学に寄贈されてからの清風荘の果たした文化的役割などは、多数の人たちが断片的に書き残したものはあるが、体系化されたものは存在しないことがわかった。そこで、建築史、造園学、日本政治外交史を専門とする三人の専門家の先生に執筆をお願いしたところ、細部に至るまで丁寧に検証された学術的にも極めて価値の高い論文を書いてくださった。おかげで、清風荘の全貌を文章と写真で俯瞰できる第一級の資料として贅沢すぎるほど素晴らしい仕上がりになった。御三方には心よりのお礼を申し上げたい。

中嶋節子先生の第1章では、徳大寺家の清風館が西園寺公望の別邸清風荘になり、さらに住友家から寄贈を受けて京都大学の清風荘になった歴史を建築の特徴とともに紹介した。今西純一先生の第2章では、清風館時代から今日までの庭園の変遷と保存継承について検討した。奈良岡聰智先生の第3章では時代を遡って清風館の様子を当主の日記などから再現するとともに、最後の元老ともいわれた西園寺の政治の場、文人や学者との交流の場としての清風荘、京都大学寄贈後の清風荘の利用の実態を明らかにした。

「写真でみる清風荘」は写真家の高野友実さんの撮り下ろしである。撮影は二〇二〇年夏から約半年かけて行われた。前半が建築篇、後半が庭園篇になっており、おおむね順路にそって写真を配置している。スケジュールの都合で雪景色と春の景色は撮影できなかったので京都大学施設部に提供していただいた写真を最後のほうに加えた。コロナ禍のため少ない数の松明を点灯した大文字の送り火の写真も掲載した。

また、歴代の京都大学総長の諸先生から、清風荘のお掃除ボランティアの学生さんまで、清風荘をこよなく愛する人たちからたくさんの寄稿をいただいた。京都大学医学部茶道部のコラムは、新型コロナウイルス感染症の拡大防止のため中止となった清風荘での春茶会の紙上での再現ともなっている。住友史料館主席研究員の牧知宏氏のコラムからは、住友家が清風荘を京都大学に寄贈した背景にある思いをうかがい知ることができる。シャネル合同会社会長のリシャール・コラス氏は清風荘を訪れたときの感動を陰影のある名文で表現してくださった。花豊造園株式会社の山田耕三氏のインタビューからは、清風荘が文化財庭園を後世に残すために必要な技術の伝承、研磨の場ともなっていることが伝わってくる。さらに、清風荘管理事務所の奥田さんを囲んでの座談会では、保存管理の現場の声を十分過ぎるほど聞かせていただいた。

第3章ではノーベル物理学賞受賞者の湯川秀樹が清風荘をよく利用していたことも紹介している。湯川は京都大学の学生時代、西田幾多郎の「哲学概論」の講義を毎週欠かさず聴講していたそうで、湯川の家の座敷には西田の「歩々清風（ほほせいふう）」という書がかかっていたという（湯川秀樹『旅人』一九六〇年）。「歩々清風起」は禅の言葉で、「一歩一歩歩みを進めるたびに、その人の周りに清らかな風が立つ」という意味である。私は専門領域の研究のみでなく、「よそ見」をする人が好きなので紹介した次第である。

同じく第3章によると『広辞苑』の編者新村出も清風荘に初めて入ったときの感動を記している。また、一九五三年には、「当今の学生にとつて、第一の不幸は、寧静閑雅の余裕を与へられぬことではなからうか。……静以て身を修むとか、静に非んば以て学を成す無しとか、いふと、古くさい陳腐な語にきこえようが……「寧静に非ざれば遠きに致す無し」で、寧静致遠の心がけが学問を進める基本である」と書いている（「学生と茶道」『淡交』九月号）。はたして寧静閑雅の余裕が今はあるのだろうか。西園寺が揮毫し、今も京都大学附属図書館の閲覧室に掲げられている「静修館」の扁額のことは第1章で紹介した。西園寺が扁額に込めた思いと清風荘の静けさを思う。

多くの方々のお力添えで本書の刊行が実現した。清風荘関係史料の利用を許可してくださった住友史料館の下谷政弘館長、清風荘に関する調査・撮影などに協力してくださった京都大学施設部の関係各位に心から感謝申し上げたい。また、長岡京市の神谷厚生さん・允子さんご夫妻は、西園寺時代から清風荘執事を務めていた祖父の神谷千二さんと母の節子さんにまつわる思い出や清風荘で過ごしたご自身の思い出をお聞かせくださり、貴重な史料も閲覧させてくださった。ほかにも多くの方々のお世話になった。一冊のまとまった本になるのかと心配するほど多岐にわたる内容を、見事なプロの腕で立派な本として世に出してくださったのは京都大学学術出版会の鈴木哲也編集長と福島祐子さんである。衷心より感謝申し上げたい。

最後になったが、本書の出版は二〇二〇年度京都大学総長裁量経費の助成により実現したものである。助成を決断された山極壽一前総長と湊長博現総長の清風荘への思いは本書でも披露されている。清風荘は原則非公開であるが、過去に日を定めて一般公開されたこともある。今後そういった機会を作ることも大切ではないかと個人的には考えている。本書が知る人ぞ知る清風荘がさらに広く知られ、学知の場として活用され、守り伝えられていく一助になればと願っている。

二〇二一年三月

松田文彦

清風荘関連年表

一八二九年（文政12年）	**徳大寺実堅（西園寺公望の祖父）が山城国愛宕郡田中村（現在の清風荘の地）に別墅「清風館」を経営する。**
一八四八年（嘉永元年）	実堅が家督を嗣子公純（西園寺公望の父）に譲る。
一八四九年（嘉永2年）	徳大寺美麿（のちの西園寺公望）が生まれる。
一八五一年（嘉永4年）	美麿が西園寺師季の養子となり、西園寺を名乗る。
一八五五年（安政2年）	徳大寺実堅が、裏千家の深津宗味と相談して清風館に茶室「保真斎」を建てる。
一八六四年（元治元年）	西園寺の弟、徳大寺隆麿（のちの住友友純、一五代吉左衛門、春翠）が生まれる。
一八六九年（明治2年）	西園寺公望が京都の西園寺家本邸で私塾立命館を開設（一八七一年からのフランス留学に伴って閉鎖）。
一八七一年（明治4年）	西園寺がフランスに留学（一八八〇年帰国）。
一八七二年（明治5年）	徳大寺公純が家督を実則（西園寺公望の兄）に譲る。
一八八九年（明治22年）	第三高等中学校吉田学舎が吉田村（現京都大学本部構内）に新築される。
一八九七年（明治30年）	京都帝国大学がわが国で二番目の帝国大学として開学。理工科大学設置。
一八九九年（明治32年）	法科大学、医科大学設置。図書館、医科大学附属医院設置。図書館は西園寺により「静修館」と命名される。
一九〇六年（明治39年）	文科大学設置。
一九〇七年（明治40年）	**八月、清風館が徳大寺家から住友家に譲渡される。**
一九一一年（明治44年）	**八月、清風荘を西園寺の別邸とするため、住友友純の出資、二代八木甚兵衛の手により主屋から工事がはじまる。**
一九一二～一三年（明治45～大正2年）	**清風荘庭園が七代目小川治兵衛（植治）によって作庭される。**
一九一二年（大正元年）	八月、茶室保真斎と供待閑睡軒が南西に曳家される。 一二月、清風荘の敷地西側に道路が新設される。
一九一三年（大正2年）～	正門、通用門、附属屋、第一中門、詰所、車庫（現存せず）、茶室まわりほかの工事が進められる。

一九一四年（大正3年）	三月、西園寺が東京から京都に転居。以後静岡県興津町に転居するまで、清風荘に最も長く居住。
一九一五年（大正4年）	六月一〇日・一一日、清風荘で西園寺と政友会幹部が会談し、政友会総裁を西園寺から原敬に交代することを決定。 離れが完成。
一九一九年（大正8年）	一月、西園寺がパリ講和会議全権として渡仏（八月帰国）。 一二月、西園寺が京都から静岡県興津町に新築した邸宅（坐漁荘）に転居。以後興津を本拠とする。
一九二一年（大正10年）	原敬首相が暗殺されたため、一一月五日、西園寺が清風荘から上京。
一九二四年（大正13年）	六月八日、清風荘に勅使として徳川達孝侍従長が来訪。摂政裕仁親王からの後継首相の御下問に対して、西園寺は加藤高明（憲政会総裁）を奉答。
一九二六年（大正15年）	三月、住友友純が永眠。
一九二七年（昭和2年）	四月一八日、清風荘に勅使として河井弥八侍従次長が来訪。昭和天皇からの後継首相の御下問に対して、西園寺は田中義一（政友会総裁）を奉答。
一九二七～二九年頃（昭和2～4年頃）	離れの曳家が行われる。
一九三一年（昭和6年）	清風荘の南側の敷地を削りとるかたちで今出川通が開通。
一九三二年（昭和7年）	一一月八日、西園寺が生涯最後となる清風荘滞在を終え、興津へ出発。
一九四〇年（昭和15年）	一一月二四日、西園寺が興津の坐漁荘で永眠。一二月五日の国葬に際して、清風荘で西園寺を偲ぶ会が行われる。
一九四一年（昭和16年）	一月、京都帝国大学学生有志の要望に基づき、文学部哲学科助教授の久松真一を指導者とし、裏千家家元の淡々斎千宗室の後援を得て、「京都大学心茶会」が発足。後年、清風荘を利用した記録も残されている。
一九四三年（昭和18年）	学生の徴収猶予停止（「学徒出陣」）。
一九四四年（昭和19年）	**六月、清風荘が住友家から京都帝国大学に寄贈される。** 六月一八日、大学創立記念日に併せて、学内向けの清風荘のお披露目の会が開かれる。「静修館」の扁額をはじめ西園寺の遺品、遺墨などを展観。
一九四五年（昭和20年）	八月、政府がポツダム宣言受諾を発表（第二次世界大戦終結）。
一九四六年（昭和21年）	三月、清風荘管理委員会が組織される（一九九八年度末に廃止）。

年	事項
	三月一八日、米国教育使節団が京都帝国大学に来学し、清風荘でレセプションが開かれる。進駐軍からの接収の圧力に対して、一一月二六日、「Procurement of Seifuso」と題した陳情書が鳥養利三郎京都帝国大学総長から京都ポストコマンドに送られる。接収は回避された。
一九四七年（昭和22年）	一〇月一日、京都帝国大学が京都大学に改称される。
一九四九年（昭和24年）	新制京都大学発足。湯川秀樹がノーベル物理学賞を受賞。
一九五〇年（昭和25年）	文化財保護の総合的な法律として文化財保護法が制定される。
一九五一年（昭和26年）	**六月九日、清風荘の敷地全体が「清風荘庭園」として国の名勝に指定される。**
一九八二年（昭和57年）	京都大学医学部茶道部創部。清風荘で毎年茶会を開くようになる。
二〇〇五年度（平成17年度）	「京都大学名勝清風荘庭園検討会」発足。
二〇〇六年度（平成18年度）	「名勝清風荘庭園整備活用委員会」が発足し、「名勝清風荘庭園整備活用基本計画」が策定される。
二〇〇六年（平成18年）	京都大学卒業生の交流イベント「ホームカミングデイ」が開始。翌年から清風荘見学がほぼ毎年実施される（二〇〇八年、一四年、一五年は実施せず。二〇二〇年はコロナ禍のためオンライン開催となった）。
二〇〇七年（平成19年）	五月一五日、主屋、離れ、土蔵、附属屋、納屋、茶室、供待、袴付及び待合、第一中門、第二中門、正門の一一棟が登録有形文化財（建造物）に登録される。
二〇〇七～一三年度（平成19～25年度）	「名勝清風荘庭園整備活用基本計画」に基づいて保存修理事業が実施される。
二〇一〇～一二年（平成22～24年）	清風荘の試験公開を実施。
二〇一一年（平成23年）	『史料からみた清風荘の建築――建造物調査報告書』が京都大学 名勝清風荘庭園整備活用委員会により発行される。
二〇一二年（平成24年）	**七月九日、登録有形文化財となっていた建物に詰所を加えた一二棟が重要文化財（建造物）に指定される。**
二〇一三～一六年度（平成25～28年度）	保存修理とともに耐震補強、防災整備が必須となり、調査と設計、工事が行われる。
二〇一四年（平成26年）	『名勝清風荘庭園保存修理事業報告書』が京都大学により発行される。

【典拠】本書第１～３章および『常設展 京都大学の歴史』京都大学大学文書館、2011 年（第二版）

✦ 第 3 章

図表一覧（※写真は省略した）

［た行］

事項

索　　引

人名

主な著書に、『誰かに教えたくなるレトロ建築の話』（共著、潮出版社、2020 年）、『日本政治外交史』（共著、放送大学教育振興会、2019 年）、『対華二十一ヵ条要求とは何だったのか――第一次世界大戦と日中対立の原点』（名古屋大学出版会、2015 年）、『加藤高明と政党政治――二大政党制への道』（山川出版社、2006 年）など。

✦ 執筆者（掲載順）　※編著者は除く

山極壽一（やまぎわ じゅいち）京都大学第 26 代総長
牧　知宏（まき ともひろ）住友史料館主席研究員
井村裕夫（いむら ひろお）京都大学第 22 代総長
尾池和夫（おいけ かずお）京都大学第 24 代総長
松本　紘（まつもと ひろし）理化学研究所理事長・京都大学第 25 代総長
京都大学医学部茶道部（きょうとだいがく いがくぶさどうぶ）
湊　長博（みなと ながひろ）京都大学第 27 代総長
リシャール・コラス（Richard Collasse）シャネル合同会社 日本法人会長
塚本まゆ子（つかもと まゆこ）京都大学総合人間学部 4 回生

✦ 撮影者

高野友実（たかの ともみ）写真家
中垣太樹（なかがき たいき）京都大学総合人間学部 3 回生　※ column 4 担当

✦ 協力者

京都大学施設部（きょうとだいがく しせつぶ）
奥田昭彦（おくだ あきひこ）京都大学施設部プロパティ運用課 清風荘管理事務所
神谷厚生・允子（かみや こうせい・みつこ）長岡京市在住
山田耕三（やまだ こうぞう）花豊造園株式会社常務取締役

編著者・執筆者・撮影者紹介

✦ 編著者

松田文彦（まつだ ふみひこ）

京都大学大学院医学研究科教授
研究分野：人類遺伝学・ゲノム医学
1960年生まれ。京都大学大学院医学研究科博士後期課程修了。博士（医学）。京都大学遺伝子実験施設助手、フランス国立ジェノタイピングセンター研究部長を経て2003年より現職。
現在京都大学総長主席学事補佐、京都大学・マギル大学ゲノム医学国際連携専攻 専攻長、医学研究科附属ゲノム医学センター長を務める。

今西純一（いまにし じゅんいち）

大阪府立大学大学院生命環境科学研究科教授
研究分野：造園学・緑化工学・景観生態学
1975年生まれ。京都大学大学院農学研究科博士後期課程修了。博士（農学）。京都大学大学院地球環境学堂（農学研究科両任）助手、同大学院助教、大阪府立大学大学院生命環境科学研究科准教授を経て、2020年より現職。
主な著書に、『桜の教科書――サクラを美しくまもる人の智恵と技』（京都通信社、2015年）、『景観の生態史観――攪乱が再生する豊かな大地』（共著、京都通信社、2012年）、『環境デザイン学――ランドスケープの保全と創造』（共著、朝倉書店、2007年）など。

中嶋節子（なかじま せつこ）

京都大学大学院人間・環境学研究科教授
研究分野：都市史・建築史
1969年生まれ。京都大学大学院工学研究科博士後期課程修了。博士（工学）。コロンビア大学客員研究員、大阪市立大学大学院生活科学研究科准教授、京都大学大学院人間・環境学研究科准教授を経て、2015年より現職。
主な著書に、『住まいの生命力』（共著、柏書房、2020年）、『近代日本の歴史都市』（共著、思文閣出版、2013年）、『東山／京都風景論』（共著、昭和堂、2006年）、『近代とは何か　都市・建築・歴史シリーズ7』（共著、東京大学出版会、2005年）など。

奈良岡聰智（ならおか そうち）

京都大学公共政策大学院教授
研究分野：日本政治外交史
1975年生まれ。京都大学大学院法学研究科博士後期課程修了。博士（法学）。京都大学大学院法学研究科准教授、同教授を経て、2019年より現職。

※ 清風荘は、基本的に一般公開されていません。

清風荘と近代の学知

2021年3月30日　初版第1刷発行

編著者　松田文彦
　　　　今西純一
　　　　中嶋節子
　　　　奈良岡聰智
撮影　高野友実
発行者　末原達郎
発行所　京都大学学術出版会
　　　　京都市左京区吉田近衛町69番地
　　　　京都大学吉田南構内（〒606-8315）
　　　　電話 075-761-6182
　　　　FAX 075-761-6190
　　　　URL http://www.kyoto-up.or.jp
　　　　振替 01000-8-64677
印刷・製本　亜細亜印刷株式会社
デザイン　中村衣江（AD）
　　　　　中本眞由美

ISBN987-4-8140-0329-7
定価はカバーに表示してあります